周蓓 主編

『民國專題史』叢書

岑家梧 著

河南人民出版社

史前藝術史·圖騰藝術史

《史前藝術史》通過對藝術現象的考察和研究，探討史前藝術形成的原因、藝術特徵和發展演變的過程。《圖騰藝術史》是一部專門研究圖騰藝術的專著，被公認爲一部前所未有的開拓性專著

圖書在版編目(CIP)數據

史前藝術史·圖騰藝術史 / 岑家梧著. —鄭州 :
河南人民出版社, 2016. 10
(民國專題史叢書 / 周蓓主編)
ISBN 978-7-215-10523-2

Ⅰ. ①圖… Ⅱ. ①岑… Ⅲ. ①圖騰-文化研究-
世界 Ⅳ. ①B933

中國版本圖書館 CIP 數據核字(2016)第 256580 號

河南人民出版社出版發行
(地址:鄭州市經五路 66 號 郵政編碼:450002 電話:65788063)
新華書店經銷 河南新華印刷集團有限公司印刷
開本 710 毫米×1000 毫米 1/16 印張 27.75
字數 183 千字
2016 年 10 月第 1 版 2017 年 1 月第 1 次印刷

定價:181.00 圓

出版前言

中國現代學術體系是在晚清西學東漸的大潮中逐步形成的。至民國初建，中央政治權威進一步分散和削弱，加之新文化運動帶給國人思想上的空前解放，新學的啓蒙，新知識分子的産生，民國學術如草長鶯飛，進入一個自由而蓬勃的時代。中國傳統學科乃中國學術之根基與菁華所在，民國學人采用『取今復古，别立新宗』之方法，引入西方的學術觀念，積極改造，使史學、文學等學科向現代學術方向轉型。此外，大力推介西方社會科學的新學科和自然科學，在學習、借鑒乃至移植西方現代學術話語和研究範式的過程中，逐漸建立中國現代學科，使中國的學科門類迅速擴展。一時間，新舊更迭，中西交流，百花齊放，萬壑争流，開創了中國現代學術的源頭。

伴隨知識轉型和研究範式轉換而來的，還有學術著作撰寫方式的創新。中國古代的著作向來以單篇流傳，經後人整理匯編後，方以成册成集的面目出現并持續傳播。直到十九世紀末，東西方的歷史編撰體裁不外乎多卷本的編年體、紀傳體和紀事本末體等，章節體的出現標志着近代西方學術規範的産生和新史學的興起。章節體具有依時間順序，按章節編排；因事立題，分篇綜論；既分門别類，又綜合通貫的特點。以章、節搭建起論述之框架，結構分明，邏輯清晰，較傳統的撰寫體裁容量大、系統性强。它的傳入，使中國現代學術體系從内容到形式被納入了全球化的軌道。民國時期專題史的研究、譯介、編纂、出版恰恰是在這樣的背景下欣欣而發，是學術的實驗場，也是歷史的記録儀。編選『民國專題史』叢書的初衷正是爲了從一個側面展示中國學術從傳統向現代過渡的歷史進程。

專題史是對一個學科歷史的總結，是學科入門的必備和學科研究的基礎，也是對一個時代艱深新鋭問題的解答，是學術研究的高點。民國專題史著作中，既包含通論某一學科全部或一時代（區域、國别）的變化過程的，又囊括對一時代或一問題作特殊研究的，還有少部分是對某一專題的史料進行收集的。原創與翻譯并重，翻譯的底本大多選擇該學科的代表著作或歐美大學普及教本，兼顧權威性和流行性，其中日本學者的論著占據了相當比重。日本與中國同屬東亞儒家文化圈，他們在接納西方學術思想和研究模式時，已作了某種消化與調適，從思維轉換的角度看，更便于中國借鑒和利用，他們的著作因而被時人廣泛引進。

與當代學術研究日趨專業化、專門化、專家化的『窄化』道路迥乎不同的是，中國傳統學術崇尚『學問主通不主專，貴通人不尚專家』的通識型治學門徑，處于過渡轉型期的民國學術在不同程度上保留了這種特徵。民國學術大師諸學科貫通一脉，上千年縱横捭闔之功力自不待冗言，外交家著倫理政治史、文學家著哲學史、化學家著戰争史等亦不乏其人，民國專題史研究呈現出開放、融通、跨界撰述的特點。與此同時必須看到，自晚清以來，中國的命運就在外侮屢犯、内亂頻仍的窘境中跌宕彷徨，民族存亡仿若命懸一綫。這股以創建學科、總結經驗、解決問題爲指歸的專題史出版風潮背後，包裹着民國學人企望以西學爲工具拯民族于衰微的探索精神，及以學術救亡的愛國之心。梁任公曾言：『史學者，學問之最博大而最切要者也，國民之明鏡也，愛國心之源泉也。』這種位卑未敢忘憂國的歷史使命感和國民意識是今人無法漠視和遺忘的。

『民國專題史』叢書收録的範圍包括現代各個學科，不僅限于人文社會科學，學科分類以《民國總書目》的分科爲標準，計有哲學、宗教、社會、政治、法律、軍事、經濟、文化、藝術、教育、語言文字、中國文學、外國文學、中國歷史、西方史、自然科學、醫學、工業、交通共19個學科門類。本叢書分輯整理出版，内不分科，單本發行，方便讀者按需索驥。既可作爲大專院校圖書館、學術研究機構館藏之必備資源，也可滿足個人研讀或興趣之收藏。

與目前市場已有的一些專題史叢書相比，『民國專題史』叢書具有規模大、學科全、選本精、原版影印的特點。本叢書選目首重作者的首創、權威和著作影響力，尤其注重選本的稀見性。所謂稀見，即建國後没有再版，且多數圖書館没有收藏，或即便有收藏，也是歸于非公開的珍本之列予以保存，普通讀者難以借閲。部分圖書雖有電子版，但作爲學術研究的經典原著讀本，紙質版本更利于記憶和研究之用。本叢書精揀版本最早、品相最佳的原版圖書作爲底本，因而還具有很高的版本收藏價值。

『民國專題史』的著作是民國學者對于那個時代諸問題之探究，往往有獨到之處，無論其資料、觀點短長得失如何，要之在中國現代學術史的構建與發展進程中，自有其開宗立論之地位。

目次

目次

史前藝術史

第一章　史前時代

第一節　時代的劃分

史前時代，一般乃指從人類出現至有文字記錄以前的歷史時代。究竟人類出現於何時？即史前時代從何時開始？我們當從地球發生之年代講起。地質學上，劃分地球的年齡爲四紀。即第一紀（Primary），第二紀（Secondary），第三紀（Tertiary），第四紀（Quaternary）。各年紀中存活之生物不同，如依照其發生之程序也可別爲四個年代。即始生代（Archaean），古生代（Palaeozoic），中生代（Meosozoic），新生代（Cainozoic）。始生代與古生代約與地質年代之第一紀相當。始生代幾無有機體存在，及古生代始有三葉蟲及胞子植物。中生代則與第二紀相當，大爬蟲類動物極爲繁盛，始祖鳥也有出現。新生代有以與第三紀與第四紀相當者，也有劃分屬於第三紀，而從人類出現時起，則屬於第四紀者。大概新生代之初期，已經見有胎盤哺乳類動物存在，始祖象(Moeritherium)、犀、河馬等亦同時出現。入後間有猿類，如類人猩、類人猿，都可視爲人類出現之先聲。

第三紀之地質上亦可別爲始新世(Eocene)，漸新世(Oligocene)，中新世(Miocene)及鮮新世(Pliocene)四期。入第四紀，歐洲地面有數次冰河湧來而復退卻。冰河湧來時代名爲冰期，退卻時名爲間冰期。其次數如下：

(1)第一冰期，即弓慈冰期(Günz glacial stage)。

(2)第一間冰期，即弓慈命特爾間冰期(Günz Mindel interglacial stage)。

(3)第二冰期，即命特爾冰期(Mindel glacial stage)。

(4)第二間冰期，即命特爾里斯間冰期(Mindel Riss interglacial stage)。

(5)第三冰期，即里斯冰期(Riss glacial stage)。

(6)第三間冰期，即里斯維林間冰期(Riss Würm interglacial stage)。

(7)第四冰期，即維林冰期(Würm glacial stage)。

(8)後冰期，即維林冰期以後(Post Würm glacial stage)。

人類發現的時代，據古生物學上及地質學上的推算，有兩派不同的主張。一派以克拉止(H. Kolaatsch)為代表，主張第三紀之中新世以前之漸新世，甚至始新世已有人類存在。另一派以斯華爾伯(G. Schwalbe)為代表，主張人類出現於第三紀末期。前說殊不可靠，因為猿類的化石僅可見於中新世，按照生物進化的程序，人類不能發現早於猿類。後一說頗有研究的價值。蓋亞波特(L. Abbott) 曾於第三紀最末期克羅馬森林層 (Cromer forest beds) 中發見人類加工之石器，是為曙石器 (Eoliths)。因而推知必有人類存在於此時。曙石器雖被多數學者否認其有人類加工之痕跡，主張由天然的浸蝕作用而削成；然自福斯哈爾(Foxhall)地方第三紀末期鮮新世上部地層中發見同樣之曙石及燃火遺址後，已得消除一般反對論者的懷疑。

不過，人類存在第三紀末期之主張，至今尙屬一種推論。眞正人類化石，在第三紀並無發見。至第四紀，始得人類化石多種，最著名者如海得堡人（Heidelberg-man），皮爾當人（Piltdown-man），尼安德特人（Neanderthal-man），克洛馬農人（Cro-magnon-man）等。克洛馬農人之體質則與現代人類相去不遠。故至現在止，人類史前史之研究，當自第四紀開始。

丹麥考古學者湯姆生（C. J. Thomsen）一八三六年發表其意見，按照人類使用工具之發展程序，將史前時代分爲石器時代，銅器時代，鐵器時代三期。此後，歐洲石器時代之研究日見發達，乃更由其石器加工之粗細，別石器時代爲舊石器時代（Old stone age or Palaeolithic）及新石器時代（New stone age or Neolithic）。或又於舊新石器時代之間，設立中石器時代（Mesolithic age）。然普通只稱爲舊新石器時代過渡期之阿志里安期（Azilian），而置於舊石器時代之最後。

歐洲以法國西南部及西班牙西北部爲中心，舊石器時代又可別爲六期，即：

（1）志里安期（Chellian）。

(2)阿周里安期(Acheullian)。

(3)摩斯特里安期(Mousterian)。

(4)阿里尼安期(Aurignacian)。

(5)蘇流特里安期(Solutrian)。

(6)馬特里尼安期(Magdalenian)。

(1)(2)二期可合之稱為舊石器時代早期，(3)期為舊石器時代中期，(4)(5)(6)三期為舊石器時代後期。或於(1)期之前加斯特里皮安期(Strepyan)，即前志里安期(Pre-Chellian)合之與(1)(2)(3)期總稱為下部舊石器時代(Lower palaeolithic age)，(4)(5)(6)三期稱為上部舊石器時代(Upper palaeolithic age)。

新石器時代中，亦可別為三期。即：

(1)早期，即劍比尼安期(Campignian)。

(2)中期，即羅賓哈西安期(Robenhausian)。

(3)後期卽加尼西安期(Carnacian)

銅器時代則別爲摩止安期(Morgean)及拉那德安期(Larnaudain)二期。鐵器時代亦可別爲二期，卽哈魯斯泰特期(Hallstatt)及拉特尼期(La Tene)

史前各文化期之距今年代，原無確實之計算。湯姆生推算眞人類出現年代爲紀元前五十萬年以前。與斯朋(H. F. Osborn)則計在七十萬年以上。吉斯(A. Keith)所計與奧斯朋相差又甚遠。茲據奧斯朋著舊石器時代之人類(Men of the old stone age)一書列表如下

V. 後期鐵器時代	歐洲 500 B.C.
IV. 早期鐵器時代	歐洲 1000-500 B.C. 東方 1800-1000 B.C.
III. 銅器時代	歐洲 2000-1000 B.C. 東方 1000-1800 B.C.
II. 新石器時代	
3. 後期新石器及純銅器時代	歐洲 3000-2000

2.中期新石器時代……………………………………………歐洲 7000

1.早期新石器時代……………………………………………

I. **舊石器時代**

上部舊石器時代……………………………………………歐洲

8.阿志里安期……………………………………………12,000

7.馬特里尼安期……………………………………………16,000

6.蘇流特里安期

5.阿里尼安期

下部舊石器時代

4.摩斯特里安期……………………………………………40,000

3.阿周里安期

2.志里安期……………………………………………100,000

1.前志里安期

曙石器時代

第二節　史前人類的生活

藝術是人類經濟生活的反映，故探究史前藝術之前，必須明瞭史前人類的生活。

舊石器時代人類的勞動工具，全以燧石器為主，骨角器次之。各時期之石器工具樣式不同，茲分別於下：

前志里安期：取天然燧石塊，加以簡單的人工之搗碎而成。多作菱形、扁杏形及尖銳形。以手斧為代表。索拉斯（W. J. Sollas）為紀念最初發見此種石器之波石·特·伯提斯（Boucher de Perthes）而名之為『波石』(Boucher)。

志里安期：石斧之形狀為橢圓形，貓舌石器（Langue de Chat. or Cat tongue）為其代表。或稱之為聖阿周爾斧（Hache de St. Acheul or Axe of St. Acheul）普通長約十糎至十五糎，大者達二三十糎。他如石錐石刀亦有之。

阿周里安期：石器比前期者進步。尖頭手斧最為發達。加工多到三次以上，頂端尖銳如矛狀，樣式頗多，有尖頭倒卵形、橢圓形、圓形、圓盤形等。均無手柄，而用手掌握其基端，以尖端搥擊動物。

摩斯特里安期：摩斯特里安期人類製造石器工具之知識甚高。慣以大塊燧石之破片爲石斧。先將燧石置於多邊形之石臺上搗裂，按照石片裂開之形狀加工，製造爲斧、錐、尖刀、圓盤等。以手用尖頭器（Point à Main or Handspitze）最爲普通。又以碎片燧石之一種以下者製爲尖刀。

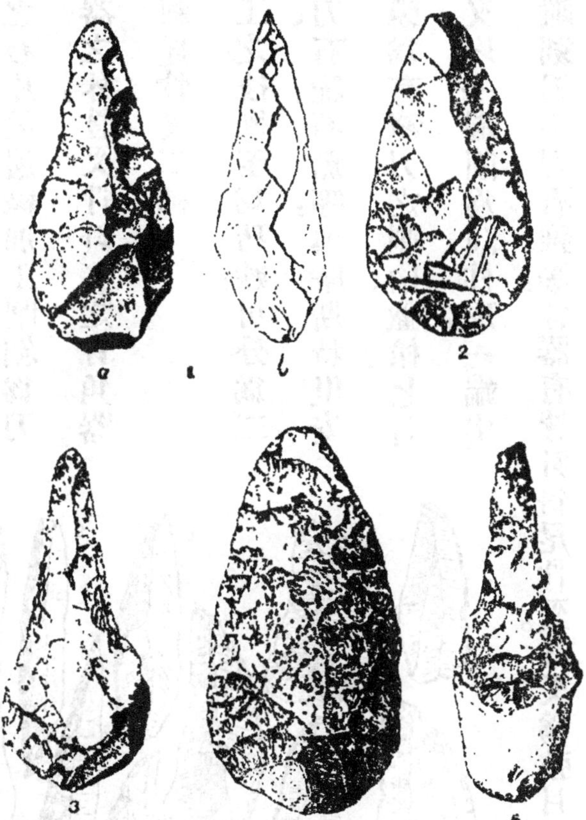

（圖一）舊石器時代早期的石器

1.2. 志里安期（上）

3-5. 阿周里安期（下）

阿里尼安期：阿里尼安型尖頭器（Aurignacien point）最具特徵。乃取較堅硬之燧石爲之形狀有阿特尖頭器(Audi point)，查特伯倫尖頭器(Chatelperron point) 格拉維特尖頭器 (Gravette point) 三種。都打裂爲細長之石片，於邊緣加工，削剝爲刀刃形。此外有石鑿、石錐等。石器之外，骨叉骨針等之骨角器也開始使用，有割尾骨叉及斜尾骨叉二種。

蘇流特里安期：石器加工之技術至爲巧妙，可分爲二類：(1)削剝一面者。製爲削刀、石錐、石鋸等，與摩斯特里安期者類似。(2)二面加工者。製爲有鋒刃之刺槍、獵槍、匕首等。其尖端有柳葉形、月桂形。又以一端削爲圓柱形，一端尖銳成爲槍矛之鋒芒。其他有雕刻刀、小刀、石錐等。骨器有骨針，斜尾骨叉、骨叉爲弦月形。

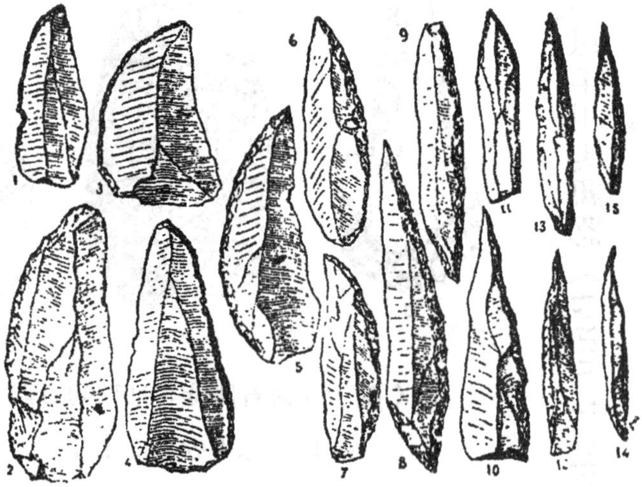

(圖二)奧里尼安期之石器

馬特里尼安期：本期石器較少，骨器反而甚發達。石器有鸚鵡嘴狀尖頭器，龍骨狀石鏃、石刃、石錐、石鑿等。武器均以骨爲之。角器有冰鹿角製之刺矛、角鋸、有鉤角叉、無鉤角叉等。刺矛之頭部作圓

形或橢圓形而接以短柄。尖端極長，其上多施雕刻，

由舊石器時代各期人類使用之工具的考察，可以推想當時人類的生活。前志里安期至阿周里安期人類所用之石器，既甚粗劣，大概只能獵取小動物，主要食品仍爲採集野生植物之根莖、果實、鳥類之卵、海濱之貝類等，且無穴居習慣。及摩斯特里安期，由於工具之進步，始能征服猛獸，以供食料，並佔據獸類棲息之洞穴

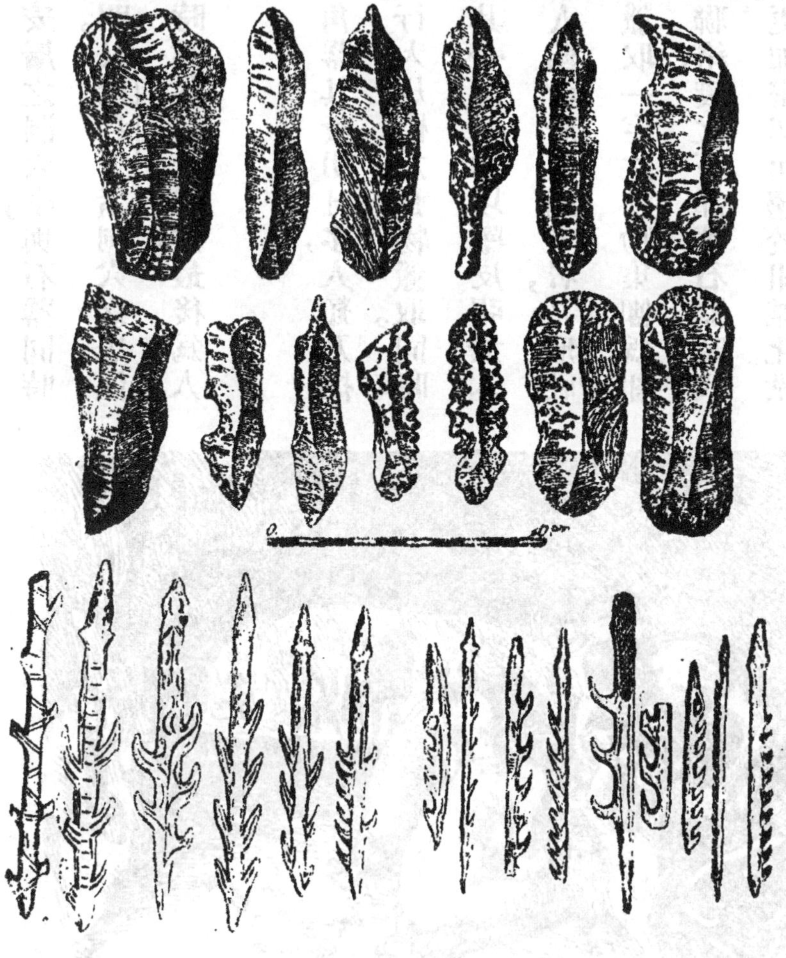

（圖三）馬特里尼安期之石器（上）及骨器（下）

以爲住所。歐洲摩斯特里安層之洞穴中，與石器同時出現之獸骨至多，卽可證明。又比利時諸洞穴之居住者，據考古學者的研究，初時爲鬣狗，後爲熊，最後爲人類所佔有。

阿里尼安期以後，骨角器具發明日多，人類乃抛開動植物的採集生產而行大規模之動物獵取。同時因氣候之寒冷，多已穴居，其一部分則以獸皮張於木架之上，建築屋宇而野宿。人類由於集團營居，乃形成圖騰制之社會組織，卽以獵取一定之動物集團爲組織單位。各集團間復互相聯絡，較之下部舊石器時代之原始人羣之社會關係，更加密切而趨於組織化。歐洲各地洞壁藝術，也完成於此時。

舊石器時代人類穴居生活想像圖（圖四）

石器時代之人類勞動工具經阿志里安期而入新石器時代，發生極進步之變革。舊石器時代人類僅能使用打製石器，新石器時代則發明磨製石器。將燧石於砂岩上磨光而製爲光滑之石斧、斧之側面或磨爲圓邊或直截爲四角。最具特徵者爲有孔之鴨嘴形磨製石斧，且接以手柄。石鑿石、杵石臼石矛等也有之。

有孔鴨嘴形磨製石斧的發明，爲原始農業起源之重要條件。可用以鏟除樹木與開拓處女地。叉靴形石斧，掘泥棒及骨鋤，當時亦不失爲主要的農耕用具。

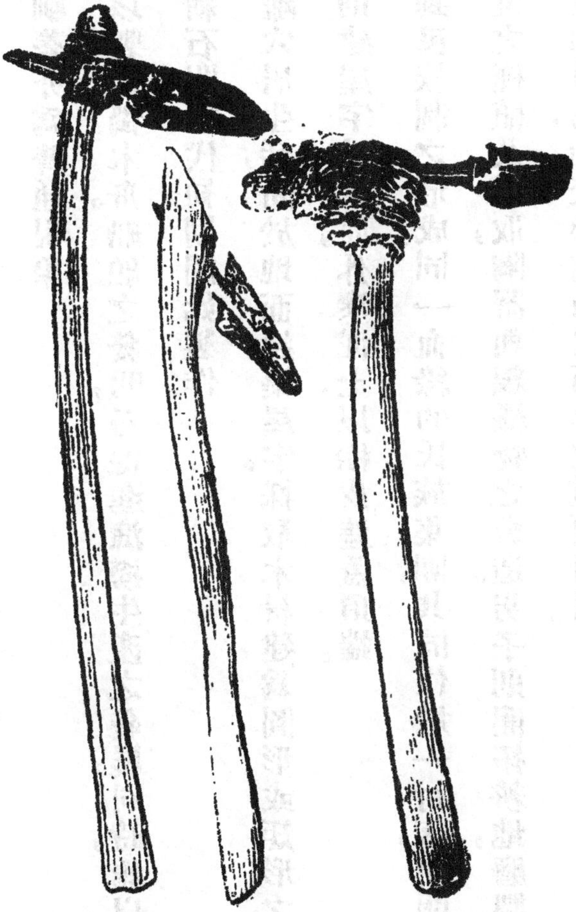

(圖五)新石器時代之鴨嘴形石斧

據考古學上所發現：瑞士新石器時代耕種的穀物達二百餘種之多，其中有麥、豆、麻類。麥類尤多。隨着農業的發達，畜牧範圍逐漸擴大，牛、豚、山羊、犬等之馴養，亦爲普通現象。

斧鑿等磨製石器，復可用以製造獨木舟船舶之發明，乃促進漁撈生產之發展。同時，賴以貯藏穀物及烹飪食料的陶器也於新石器時代初期開始製作。

新石器時代人類，完全脫離穴居生活，而於地面建築屋宇，採取木材建爲圓形或矩形之小屋，外塗泥土。瑞士湖上遺址所見，則建屋宇於水面，外塗泥土，以樹皮遮蓋頂端。

村落定居，社會關係乃達到民族制之形成。同一血緣的氏族集團，共同作於一村落，而開始舉行男女分工。女子大概擔負農業之種植及採取陶器與編織物之製造。男子則開拓耕地，磨製石器，營造屋宇村落及村落之間，又互相通商，如交換燧石岩石等之重要材料。

石器時代再經金石並用時代（Eneolithic or Chalcolithic age）而達銅器時代。人類生活，因銅器之發明而日見進化。一切用具，均取銅器替代石器。歐洲出土之銅器有銅鏃、銅斧、刀劍等等。據馬特烈（G. de Mortillet）所稱：摩士安期銅器以扁平斧及短劍爲代表。拉那德安期則以錘製及鑄造之種種斧劍爲代表銅器。斧類有：有翼斧、直邊斧，長劍尤爲多見。又交通工具如車輛、船舶均已存在，商品交換的原初形態，形成於此時。

銅器時代佔有的時間較少。以歐洲計，約佔二千年左右。其社會經濟單位組織，仍然建立於氏族制之上，然又與新石器時代有異，如氏族集團概由大家族形成而逐漸顯露階級分化之形態。

鐵器時代的到來，人類社會已進入有史時代。從其社會機構上言：經濟生產力因鐵器工具之進步而向上昂揚，與原有之生產關係發生矛盾，氏族制乃至逐漸崩潰，在其崩潰過程中，蘊釀着新社會之構成的要素，是爲包含階級對立的封建制度之萌芽。

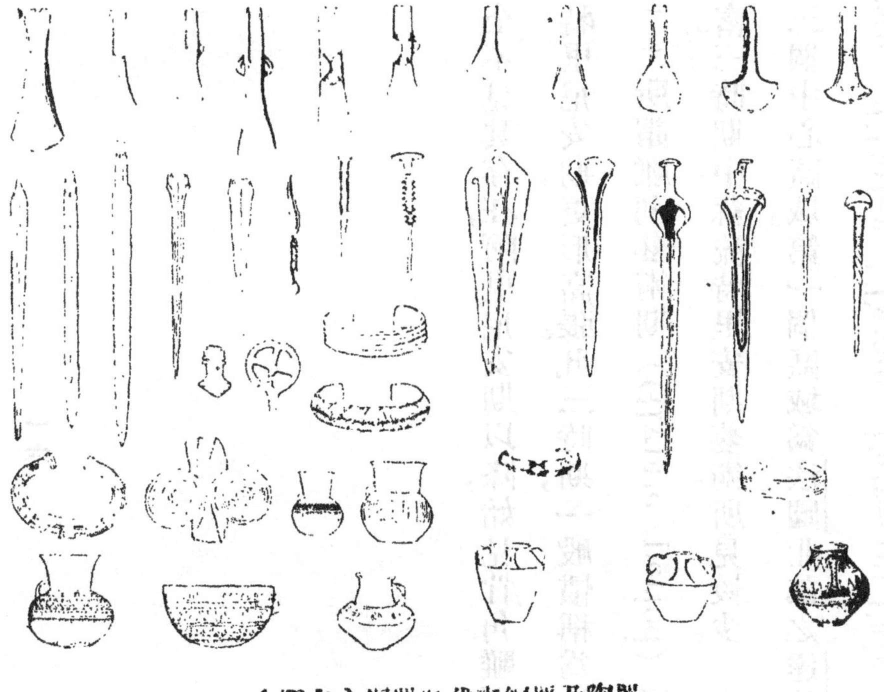

（圖六）銅器時代之銅器及陶器

第二章　舊石器時代的藝術

第一節　發見地域及其種類

舊石器時代的藝術，在下部舊石器時代完全不見其存在，阿里尼安期以降，始見骨角雕刻及洞壁繪畫等描寫藝術，經蘇流特里安期而達馬特里尼安期，更形高張。此三時期，一般慣稱爲冰鹿期（Reindeer age），即相當於伯特（E. Piette）所謂雕刻藝術期（Glyptic period）歐洲舊石器時代遺址中，所見冰鹿期之藝術，至爲豐富。三時期中，蘇流特里安期藝術所見較少。

冰鹿期藝術，發見地域頗廣。西歐方面，約有三個中心區域。第一個區域爲法國北部之達特尼（Dordogne）附近諸洞穴。計有 Teyjat, Gorge d'Enfer, Tayac, Pair-non-Pair, La Mouthe, Font-de-Gaume, Cambarelles, Bernifal, La Calèvie, La Grèze, Cap Blanc,

Camarque等洞，均集中於列·伊易斯(Les Eyzies)左右。第二個中心區域爲比利尼(Pyrenees)之北部。從東至西計在阿利志河(Ariège)附近者有Niaux, Bedeilhac, Le Portel 等洞，稍西有著名的Tuc d'Audoubert, Mas d'Azil, Marsoulas數洞。東西距蒙特利猶(Montréjeau)不遠，有 Gargas 洞。第三個區域在西班牙北部，著名洞穴有 Altamira, Covalanas, Castillo Hornos de la Peña 等。其西有 La Clotilde, Pindal 數洞。此外，西班牙東南部，意大利南部，西伯利亞，印度等處之舊石器時代遺址，亦同有當時人類的描寫藝術出現。

冰鹿期藝術之種類及其發展過程，學者之區別，至不一致。或據純藝術原理以別其種類，或按照考古文化期，取其每期藝術之特徵比較其演進程序，別爲若干時期及細別。如布魯 (Abbé Henri Breuil) 按照考古文化期區別冰鹿期藝術之發展爲六期，即：

第一期：包含阿里尼安早期。此期有動物形之淺線浮雕。線雕只作簡單的素描 Pair-non-Pair, La Grèze, La Mouthe, Gargas 洞所見者爲代表。單彩畫有黑色或紅色，四足動物只描寫其四足 Castillo, Altamira, Pindal, Font-de-Gaume, Marsoulas, La Mouthe,

Combarelles, Bernifal 諸洞均有其例。

第二期：包含阿里尼安後期或蘇流特里安期。雕刻類有人像透雕，淺線浮雕；蘇流特里安期則有骨器浮雕；線雕圖畫有人像及動物。最初之刻紋甚深，以後漸淺，動物圖概作四足。La Mouthe Combarelles 洞均有其例。繪畫之着色甚厚而遍於全面。輪廓刻線，慣與繪畫互相交錯。Combarelles, Font-de-Gaume, La Mouthe, Marsoulas, Altamira 洞都包含此種作品。

第三期：包含馬特里尼安早期。有動物形之高度浮雕。如 Tuc d'Audoubert 洞之野牛形，Cap Blanc 洞之馬形是。線雕圖畫之特徵：以深紋線條為輪廓，巨象形則加刻獸毛。Combarelles 洞者即其例。Castillo, Altamira, Pasiéga 洞者，獸類體部又多施縱線。彩畫着色平滑，且用散點敷填畫面。見於 Font-de-Gaume, Marsoulas, Altamira, Pasiéga 洞者是。

第四期：適當於馬特里尼安中期。雕刻有於骨角象牙上作人像或動物形者。線雕圖畫都為淺紋。獸形體部，代表其毛之線條甚多。Font-de-Gaume, Marsoulas 洞見者可為代表。又線雕施於骨角象牙等器具上者，本期發見特多。多彩畫則以黑色為輪廓，畫面塡以黃紅黑等色彩。Mar soulas, Font-de-Gaume, Altamira, Niaux 諸洞都有之

第五期：相當馬特里尼安後期雕刻及線雕圖畫全不存在。繪畫則不作動物形，僅有簡省圖像及紋樣。

此爲冰鹿期各種藝術發展過程之大概然其分類，大都着重於時代的劃分，究竟冰鹿期藝術有若干種類，殊難一目了然。奧斯朋乃從其描寫技術及描寫圖畫存在物之不同，區別爲五類：

第一類：用尖銳之石刀，於石骨、象牙器及洞壁上施以圖畫雕刻或鏤刻者。

第二類：在石骨器及黏土上施高低浮雕者。

第三類：將石、象牙、鹿角器刻爲透雕者。

第四類：用單一色彩或三四色之多彩爲繪畫，且以淺紋線雕爲其輪廓者。

第五類：取簡單的級樣表現動植物形或幾何形者。

奧斯朋的分類，因其注重藝術作品的存在之位置，尤病其有重複混雜之處。國人裴文中著舊石器時代之藝術一書，其分類簡明得體，殊可採用。約爲：

（一）雕刻：

（甲）刻形：只將物形刻出，不雕成深淺，是平面的二度的。

（乙）雕像：

（A）浮雕：將物體稍加淺度的雕刻，使現出原物一部的立體。

（B）重雕：將物形雕刻成一半，這一半的形狀，高底長短深淺與原物均成比例。他一半面則未刻出。

（C）透雕：雕刻成一個物品。眞正立體的，絕對三度的。

（二）彩畫：

（甲）單彩畫：只用一種顏色，在石崖或洞壁上，將物形渲染出來。有的只勾輪廓，有的將物形全體染以一種顏色。

（乙）多彩畫：用多種顏色，將物形繪畫出來。有用黑色或紅色勾出輪廓，有的不勾輪廓，只用各種顏色渲染。

（丙）刻染：刻形之外，再加上染色及塗繪。

（三）塑像：用泥土塑成物形，外面或塗或不塗以顏色。

冰鹿期所見藝術之種類，約可概括於此無餘。然本書爲便於敘述起見，仍採用歐美諸史前學者慣用之分類，別爲動的藝術（Art Mobilier）及洞壁藝術（Cave Art）二類敘述之。

第二節　動的藝術

（一）骨角器具之透雕

舊石器時代之骨刀、角叉、石刀、象牙器具等，慣在其上施以透雕，成爲種種動物圖形。如瑞士泰根（Thayngen）地方之 Kesserloch 洞出土之骨條，便雕刻爲麝牛頭部（圖七）。同一樣式之角器在 Trou des Forges 也有出土。比利尼一帶如 Mas d'Azil, Lorthet, Lourdes, Enlène, Arudy 諸洞，復有雕爲馬頭之骨角器。Arudy 洞所見一骨器，則刻爲野貓頭。此等骨器，均已殘缺不全，其用途如何，至難明瞭。

Laugerie Basse 洞出土一角刀，極爲完整，刀柄雕刻冰鹿形，前足屈曲後足伸直爲刀身。其技術之精巧，較之近世雕刻，尤爲遜色。同洞之指揮杖 (Bâton-de-Commandement)，其末端雕爲牛頭二隻，左右對峙。Mas d'Azil洞之種種骨角器透雕，爲伯特所發見者甚多，計有作馬頭之角叉，野牛形及嘶叫中之馬頭角器。Arudy 洞也發見一類似刀柄之角器，爲山羊形之透雕，四肢連結一起，似表示山羊立於懸崖斷壁之上。此物究竟是否爲刀柄，尚屬疑問，然同一形式之物，Monastruc 洞也有出土，即一角器刻爲巨象形，四足亦互相連結。此器已確知其爲刀柄無疑。大概當時人類的日常用具，普通都將握手之處刻爲動物圖形，同洞發見作大鹿頭之角片及 Espélugues 洞作鹿形之角器，雕刻部位相同（圖八。）

此外，棒杖等武器之末端，刻爲動物形者也多。如 Placard 出土者爲狐頭（圖九。）Gourdan

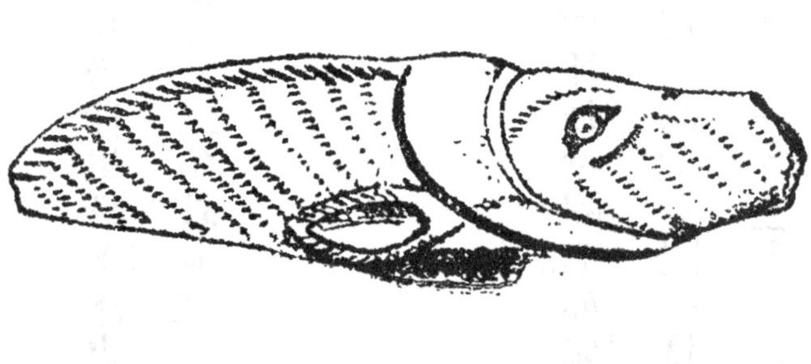

（圖十）Kesserloch洞出土之骨器

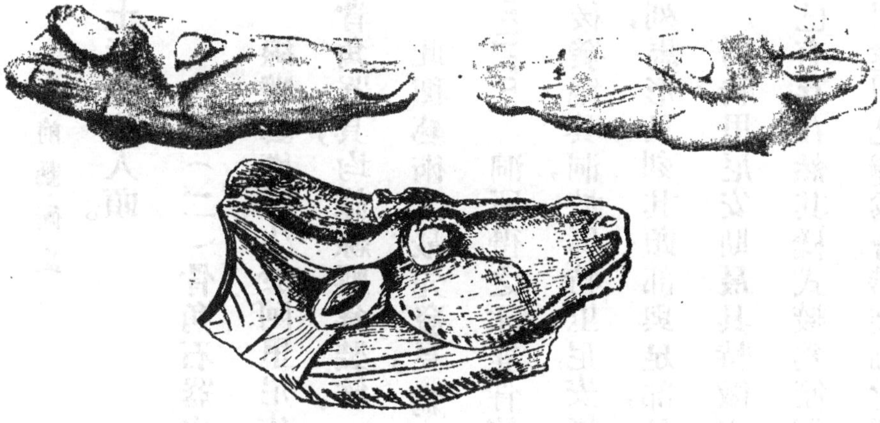

（圖八）匹形透雕之角器（上）Monastruc出土（下）Espélugues出土

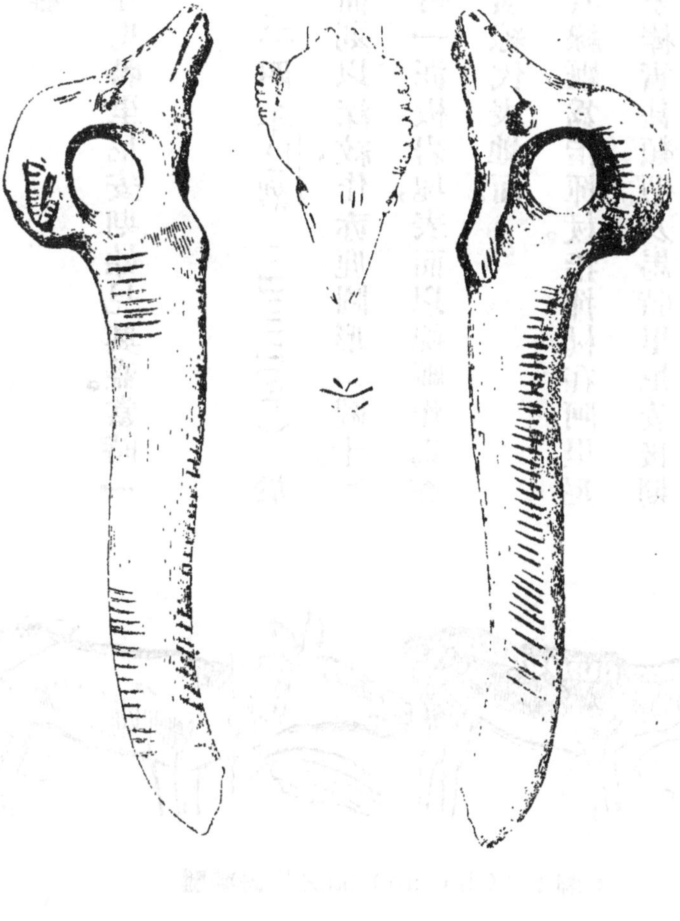

（圖九）Placard出土狐形雕刻之杖

出土者爲猿人頭。

（二）骨角石器之線雕

線雕藝術產生於阿里尼安期逐馬特里尼安期始見興盛。當時一切骨角器具，均施線雕爲裝飾。

此種藝術之最先發見，爲一八三四年巴烈（Bouillet）於Chaffaud洞所得之冰鹿骨條，表面刻以深紋，作赤鹿圖形（圖十）。其後發掘其洞，於馬特里尼安層復得一泥板岩塊，表面以線雕作馬羣二列，馬形只刻其頭部與足部，且以橫線代表地面。

馬特里尼安期最具特徵之器具線雕爲指揮杖。指揮杖在阿里尼期已有存在，然其樣式較爲簡單，與矛棒實甚類似。及馬特里尼安後期者，用途似已變爲身體裝飾之用具。或謂其爲原始人類集團中首領所用之神笏（Sceptre）。普通以冰鹿角骨爲之。杖之末端，穿圓孔一二。表

（圖十）Chaffaud洞之骨器線雕

面施以動物圖形之線雕。以馬形者最爲常見。如 La Madeleine 洞得見數件，兩面刻有馬形，一面四匹，一面三匹，互相追隨。另一杖則作一馬二魚，參雜其間。Teyjat 洞出土者雕刻馬形，尤爲精美，馬作步行狀，前後有鹿隨之。Montgaudier 洞所見者則施以魚形及鱔形之線雕。

角叉上所見之馬形線雕，刻紋極深。Placard 洞馬特里尼安層中所見者，均爲馬形。Kesserloch 洞之一冰鹿角，馬形描寫，至爲奇異。往往以許多平行短線施於馬之體部，代表其毛。

(圖十一)各洞出土之指揮杖

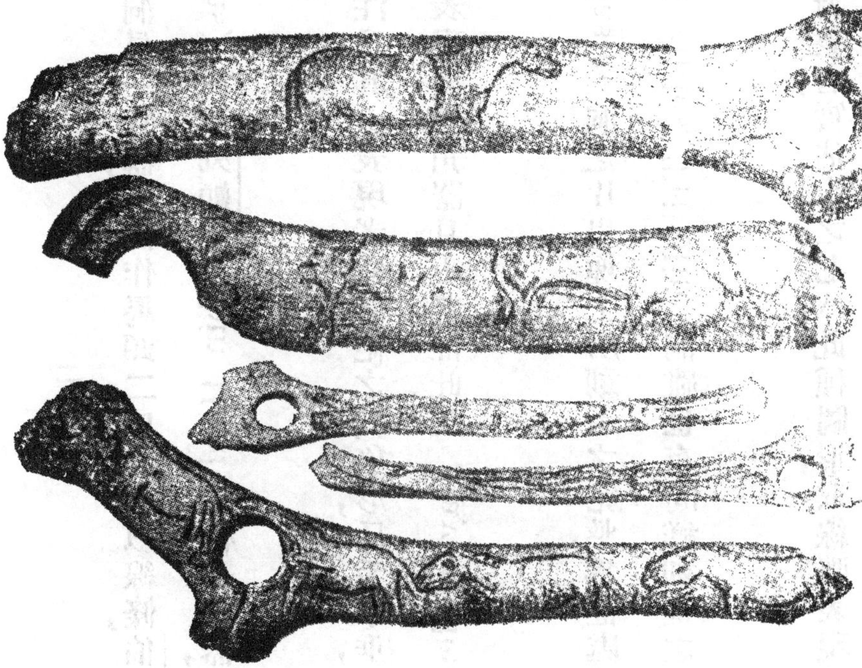

馬形之刻於骨角器者尙多。如 Mas d'Azil 洞見一骨器表面作馬頭二。口部圍以線條，伯特云其表現韁繩之描寫。又達更斯 (Boyd Dawkins) 於不列顛之 Robin Hood 洞得一骨器亦刻以馬形。

La Madeleine 洞有象牙器線雕一件，至可注意。其上表現者爲滅絕之巨象形，長毛下垂，耳目都具。按巨象圖像普通多見於洞壁描寫，以線雕表現於骨角器具上者，惟此及 Raymonden, St. Mihiel, Lourdes 洞所見一二而已。

熊形之表現於動的藝術上者也較稀少。如 Massat 洞之片岩塊上所刻者之完整，爲他處所不得見。Gourdan 洞中之二石塊，其上只作熊頭。Lourdes, Tribolite 洞雖也有同樣刻畫之岩塊，然技巧粗劣，不爲學者所注意。

西歐冰鹿期諸遺物中，以冰鹿及野牛爲描寫對象者，實佔十之七八。此種圖形，取線雕表現於骨角石器上者尤多。一八七四年，Kesslerloch 洞發見之角叉上描寫「食草之冰鹿圖」(Browsing reindeer)，被推爲舊石器時代風景圖畫之絕作（圖十二）。Laugerie Basse 洞出土之石塊上片所絕線雕，一爲牡鹿追逐牝鹿圖，一爲行走中回視之冰鹿圖姿態自然。St. Marcel 洞之片岩塊上所刻狂奔的冰鹿及 Gourdan 洞石器上刻之臨死冰鹿圖，也都使用極少之線條表現冰鹿狂奔哀鳴之狀，細妙入微，當時人類描寫手腕之奧妙，至可驚嘆。

比利尼地方之 Lorthet 洞所見之角器上之線雕藝術，亦多佳構。其一描寫赤鹿渡河狀，赤鹿回頭後顧，前方有鮭魚數尾，線條極爲清晰。右方有四邊形紋樣二個，伯特以爲或係此圖作者之署名（圖十三）。

Mége, Laugerie, Haute 諸洞出土之骨角器，所刻赤鹿之種種運動姿勢，至爲正確。如 (Gourdan 洞之角器，鹿作走動狀，另有魚及紋樣。紋樣有同圓心之半圓線，橫列平行線，鋸齒形線條等等，全圖描寫，殊不解其用意所在。同洞又有一角器之二

（圖十二）Kesslerloch 洞之角叉上所刻食草之冰鹿圖

面，刻以赤鹿及羚羊頭之草案圖畫，都甚迫眞。蓋當時人類之經濟生產以獵狩爲主，西歐冰鹿期之冰鹿至爲豐富，人類與冰鹿接近之機會較多，由於日常之體察，對於此種動物之動作姿態，無不具有充分的理解，故表現於描寫藝術上者，其正確之程度實超越現代畫家之上。

動的藝術作品中所見野牛描寫，較之洞壁藝術者爲少，線雕描寫更少。僅有 Laugerie Basse 洞之骨器，Mas d'Azil 洞之石器，Bruniquel 洞之片岩塊上二三不甚活躍之圖像。

馬特里尼安期人類雖以獵狩爲主要生產，然植物的採集，尙繼續舉行，故骨角器線雕所表現者亦有植物形者。普通均作葉及莖等之簡單描寫。

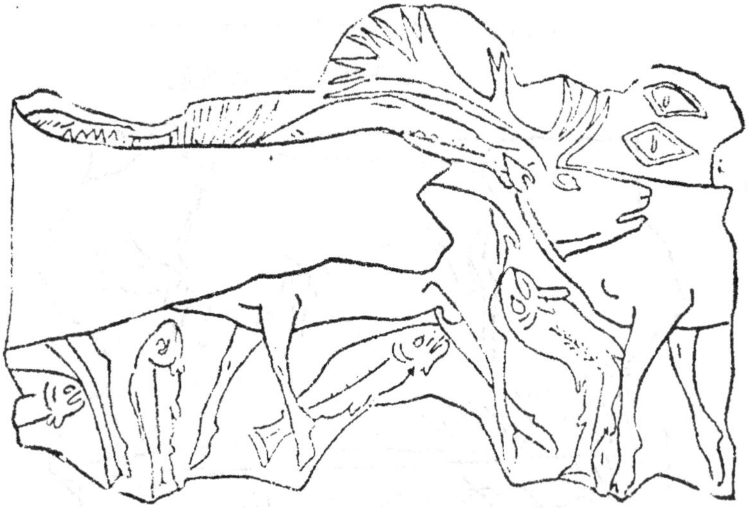

(圖十三) Lorthet 洞出土之叉角

Gourdan洞出土之石器上刻有松樹之莖及葉。Teyjat洞者相同。Trilobite洞之骨片上，作植物之莖葉子互生莖上，同樣Le Veyrier, Laugerie Basse, Lourdes, Mas, d'Azil諸洞之骨器，也施以植物莖根紋樣之線雕。

最後，冰鹿期出現一種純爲裝飾品之骨角器，其上以線雕表現種種圖形，爲諸學者難於了解者，是爲護符（Amulet）。護符末端穿孔，可知爲懸垂於胸間之物無疑。表面紋樣，有象徵動物者，有幾何紋者，今舉其四：

（甲）La Madeleine出土。以角片爲之，作扁長形。刻饕餮（Glutton）形像。

（乙）Font-de-Gaume洞出土。以骨片爲之，刻麝牛形，二旁有人像。

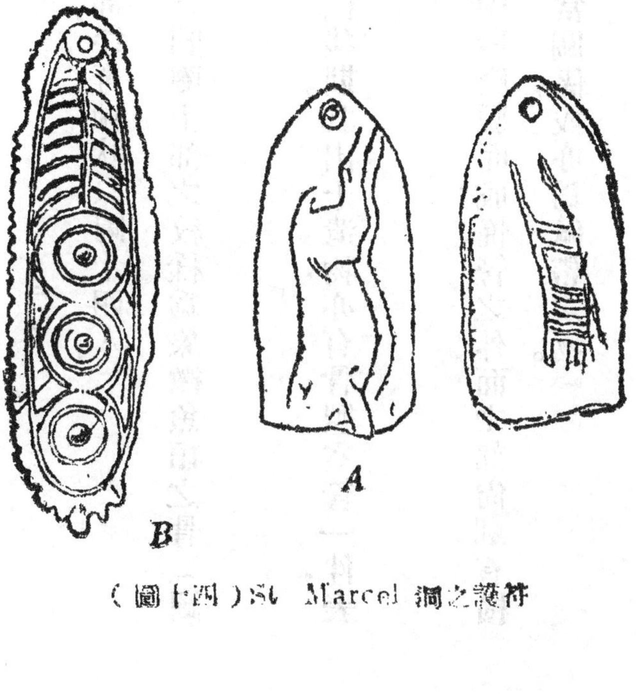

（圖十四）St Marcel洞之護符

（丙）St. Marcel 洞出土。以骨材爲之刻動物體部，作奔馳狀（圖十四A）。

（丁）同上洞出土。亦以骨片爲之。刻有三組同圓心之圓圈，上部之紋樣爲象徵魚類之骨（圖十四B）。

我國周口店山頂文化層，約相當於歐洲舊石器時代後期。其出土遺物，亦有骨製空管一件，表面加施線雕。裴文中記其樣式曰：

『骨製空管，亦只找到一件，就是將細的肢骨中段磨製而成；惟管之外面中部尚刻有橫紋數道。這種東西之用途，大概是與帶孔之牙有相當關係，或亦爲佩帶之物。』

此或即與護符同類之物也未可知。

（三）人像雕刻

冰鹿期之人像雕刻，透雕浮雕線雕均有之。阿里尼安期最著名之人像透雕有三，即：

（1）布桑波利之女神（Venus of Brassempouy）。

（2）孟頓（Mentone）之裸女。

（3）華林多夫之女神（Venus of Willendorf）

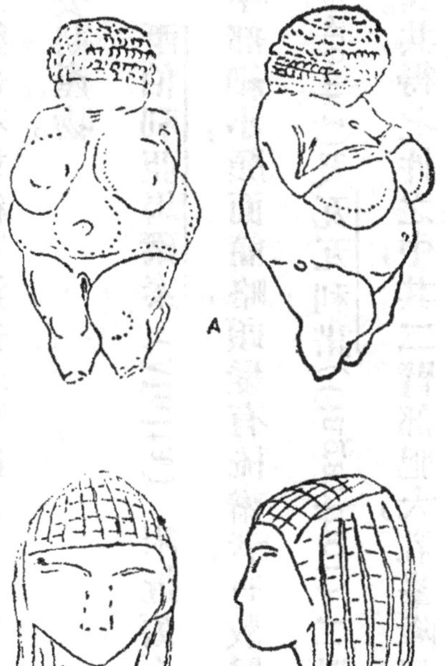

（圖十五）阿里尼安期之人像透雕

A.華林多夫之女神

B.布桑波利之女神

C.D.孟頓之裸女

布桑波利之女神，為下部阿里尼安期之產物，象牙質製，或錯以為馬特里尼安期作品。僅有頭部，眼眉與鼻部全而無口。頭上披有頭巾（圖十五B.）。孟頓之裸女頭部與體部具全。以黃色半透明之石製成。頭部作橢圓形，乳峯與臀部肥大（圖十五C.D.）。華林多夫之女神則發見於一九〇八年，亦為石雕，屬於上部阿里尼安期之作品。全物高約四吋半，乳峯隆起，臀部肥大，雙手抱其腹，頭髮捲曲（圖十五A）。

Laugerie Basse 洞方面尚有一象牙女像無頭無手，僅存體部及腿部。一八八八年，伯特又於 Mas d'Azil 洞發見一象牙女像頭頸低垂，牙齒向外伸出大鼻厚脣大耳無臂乳峯肥大而向下垂頸部有刻紋三道，代表頸鏈。Brünn 及 Brassempouy 洞尚有三數象牙人像，似屬蘇流特里安期產物。

西伯利亞馬爾泰（Malta）附近舊石器時代洞穴，同樣發見女像透雕十一件，都為骨製。裸體，手部細小，顏面簡略，頭髮有梳辮者，有散髮者，與上述西歐方面得見者同樣。中俄之哥斯丁基（Kostenki）及瓦瓦利諾（Gagarinot）二遺址，同發見象牙透雕之裸婦像數件。瓦瓦利諾者尤為奇異。共得七件之中，其二臂部肥大，乳峯隆起，雙手抱其腹部，毛髮捲曲，全與華林多夫女神酷似（圖十六）。其餘者，將之與孟頓出土之裸女雕刻相比較，類似之處亦多。據哥羅比夫（V. A. Gorotzjov）及伊佛敏哥（P. P. Ephimenko）之推算，此等作品當屬於阿里尼安期或下部蘇流特里安期。東西二地之藝術，既成於同一文化期，其作風表現出類似之點，殊不足怪。因人類既同生活於一經濟生產的階段之上，所反映之意識形態，當無何等差異也。

人像浮雕，阿里尼安期亦有發現。達特尼之羅西爾洞（Laussel）所得上部阿里尼安期之凸形浮雕二件，至引起學者之興味。其一稱爲羅西爾之女神（Venus of Laussel）。右手持野牛角，左手置於腹部。頭部作側面圖而轉向右方。乳房尖長向下垂。浮雕之高度

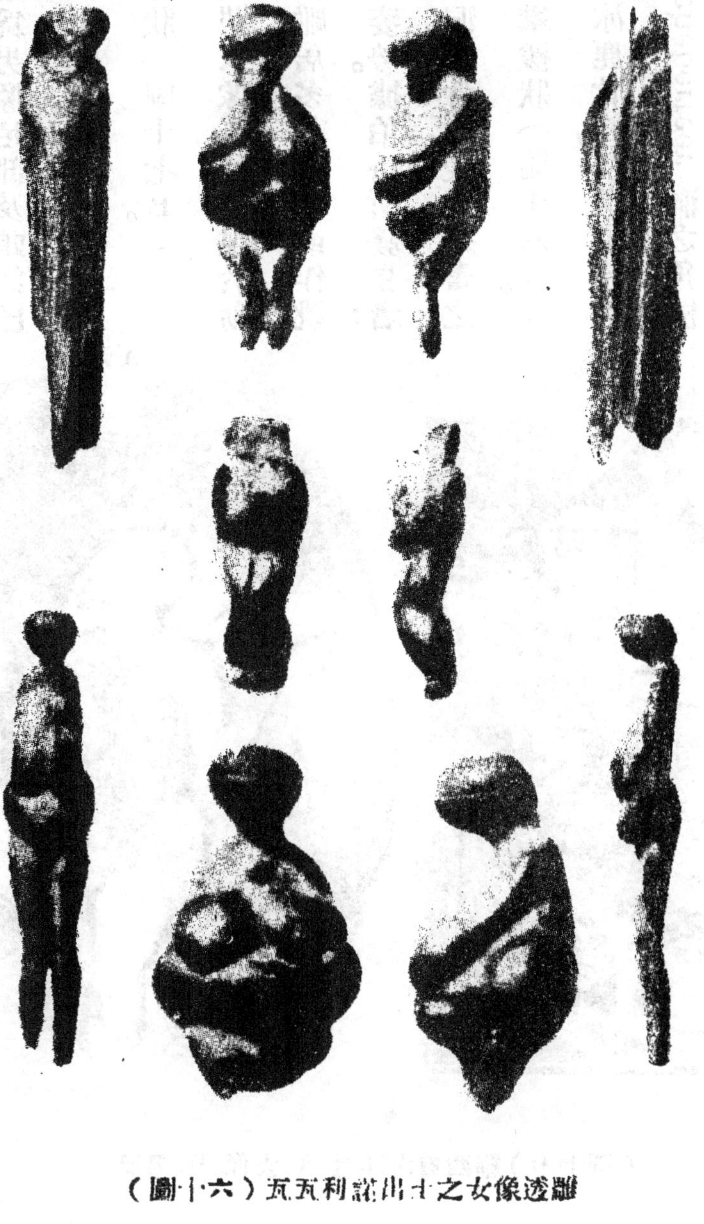

瓦瓦利諾出土之女像透雕（圖十六）

約二公釐，全物高達四十六公釐（圖十七A.）另一則刻爲男像，足部及頭部已破碎不全。高約四十公釐。觀其姿態，似表現一獵人在挽弓狀（圖十七B.）

馬特里尼安期人像雕刻，表現於動的藝術方面，以線雕居多。其人物或作跳舞形狀，或作獵狩姿勢。據伯特所發見者：如 Mas d'Azil 洞之骨片，表面刻畫之人像，手足高舉，作攀援狀（圖十八3.）Altamira 洞之冰鹿骨條，以深刻紋線雕作婦人形。Rocheberteer 洞之角杖，則刻人類之頭部。此等人像，因其不類似

B A

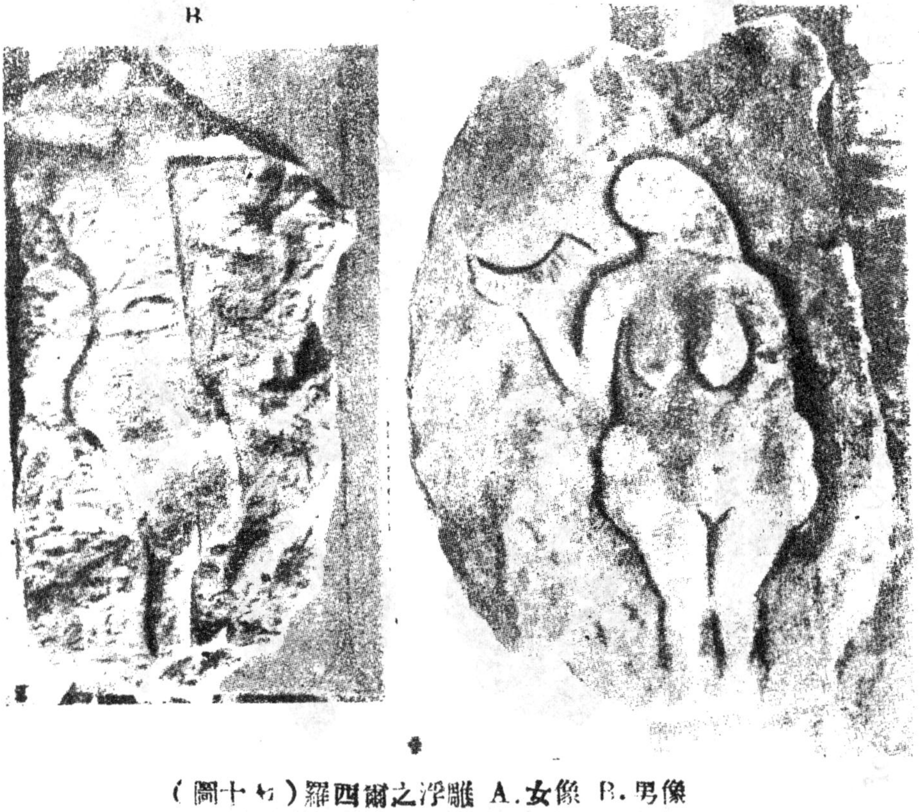

（圖十七）羅西爾之浮雕 A.女像 B.男像

人形，伯特謂其爲類人猿之描寫。然按諸人類學者於澳洲各地調查所得：原始民族，慣於宗教集會中戴動物假面而跳舞。持此事實以解釋此等線雕人像之容貌，似頗適宜也。

在種種角器上表現漁獵場面之線雕者，如La Madeleine洞出土之冰鹿角片，刻一人立於二馬之中間手舉武器於肩上，鱒魚一尾隨其後（圖十八4.）。另一所謂『獵狩野牛』圖，發見於Laugerie Basse洞出土之角器上。獵人伏於野牛之後，手持武器作描準狀。然由另一方面觀之，又似爲思索中之直立人像『圖十八1』。同洞之一破碎角片所雕之圖像爲：一腹部膨脹之婦人仰臥於冰鹿之下，體部不着衣服，腹上作短細之平行線條，或即表示其毛。高舉之手臂上，帶有手環（圖十八2.）。此外，La Madeleine洞之角叉，則只刻人類之手臂，手指不全，其表示若何意義，殊難明瞭。

（圖十八）骨角器上之人像線雕 1.2.Laugerie Basse洞出土 3.Mas d'Azil洞出土 4.La Madeleine洞出土

第三節　洞壁藝術

（一）洞壁藝術之眞實性

當一八七九年達・紹都拉 (Don Marcelino de Sautoula) 發見 Altanira 洞之壁畫，次年將其所得發表時，世人都不信此種藝術爲幾萬年前人類之作品。法人哈爾 (E. Harle) 反對尤力。其後利維利 (Rivière) 於 La Morthe 洞壁上，雖亦見同樣之藝術存在，然尙不能解釋一般之懷疑。最後經布魯等之繼續有系統地發掘法國及西班牙諸洞穴，壁畫發見日多，復加以地層學上及種種出土遺物的證明，至此，冰鹿期洞壁藝術之眞實性，始不爲世人所否認。

據諸學者之研究，足以證明洞壁描寫確爲冰鹿期遺物者，有下列數事。

（甲）洞壁描寫之動物圖形，確爲當時主要之哺乳類動物，間有今日已滅絕不得見者。此種描寫，殊難爲後世所假造。

（乙）諸洞穴壁畫，有完全或一部分，被舊石器時代各地層所埋藏者，發掘時，均可按照地層以決定其時代。如 Pair-non-pair 洞之爲上部阿里尼安期地層所掩埋，可知其洞壁上之圖畫確爲下部阿里尼安期人類之作品。

（丙）將洞壁上所見之描寫技術及動物姿態與冰鹿期各文化層出土之遺物上所有之描寫藝術（卽動的藝術）互相比較，其類似之點甚多，故知其爲同時代之作品無疑。

（丁）諸洞穴之冰鹿期文化層中，有種種爲洞壁描寫所用之器具出現。如雕刻用之雙面削刀（Hohlschaber）雕刀（Burin）石搔（Grattoir）等阿里尼安期以後發見甚多。又洞壁繪畫所用之顏料，普通不外四類，卽鐵礦、木炭、二氧化錳（MnO_2）、磁土。鐵礦可作紅黃色，木炭及二氧化錳可爲黑色，磁土爲白色。此等顏料以動物骨髓或脂肪混之，卽得良好之色彩。在 Pair-non-Pair 洞之馬特里尼安層中，發見之研製色料之石器及調色骨板，均有以上之顏料殘存，故知當時人類確有製造洞壁藝術之事實。又在黑暗如 Niaux, La Pileta 等洞穴，一般均懷疑其人類何能置身其間，從事描寫。然自 La Mouthe 洞馬特里尼安層發見一砂石製成之燈，基底刻爲山羊形，炭灰質之物仍然殘存其間，經證明其爲骨髓之經火而成之燃灰，乃知當時使用此種燈火照明，可於黑暗之洞中工作無礙也。

（二）洞壁藝術之樣式及其分佈

按照布魯所編冰鹿期藝術進化程序，洞壁藝術亦可別爲五類：第一類，見於阿里尼安期。動物描寫，均以二足代表四足。第二類，見於下部馬特里尼安期者。動物圖形，加作陰影。第三類，中部馬特里尼安期者屬之。線雕圖畫，規模極小。第四類，上部馬特里尼安期者屬之。動物描寫，均以多彩畫爲之。第五類，阿志里安期者屬之。均爲如彩礫上之種種象徵紋樣。以上五類之藝術，分佈於各洞穴情形如下：

第一類：線雕之動物，作極混雜之線條，Hornos, Altamira, Tayac 洞有之。或用手指畫泥而成動物形者，Hornos, Clotilde, Altamira, Quintanal, Niaux 洞均有之。線雕之完整地描寫動物形，最初期者，見於 Hornos, Pasiega, Castillo, Pair-non-Pair 洞。進而具早期之樣式者，Hornos, Altamira, Costillo, Pasiega 洞有之。以 Hornos 洞者達到最進步形式動物圖形，間已有描寫其四足之側面圖。紅色畫：描寫極簡單的動物輪廓，普通都爲無眼之側面圖，亦無遠近景之描寫且以二足代表四足。如 Castillo, Altamira, Pindal, Pasiega 洞所見者。黑色畫最早見於 Pasiega, Altamira, Castillo 洞者爲黑色掌痕。繪爲簡單的動物形則見於 Pasiega 及其他各洞。此類藝術中之紋樣，如見於Gargas, Castillo, Pasiega, Altamira, Santian, Font-de-Gaume 洞者有掌痕。圓盤形則見於 Castillo, Gargas 洞。象徵生殖器的紋樣，Gargas, La Ferrassie. Sergeac 諸洞有之。均刻於石炭岩之上，破落而被埋於地層中。紅色符號施於洞頂者 Altamira 洞見之。Pindal 洞所有之紅色符號則印於巨象圖之旁。屋頂形(Tectiform) 及盾形(Scutiform)，見於 Pasiega, Castillo 洞甚多。

第二類：其線雕以寬條直線刻動物形者，Castillo 洞有之。Tuc, Combarelles, Cap Blanc 洞亦有動物形之此類線雕。紅色畫：以紅點繪動物形者 Pasiega, Pindal 洞有之。黑色畫見於 Pesiega, Altamira, Font-de-Gaume, Portel, Niaux 等洞。紋樣有屋頂形印於畫面者，Castillo, Covalanas 洞見之。Altamira, Pindal, Castillo 洞者爲種種之圓點。

第三類：線雕圖畫分佈於 Pasiega, Teyjat. Pindal. Castillo, Altamira, Hornos 諸洞。

紅色畫及黑色畫，Altamira. Font-de-Gaume. Castillo 洞有之。多彩畫已逐漸萌芽。如 Pasiega, Pindal 洞所見之動物形繪畫頗類多彩畫之塡色。間有施以刻染紋樣，至爲普遍各洞發見甚多。Pasiega 洞者全爲圓點。

第四類：線雕已入衰落期，僅於 Castillo, Pindal, Altamira, Marsoulas, Font-de-Gaume 洞所見三數動物圖畫。多彩畫反達全盛期。Pindal, Castillo, Altamira, Marsoulas, Font-de-Gaume 諸洞，至爲豐富。屋頂形紋樣 Font-de-Gaume 洞有之。掌痕可見於 Altamira. Morsoulas 洞。

第五類：線雕及彩色繪畫，各洞均不發見。惟有紅色捲帶形之紋樣。

綜上以觀，可見冰鹿期洞壁藝術之樣式及其分佈之大概。以下專就各地富有壁畫之洞穴詳述之。

（三）達特尼區之洞穴

（甲）Teyjat 洞：爲西歐舊石器時代藝術區域中最北部之一洞。距 Javerlhac 村約二公里，一八八九年爲特・瓦爾尼(P. du Garne)所發掘線雕圖畫發現於洞口石鐘乳之岩壁上。一部分爲崩壞層所埋沒。由洞口經一小道入洞中壁上有更優美之線雕出現。全爲動物圖形，形成三列。最下列爲牛形，中列有馬及冰鹿，最高一列爲野牛及馬形。他有熊形二。其一似爲極地熊(圖十九)。

(圖十九)Teyjat洞之線雕

另一畫面，描寫牡牛追逐牝牛圖畫幅極小。

(乙)Pair-non-Pair 洞在基朗德(Gironde)州，爲達羅(F. Daleau)所發掘。壁上畫幅大至三十

(圖二十) Pair-non-Pair 洞壁上之深紋線雕

方碼。線雕之刻紋極深。所表現之動物有馬類及反芻動物類。均只刻以輪廓，而四足動物也只描寫二足，卽屬於洞壁藝術第一類之描寫樣式。約爲阿里尼安末期之作品。又畫面上，尙殘留有多少彩色之痕跡。

(丙) La Mouthe 洞：洞從列・伊易斯步行不久可達。利維利於一八九五年發掘之。彼區別此洞之圖畫爲三類：A.深紋線雕。B.淺紋線雕。C.輪廓線雕。所作動物之體部，多塡以紅褐色礦土。計有野牛形、冰鹿形、馬形、巨象形。最大隧道中之線雕也有野牛形、牛形、巨象形、冰鹿形。洞長約二百七十碼。壁畫從距洞口一百二十碼之處起，繼續分佈至一百六十五碼之遠。

(丁) Font-de-Gaume 洞：洞在布尼(Beune)之左。洞有狹小隧道，長約百五十碼。道分爲二。從右道達一石鐘乳構成之小洞，牆

(圖二十一) Font-de-Gaume 洞之線雕野獸攻擊馬畫圖

壁上就有表現種種動物的繪畫發見。道之末端，有獅子形、馬形、犀形之描寫。

此洞之牆壁裝飾，最爲華麗。多彩畫特多。都繪野牛形（圖二十二） 主要洞道中，有大壁畫一幅，包含巨象五，野牛九及馬，冰鹿等。多彩畫之中，『相向之冰

（圖二十二）Font-de-Gaume 洞之多彩畫

鹿圖」("Two Reindeer facing one another")，堪稱傑作。古犀形之彩畫之輪廓，慣以寬條紅色線條爲之。線雕中有野獸攻擊馬羣圖，用意何在，不一其說，要都不出圖騰部族間互相攻擊之魔術行爲。又多彩畫之畫面上，間有刻以牛頭或屋頂形者，其線條都淺紋。人類之掌痕，所見也多。

(戊)Combarelles 洞：洞距 Font-de-Gaume 洞約一哩，洞爲一狹小長道，長約百五十碼。線雕存在距洞門甚遠之處。洞之末端亦有一二單作輪廓之彩畫。全洞線雕約百件中，作完整的動物圖形者佔多數，其餘只作頭部。計有野牛形二，馬形二十三，冰鹿形三，熊形一，巨象形十四，狼形一，山羊頭三，羚羊頭四，人像三。

(己) La Grèze 洞：洞在布尼之左。洞長七八碼，闊五六碼。牆壁上有三數線雕，爲地層所掩沒，完整者僅存一處，刻爲野牛形，作風至古，與阿里尼安期慣見者類似。且地層包含上部蘇流特里安期石器甚多，故一般均承認其爲冰鹿期中最古遠之作品。

(庚) Comarque 洞：牆壁上富有精巧之凸形浮雕及線雕。浮雕爲馬形，體部利用牆壁突起之處而稍施雕刻，即成很自然之凸形浮雕。線雕施於對面，爲犀牛形、熊形、山羊形、馬形。

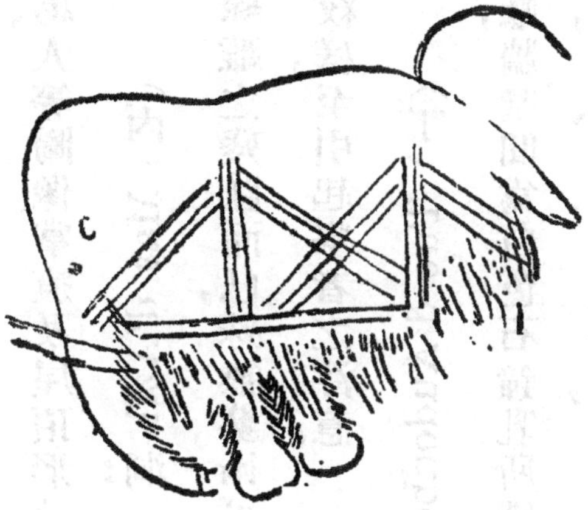

（圖二十三）Bernifal 洞之線雕巨象形

（辛）Bernifal 洞在列・伊易斯附近。巨象形、野牛形、馬形、冰鹿形之線雕甚多。屋頂形紋樣也極普遍。左方壁上一巨象形線雕，體部蓋以屋頂形紋樣（圖二十三）。或云其表示壁畫之作者能力征服巨象之意，是又與魔術有關矣。

（四）比利尼區之洞穴

（甲）Niaux 洞在達拉孫（Tarascon）附近之維・達・蘇斯河（Vic-de-Sos R.）畔。洞口隧道甚狹。人其內部，則見一圓形洞廳，壁上遍施以野牛形、馬形、赤鹿形、山羊形之圖畫。又於洞之地面砂質黏土上刻以魚形及野牛形。全洞繪畫，帶用黑色，紅褐色彩，全不得見。至有研究價值者為一野牛形之體部，印以紅色矢狀之記號。按舊石器時代表現弓矢形之描寫，殊少得見，多數學者認為代表有鈎之角叉，或亦表示人類征服動物之意。

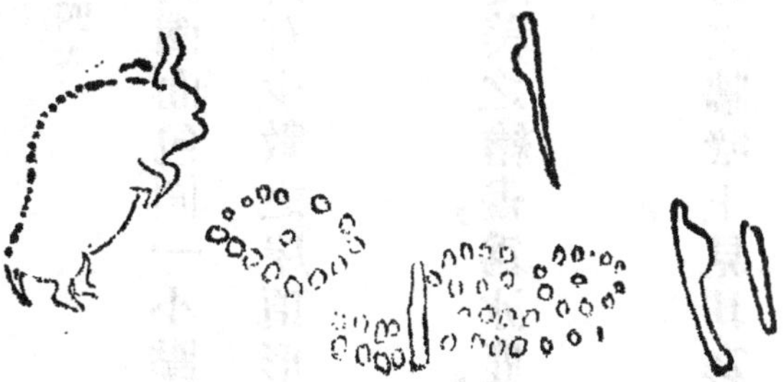

（圖二十四）Niaux 洞線雕之野牛及紋樣

洞之深處，右邊壁上有多數野牛負傷之描寫。間有於其旁作圓點成圓圈而包圍一小點於中間，左右復作棍棒紋樣者（圖二十四）。洞之末端，一部分浸沒水中，其處尚有少數之屋頂形紋樣及動物形之描寫。

（乙）Portal 洞：洞之內部有一長道。道分爲二。右道之牆壁上有甚優美之繪畫，爲冰鹿、野牛、馬、人等圖像。掌痕及屋頂形紋樣也有之。馬形之紅色彩畫少數。

（丙）Mas d'Azil 洞：一八八七年爲伯特所發掘。壁畫貧乏，僅於右方之牆壁上見其彩畫及線雕之殘跡而已，殊無藝術可言。然於阿利志河右畔，命名爲阿志里安層中發見之彩礫，表面所繪紋樣，至引起學者之注意。

（丁）Tue d'Audoubert 洞：洞在 Mas d'Azil 之西，洞口發見於一小溪之下。洞內包含一廣廳，牆壁間爲白色石鐘乳所構成。廣廳之一角，與一短狹之隧道相通。其處之壁上，發見極優美之線雕，爲馬、冰鹿、野牛等形，似屬馬特里尼安期之作品。另一隧道壁上，又有赤鹿、食肉獸、雄馬、野牛等之線雕。其地面之泥土上，發見野牛塑像二件，一牡一牝，一長六十一糎，一長二十三糎（圖二十五）。

(戊)Trois Frères洞與Tuc d'Audoubert洞相距極近。線雕描寫者爲獅子頭部、鳥形、掌痕、人像等。人像作極奇異之服裝，頭上戴山羊角，後面復有尾巴，或係當時人類化裝跳舞之描寫。又其穹形小洞之壁上，尚見野牛形、毛犀形、獅子形、馬形之線雕。

(己)Marsoulas洞：洞在上部加郎尼（Haute Garonne）北部。線雕見於距洞口五碼之處。深入其中，始見彩畫，彩畫連續廣佈至五十碼之處。據克達朋(Abbé Cau-Durban）之發掘，所得洞口中有阿里尼安期及下部馬特里尼安期之石器甚多，故壁畫之時代由此得以推計。

(圖二十五)Tuc d'Audoubert洞之野牛塑像

全洞之線雕篇幅較繪畫爲小，完整之動物圖形共得十四。有馬、野牛、山羊等。僅表現其一部分者約達一百之數。野牛最多（圖二十六B），人像約六七個。馬之描寫，至有奇趣，頭部低垂，舌頭伸出。體部刻平行線條無數，代表其毛。

繪畫規模甚大。中央隧道見者最佳。野牛圖則以黑色繪其輪廓，體部塡以紅色。或於體部作紅色圓點，或又全部塗以黑色。洞中象徵紋樣尤多。屋頂形、海扇形（Pectiform）都以紅色繪之。其一野牛形之多彩畫，腹部印以掌痕。其他有類似樹枝形紋樣及紅色弓形線條蓋於屋頂形紋樣之上，構成一大圓場（圖二十六A）。據布魯所云：樹枝形紋樣，爲阿志里安期人所加者。

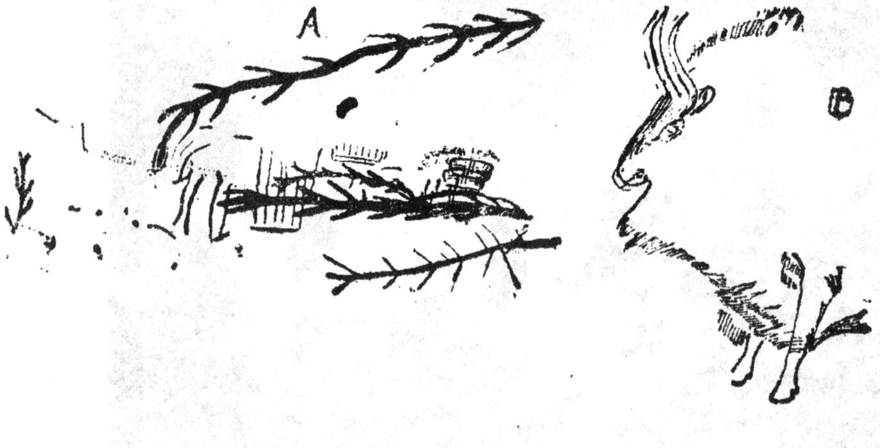

（圖二十六）Marsoulas 洞之壁畫
A.屋頂形及樹枝形紋樣　B.野牛形之線雕

（庚）Gargas 洞：洞在蒙特利猶之附近。洞分為二，一大一小。小洞只見馬特里尼安期壁畫之殘跡，均已糊塗不清。大洞全為崩壞層所充塞，為時約在馬特里尼安期以前。牆壁上，發見紅色之掌痕約一二百，均為左掌。間亦拓以黑色者，手指或殘缺其一部分或完全殘缺（圖二十七）。與今日澳洲、新幾內亞、北美諸原始民族鏤刻於岩面者相同。

（圖二十七）Garga 洞之掌痕

掌痕之外，線雕有作二數馬頭，野牛頭者。洞頂則有種種曲線之象徵紋樣。

（五）西班牙部之洞穴

（甲）Altamira 洞：全洞包含繪畫線雕之豐富，為冰鹿期諸洞穴之冠。洞距三當德(Santander）不遠，在康他布連山（Cantabrian）北麓。最初為三都拉所發見，後經布魯諸人重新發掘，洞中之描寫藝術，遂得全現其面目。洞頂及四面牆壁，遍作動物形之彩畫或線雕。洞口有一長道，兩

旁壁上，彩畫至多。再深入洞中，左旁有一廣廳，洞頂甚低，須匍匐而進。壁畫就施於廳間。繪畫普通以

（圖二十八）Altamira 洞頂上之壁畫

黑色取其輪廓或全面塗以黑色或紅色(圖二十九C)。多彩畫多作於洞頂。其一大幅多彩畫長約十四公尺，包含動物圖像達二十以上(圖二十八)。而最精美之一幅，表現野牛之種種姿勢，或臥或走，各盡其妙。惟野牛之排列，左右參雜，至無秩序，或為多數畫家前後合作之結晶品，也未可知。同時洞中所見之動物圖像甚大，長度

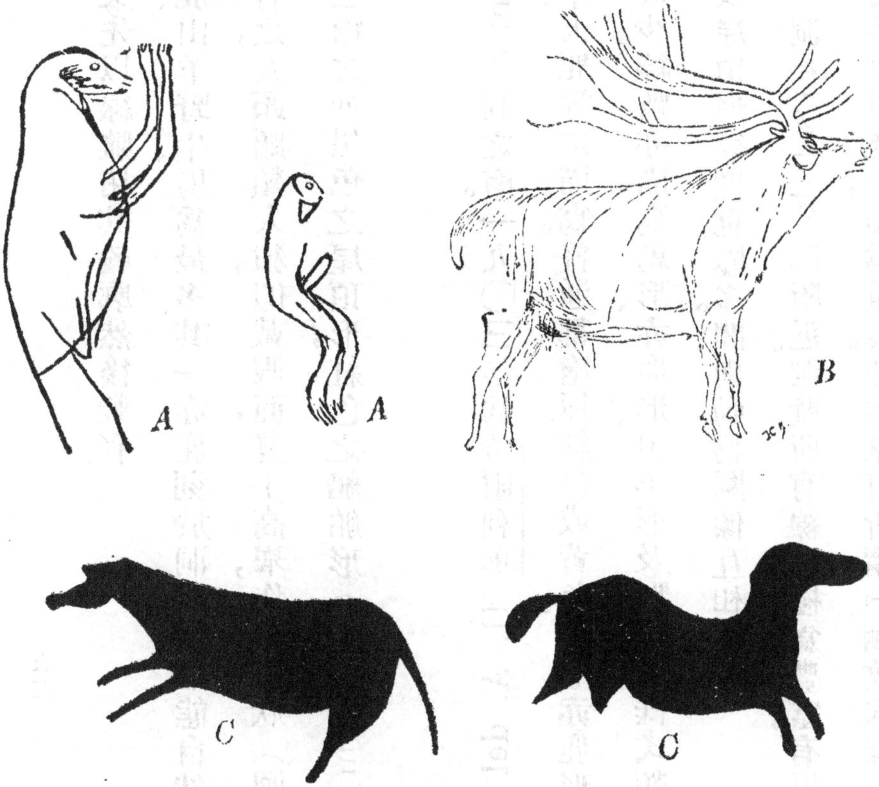

(圖二十九)Altamira 洞壁上之描寫

A.人像線雕

B.鹿形線雕

C.紅色繪畫之馬形

常在四呎至七呎之間。多彩畫又先以線雕拓其輪廓，然後敷彩。線雕所表現之動物，以赤鹿、山羊、野牛、馬爲最多。其一赤鹿刻於洞頂者，形態自然，堪稱傑作（圖二十九B）。線雕人像也有之，人頭頗類人猿，似戴假面，雙手高舉，作跳舞狀（圖二十九A）。其他尚有種種紋樣，均用紅黑色繪之。如黑色之屋頂形，紅色之船舶形（Naviform）及紅色之掌痕。

（乙）Castillo 洞：洞在 Altamira 洞之南。一九〇三年爲特爾利奧（H. A. del Rio）發掘，布魯等也參加工作。繪畫有象、野牛、大鹿等之描寫。普通都繪以紅色或黃色。馬形、赤鹿形、山羊形、羚羊形則以黑色線條爲之。多彩畫較少。線雕亦描寫馬形、赤鹿形、山羊形及野牛形。樣式頗類 Altamira 洞馬特尼安期所見者。又掌痕及屋頂形紋樣也極多，間與動物圖像互相參錯。

（丙）Hornos de la peña 洞：洞在 Castillo 洞附近。洞壁所有線雕，極爲豐富。有馬形、山羊形、野牛形、人像。其描寫方法，在雕刻藝術之研究上，頗爲重要。即常見有所謂『麵紋線條』（Macaroni line）或『羊腸線條』（Meandering），乃用手指削劃泥土而成動物形。其時代當甚淵遠。就其表現動物之樣式，也完全具有洞壁藝術第一類者之特徵。即四足動物只作二足，頭部口鼻眼睛，均付闕如。謂其爲最早期之線雕宜也。

（丁）Pindal 洞：洞在奧維都省（Province of Oviedo）之特維（Deva）附近。多彩畫所見不多。以魚形之線雕及巨象形之紅色畫最著名。魚長約十八英吋，尾部線條刻工精細。象之胸部，有紅色心臟形之記號印於其上。其他動物描寫，或用紅色，或用黑色，間有用虛線構成輪廓者。

（戊）Covalanas 洞：洞中繪畫多以虛線構成，此其特色。描寫赤鹿共十七，有轉首後顧者，有繪四足者，也有只繪二足者（圖三十）。此外，間有三

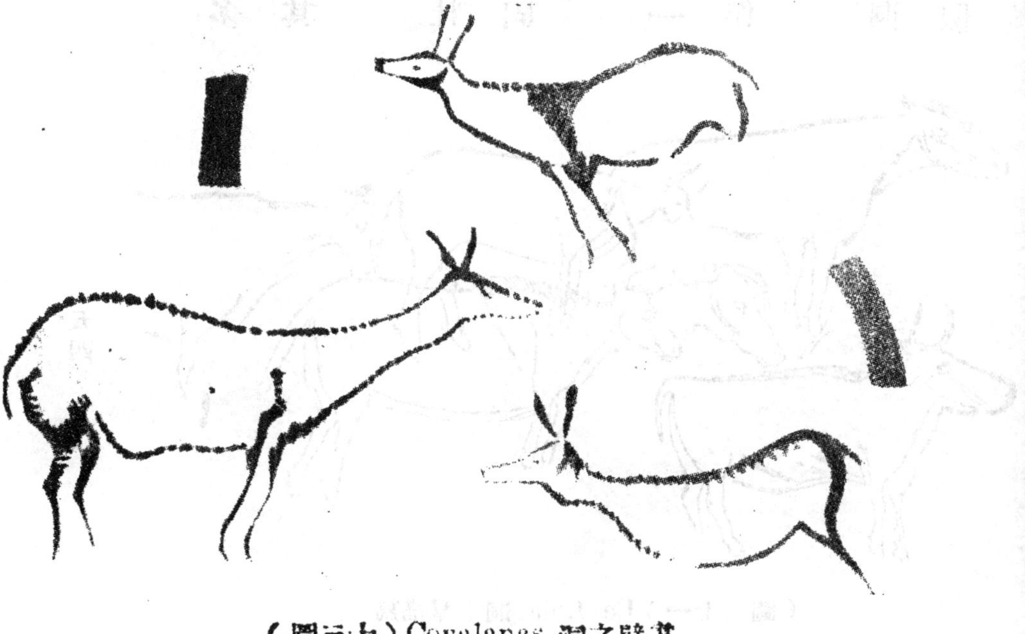

（圖三十）Covalanas 洞之壁畫

二馬形及牛形線雕則殆不得見。

（己）Venla de la Perra 洞：此洞甚小。線雕多描寫熊形，刻紋頗深。黑色繪畫所表現者為野牛形及其他動物形。

（庚）La Clotilde 洞：動物描寫甚少，僅有三數牡牛及獅子頭部。只作其輪廓，似亦係用手指劃泥土，凝固而成。動物足部作極粗略之描寫，體部塡滿了垂直線。

（辛）La Loja 洞：洞之岩石上，有線雕作牡牛一羣，互相參雜（圖三十一）。乃屬於馬特里尼安期之作品。

（壬）Santian 及 El Pendo 二洞：Santian 洞之繪畫集中於一處。手臂紋樣約有十五個，都不完整。似

（圖三十一）La Loja 洞牛羣描寫

屬於阿里尼安早期之作品。El Pendo 洞與之相距不遠。洞之右壁上之線雕爲鳥形其描寫技術，似可歸入第三類其大隧道中包含之文化層有蘇流特里安、馬特里尼安及阿志里安等層。

（癸）Pasiega 洞：洞包含阿里尼安期及馬特里尼安期繪畫甚多一九一二年爲奧伯美亞（H. Obermaier）所發掘。洞口之下部阿里尼安層中，發見施以線雕之器骨，其樣式與壁洞上所見者至有關係。全洞總計有繪畫二百餘件線雕三十餘處。動物圖像有赤鹿、馬（圖三十二）、野牛、山羊、牡鹿、羚羊、巨象。掌痕及人像也很多。繪畫以紅色爲主，黃黑二色較少。紋樣描寫，計有四十餘件，屋頂形最多，另有E形、巨形、U字形、船舶形。

綜計西班牙北部諸洞穴，所有繪畫線雕表現之動物，其完整而能辨別者有如下表：

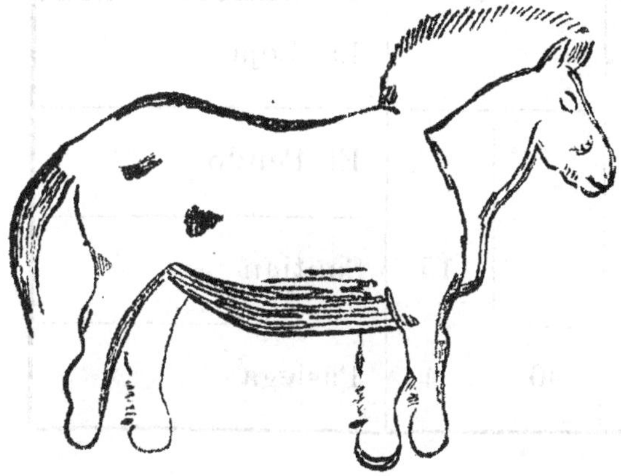

（圖三十二）Pasiega 洞之馬形線雕

洞穴 \ 圖像	掌痕	馬	野牛	牡牛	山羊	赤鹿
Altamira	3	25	35	7	11	40
Castillo	35左 9右	24	24	13	12	37
Hornos		12	11	5	4	
Pindal		5	7			1
Covalanas		1		1		17
La Haza		5				1
Venta de la Perra			3	1		
La Clotilde				7		
La Loja					5	
El Pendo						
Santian	15					
Pasiega	1	40	21	13	6	31

牡鹿	獅子	象	熊	野豬	人像	魚	鳥	食肉獸
16				3	10			
19		1			2			
1					1			
1		1				1		
								2
			1					
	1							
								1?
							3	
12		1			1			1

羚羊	1	3									2

（六）加比新型洞壁藝術

一般稱爲『加比新文化』(Capsien Culture)，乃指地中海一帶舊石器時代後期之文化而言，因其樣式與法國西南部同時代者稍異，故有此特殊之命名。加比新文化期有四，卽：

(甲)加比新前期(Pre-Capsien)——舊石器時代早期

(乙)早期加比新(Alt-Capsien)——阿里尼安期

(丙)中期加比新(Tung-Capsien)＜蘇流特里安期／馬特里尼安期

(丁)末期加比新(End-Capsien)——阿志里安期

加比新文化之發見地域，大概以非洲北部之突尼斯(Tunis)，阿爾日里亞(Algeria)爲中心。西班牙東南部，西西里(Sicily)，意大利也有發見。印度所見舊石器時代後期文化，亦有多少類似。就其藝術言之，顯然與法國及西班牙北部者不同。洞壁描寫均不施於洞內而施於岩面。其描寫內容又多為獵狩場面人物鬭爭及羣集跳舞圖。西班牙東南部所見此等岩面繪畫有以下各處：

（甲）Cogul洞在勒利大省(Province of Lérida)。岩面上之繪畫篇幅長約二碼。全圖分為五部：頂端右方為一獵人殺野牛圖，左方圖為簡省紋樣象徵一獵人射殺赤鹿，另一已死之鹿倒於其旁，中間一圖也同為獵狩場面。獵人手持木棍，赤鹿及牛羣在其周圍。下面右方一圖為人羣在跳舞狀，一般稱為『婦女環繞男子而舞圖』(Dance of women round a man)。表現人物躍動之姿態，至為活潑。計有婦女九人，環繞一男子於中間。婦女都穿同樣之衣服，腰部細小，頭部用三角形紋樣繪成。中間之男像甚小（圖三十三）。至下面左方之圖為一牝牛追逐獵人狀。又有山羊及牛羣參雜其

（圖三十三）Cogul洞岩面之繪畫

間，姿態生動。

(乙) Albaracin 洞：洞在阿爾伯連新市(Town of Albaracin)附近之岩洞，其表面卽發見種種人物及動物繪畫。畫幅長約四碼。所表現者爲牡牛二羣，五獵人立於中間，手持弓矢。人像甚小，三人以白色繪之，二人繪以白色，牡牛繪以紅色。

相距不遠之另一岩壁，馳走之牡牛繪畫，滿佈壁面。牛之體部，先以白色敷塡紅色之壁面，然後於中央稍施玫瑰色彩(圖三十四)。就全體畫幅觀之，似原爲多彩畫，因歷經風雨而脫色如此者。其表示動物走動之姿勢，尤爲正確。

(丙) Alpera 洞：洞在阿爾伯塞(Albacete)及阿利康特(Alicante)之間。岩面上繪畫至爲豐富。畫幅展開於名爲(Cueva

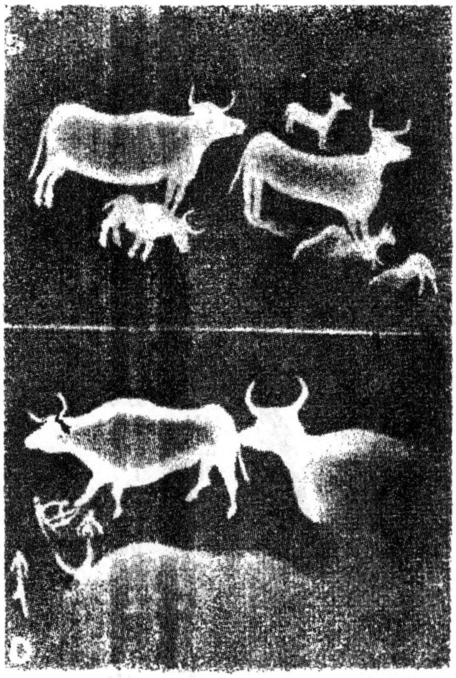

(圖三十四) Albaracin 洞之岩面繪畫

de la Vieja 及Cueva de Queso 二岩壁之上，包舍動物圖像約百五十個中可辨識者有赤鹿二十六，牡牛四馬一，山羊三十，狼七，麋鹿一，小鹿二，紋樣三十。人像甚多，婦人三所穿之衣服與Cogul 所見者同。男人手持弓矢。向動物作射狀（圖三十五），其他人物有奔走者，跪者跳舞者。間有頭上纏以頭巾，似北美印地安酋長所纏者同樣。

此外，如 Minateda, Velez Blanco 等洞，同一樣式之繪畫，發見亦多。

（七）印度之洞壁藝術

印度後期舊石器時代之洞壁描寫，其內容與西班牙東南部之加比新型岩面繪畫有若干類似。亦爲

（圖三十五）Alpera 岩面之獵狩圖

表現人物獵狩及跳舞場面。據現所知者有二處：

（甲）Ghormangur 洞：在印度北部之美沙堡地方(Mirzapur)。一八八三年為科朋(J. Cockburn)所發見。洞中之繪畫為獵人刺犀圖。獵人約四五，各持長槍向犀射刺(圖三十六)。據科朋所云：畫中表現之犀，為今日印度所不得見之動物，且獵人之槍，又似為骨製或石製之物，故可推知其為舊石器時代作品無疑。

（乙）Singanpur 洞：在印度中部之萊格地方(Raigarh)。初為安特生(C. W. Anderson)所發見，布朗(P. Brown)等繼而調查。其洞穴位於一山之腹部，土人慣稱為『神聖之場所』(Madirs)。因崩壞而顯露出壁畫之一部分。畫作紅色，表現之圖像有獵狩圖、跳舞圖及各種動物圖形。

(圖三十六)印度Ghormangur洞之獵犀圖

動物以鹿、袋鼠、蜥蜴等爲主。觀其描寫內容及表現技巧，頗與西班牙Cogul壁面者類似（圖三十七）。

又安特生曾於洞口採集得瑪瑙石器多種，樣式亦全與西班牙加比新期者一致。

第四節 阿志里安期之藝術

阿志里安期爲舊石器時代到新石器時代之過渡期，也卽人類社會組織由圖騰制轉到氏族制之中間時代。社會經濟生產之變革，引起藝術樣式之變換是

（圖三十七）印度Singanpur洞之繪畫

必然的。故阿志里安期之藝術，完全脫離馬特里尼安期以前之寫實作風，而爲簡省形之象徵紋樣。

阿志里安期得見之描寫藝術無多，普通單卽指法國比利尼區 Mas d'Azil 洞出土之彩礫（galets Colorés）而阿志里安一名稱，亦因其地層發見於 Mas d'Azil 之故。據伯特之研究，此洞所包含之文化層有九，卽：

（一）砂礫層

（二）早期及中期馬特里尼安層

（三）黃色黏土層

（四）後期馬特里尼安層

（五）黃色黏土層

（圖三十八）Mas d'Azil洞遺址

（六）阿志里安紅土層
（七）早期新石器時代層
（八）中期新石器時代層
（九）鐵器時代黑土層

彩礫即發見於第六層，介於舊新石器時代文化層之間。其共存遺物有骨針、骨叉及細石器，均表現其轉形期之樣式。

彩礫之形狀，多為橢圓形。以紅色繪種種紋樣於表面。有直線、點線、圓點、十字線、彎曲線。間有構成原始文字，如E字形、M字形。然亦似象徵熊、象等動物形狀（圖三十九）。

伯特極力主張此為史前時代人類原始之文字。以其用途不得正確之決定，尚無充分之證據。然

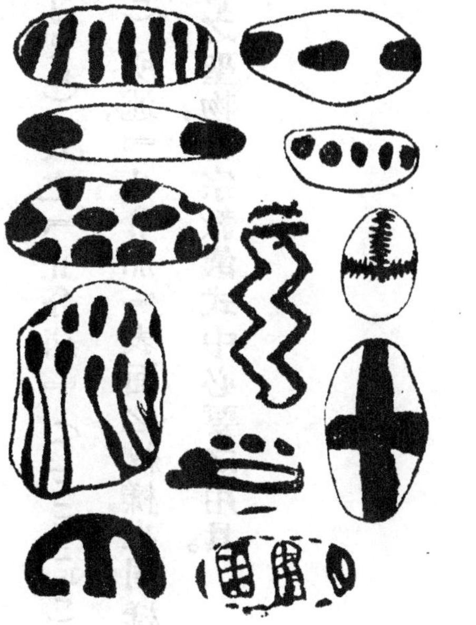

（圖三十九）Mas d'Azil 洞出土之彩礫

一般人類學者，均相信彩礫之用途，與澳洲阿龍泰（Arunta）人之『止令茄』（Churinga）同樣。據斯賓塞及基倫（B. Spencer and F. J. Gillen）所述，『止令茄』表面之紋樣，也同樣用線條及虛點表現人物及動物圖像，而被視爲靈魂附着之聖物，爲宗教儀式中必要之用具。

第三章　新石器時代的藝術

第一節　新石器時代之開始

舊石器時代終結，新石器時代的開始，巴爾吉(Burkitt)於史前史(Prehistory)中列舉其文化特徵有五。卽農業發明，馴養動物，製造陶器，磨製石器，後期又發明冶鍊金屬。新石器文化存在最早之地域，一般都推古代東方諸國。約當西歐尚在舊石器時代末期，巴比崙，亞細亞西南部諸地已發明農業及製造陶器。如蘇薩(Susa)之發掘，陶器存在之地層，爲時約在紀元前一八〇〇〇年。埃及方面新石器時代之開始，約也在紀元前一二〇〇〇年左右。歐洲新石器時代文化，則受東方之影響頗大。當時克里特島(Crete I.)，實爲愛琴海上東西文化溝通之中心地，就其島上美諾安時代(Minoan age)以前之陶器技術與埃及人者頗形一致。再由克里特而至希臘，西方新石器時代文化，始逐漸萌芽。

黑海沿岸諸地及中歐由羅馬尼亞直達多瑙河流域新石器時代開始較後，為時約在紀元前五〇〇〇年。西歐法國及西班牙等地，繼續舊石器時代而來之新石器時代，則在紀元前六〇〇〇年左右。北歐斯干的那維亞(Scandinavia)之新石器時代，孟特流斯(O. Montelius)別為四期，即尖頭斧期，薄形斧期，厚形斧期，舟形斧期。約起於紀元前五〇〇〇年，終於紀元前二〇〇〇年。

以上各地新石器時代出土遺物中，其有藝術意義者，為陶器及巨石建築。如冰鹿期之工具雕刻作動物寫實形者，殊不得見。繪畫描寫，亦只三數象徵紋樣存留於西班牙東部及斯干的那維亞之岩面上而已。

第二節　陶器藝術

（一）陶器之製造

新石器時代人類，既依據土地以行農業生產，穀物之收藏，食物之烹飪，液體物之保存，均有使用陶器之必要。故陶器大概在劍比尼安期已經存在。

原始陶器之製造，乃取黏土、沙石、貝殼等混合物爲材料，用手揑造。其法有三：

(1)手揑法：常以泥土用手按照所欲造之形式揑造。

(2)捲帶法：取泥土揑爲長帶，逐漸捲轉而成圓形容器。

(3)堆積法：先將黏土揑爲許多圓圈，堆積圓圈而成圓形容器。

陶器製成後，復於表面施以種種裝飾，其法有四：

(1)刻紋：用樹枝或木片等刻以凹形紋樣。

(2)印紋：用繩索或其他編織物印爲紋樣。

(3)塡彩：用顏料敷塡於所刻凹形紋樣之中。

(4)着色：在平滑之陶面上染以色衣，然後於色衣上描寫多彩紋樣。

今日新幾內亞土人之製造陶器，卽用堆積法最多，也有用手揑法製爲盆皿形者。非洲土人亦用堆積法。新石器時代人類對於陶器之製造，各種方法均採用之。初時出現者，其樣式都甚簡單，表面只磨刷光滑，不施何等裝飾。刻紋印紋等陶器則較爲後出。着色彩陶當爲新石器時代最進步之產物，如埃及、克里特各地後期新石器時代遺址出土者，可見其一班。

埃及之陶器，其製造技巧，尤爲世所驚嘆。據詳細分析之結果：陶器之材料中，常有石灰岩成分，可見當時埃及人已知純粹的黏土，不耐火燒，必須混以少量石英或石灰岩，以奠定其土質。又其圓形陶器之揑造，輪廓非常正確，與輪鈞製造者同樣。間又於表面上塗以赤鐵礦粉（Haematile），曬乾後，以小石磨刷光滑，然後經火。彩陶之色料，或用耐火力最強之白色顏料爲之，其製造陶器知識之高明如此。

（二）陶器之種類

新石器時代慣見之陶器，大致上可分爲三類：

（1）帶紋陶器（Banded pottery）爲新石器時代最原始陶器。器形都低頸、大口，表面印有或寬或狹之橫列平行帶紋。諸平行帶紋或作鋸齒狀橫過其腹部（圖四十A）。此種陶器，不列顛諸島以外，歐洲中部及西部均有發見。德國西南部及萊因河流域，出土尤多。

（2）繩紋陶器（Corded pottery）：爲廣頸瓶壜之容器。表面印繩蓆紋，爲種種平行線紋，環繞瓶身。其印紋似於未經火前，用繩蓆緊縛懸吊而印成之者（圖四十B）。德國南部、瑞士、俄國等處，均有出土。

（3）萼形陶器（Calyciform pottery）：爲大形杯類之容器，直頸平底，表面磨刷光滑而刻以彎曲帶紋或繩紋，小亞細亞、埃及、意大利、西歐新石

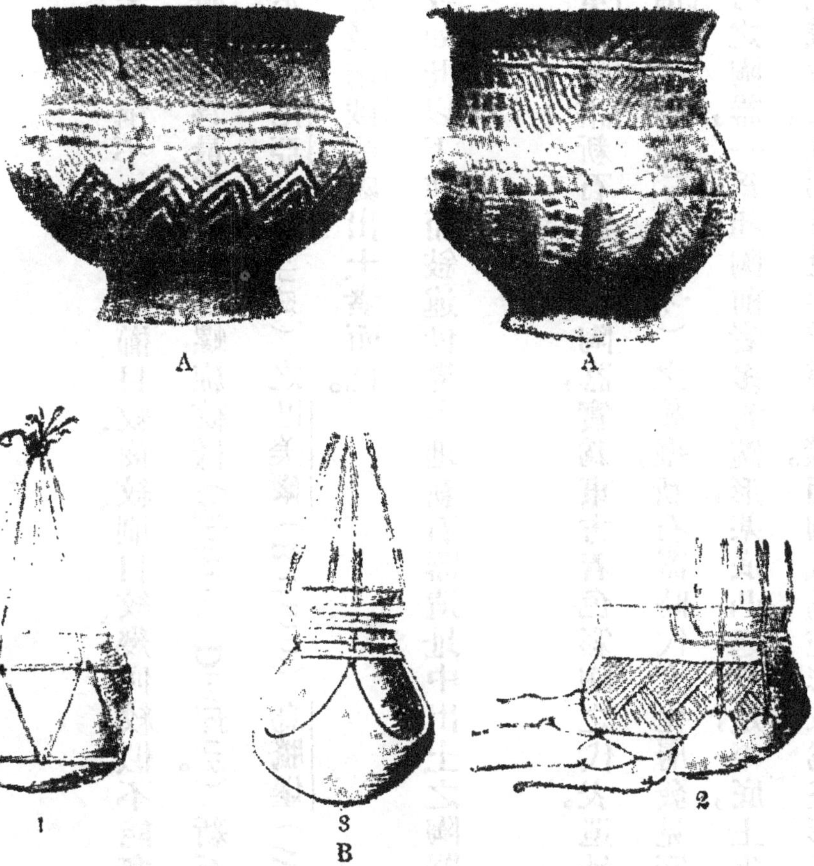

（圖四十）新石器時代之陶器　A 帶紋陶器　B 帶紋繩紋之比瀕

器時代遺址均有出土。

至其表面之裝飾紋樣，種類繁多，名稱不一，有所謂櫛目紋、齒紋、刷目紋、幾何紋。似不能概括爲若干種類。然有一種紋樣，逹銅器時代，變爲最常見者，卽螺旋紋樣（Spireal Designs）。新石器時代之陶器上所見之螺旋紋樣，僅於波斯尼亞（Bosnia）之巴美爾（Butmir），烏騰堡（Wüttemberg），加利西亞（Galicia）東部及南俄等處出土者而已。

新石器時代陶器之樣式大致如此，以下進而敍述世界各地新石器遺址中出土之陶器。

（三）阿諾與蘇沙

（1）阿諾（Anau）：突厥斯單之阿諾新石器時代陶器，實爲東方着色彩陶之代表。遺址在亞斯卡巴（Askhabad）附近。據滂伯利（R. Pumpelly）之發掘，新石器時代文化層發見彩陶破片甚多，可別爲二種：一爲小模精巧之陶器，一爲粗陶。前者多爲碗形，其底凸起，有足，平底，上半部向內方傾斜。表面常加以磨刷，呈褐色或黃色。且用黑色作種種紋樣。粗陶或爲碗形，或爲釜形。釜形者口邊有浮起帶紋，平底，表面呈綠、黃、白、褐諸色。有先着色衣而後施以紋樣，亦有直接於陶面上繪畫紋樣者。

阿諾陶器之紋樣，蕭密特（R. Schmidt）將之別爲二類：

（A）取獨立的紋樣爲水平線的連續配置，以三角形最多。普通用許多三角形構爲數列，左右上下，互相連續。蕭密特謂之爲天幕紋樣。其他或於三角形之尖端，展開爲交叉形，或單作三角形之半部而並列之。且以格子紋及平行線敷填其間。

（B）取斜線構成帶紋，即以平行之斜線爲基礎，構成種種複雜之紋樣。有於二平行斜線中間塡以交叉之十字紋者；有

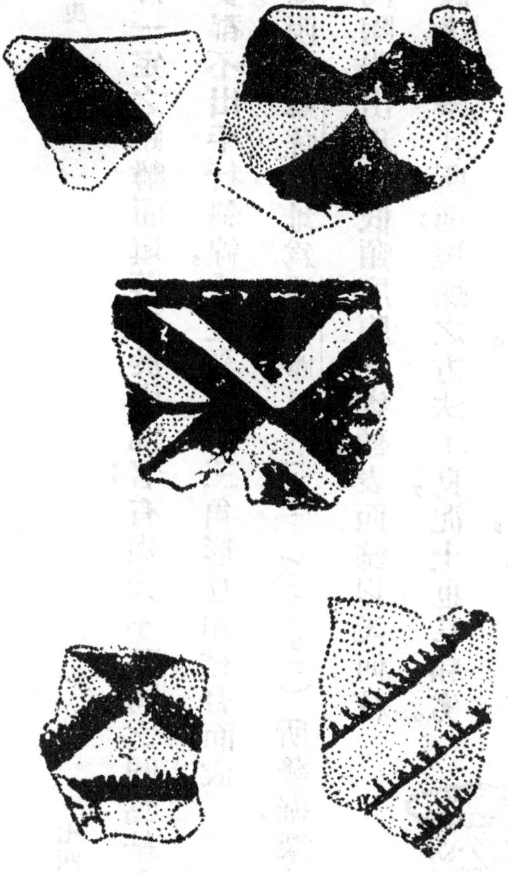

（圖四十一）阿諾陶器之紋樣

以二線或四線保持一定之距離而塡菱形於中間者；有與大小不同之圓點結合而成爲佛珠狀者。其線條粗細不一，要都不出平行斜線，或交叉，或與三角形互相結合而成。

(2)蘇薩：波斯西部蘇薩遺址爲達·摩甘 (J. de Morgan) 所發掘，深約數公尺深之砂礫層，就有新石器時代陶器出現。爲低頸廣腹之甕類。表面飾以幾何紋樣及鋸齒形紋樣。據達·摩甘所稱：燒煉之方法不良，泥土也甚粗劣。

較此等陶甕爲進步之黑褐色之陶瓶。表面之繪畫，極爲纖巧，有山羊形、四足獸形、水波形、三角形、菱形等等。

(四)埃及

埃及新石器時代墳墓之開掘，發見壺甕等之副葬品甚多。表面裝飾，頗有價值。有幾何紋及簡單之動植物圖象，然究不如銅器時代所見者之精美。

如據斯伯令 (H. G. Spearing) 於藝術之萌芽 (The

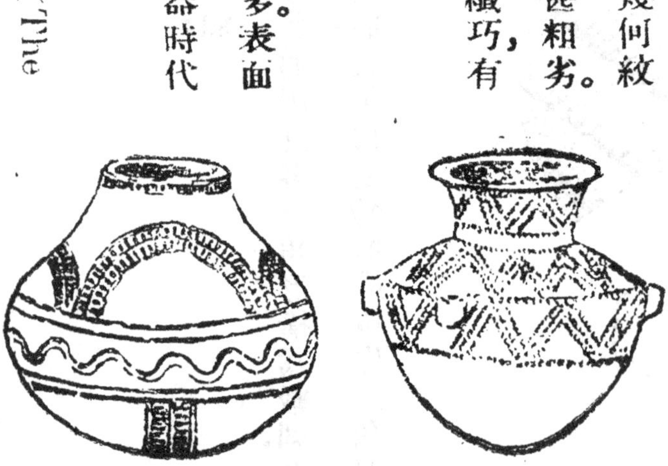

（圖四十二）蘇薩出土之陶甕

(Childhood of Art) 中所述：埃及初期之陶器只用白色線條繪紋樣於紅色陶衣之上，表面且用手或木掃刷光滑。所繪之動物紋樣，均不互相連絡，人形尤其粗劣。

又一九二四年，比特利 (F. Petrie) 於圭亞 (Qau) 地方掘得一批新石器時代之陶器，均爲紅底或黑底，而以白色描寫動物或人像於其上。腹部之泥質，極爲良好，兩旁之紐孔雖薄，然甚相稱。

（五）克里特及希臘

(1)克里特：克里特島上史前時代遺址，以克諾索斯 (Knossos) 最爲著名。據伊文斯 (A. Evans) 之發掘，深約八碼之處，新石器時代陶器便有發見，爲手揑品而無印刻紋樣。次則出現幾何紋之陶器。器形似爲大口之壺罇，兩旁稍施磨刷。屬於中期新石器時代者，表面間有刻以紋樣，且塡以白彩。有帶紋、楔紋、植物莖葉紋。其彩陶之紋樣至爲可觀，然多屬於銅器時代以後者。

(2)希臘：希臘新石器時代可分爲二期，即前期新石器時代（紀元前六〇〇〇年——三〇〇〇年）及後期新石器時代（紀元前三〇〇〇年——二五〇〇年）。從帖撒利 (Thessaly) 及希臘中部出土之前期新石器時代陶器，已具極進步之技術。如壺甕等陶器，均爲厚手製造，表面施以刺突紋樣，有鋸齒紋，小點，幾何紋。着色彩陶，有以白色爲色衣，而於其上描寫黑黄褐等色之紋樣。或直接於紅色之陶面上繪以白色之紋樣。中部及南部一帶出土者，多爲黑色粗陶，取瘤狀紋裝飾其表面。

後期新石器時代陶器，以達美尼(Dimini)出土者爲代表。有所謂達美尼式之着色彩陶。與前期者有異。可細分爲三類：第一類，赤色陶衣上施以白色紋樣。第二類黄色陶衣上施以茶色紋樣。第三類白色陶衣上作黑色紋樣。其紋樣之要素，都由幾何紋及螺旋紋綜合而成。器之內面，也塗彩色，且內外之紋樣，各有不同。器形均爲大口狹底之碗類。

（六）中歐方面

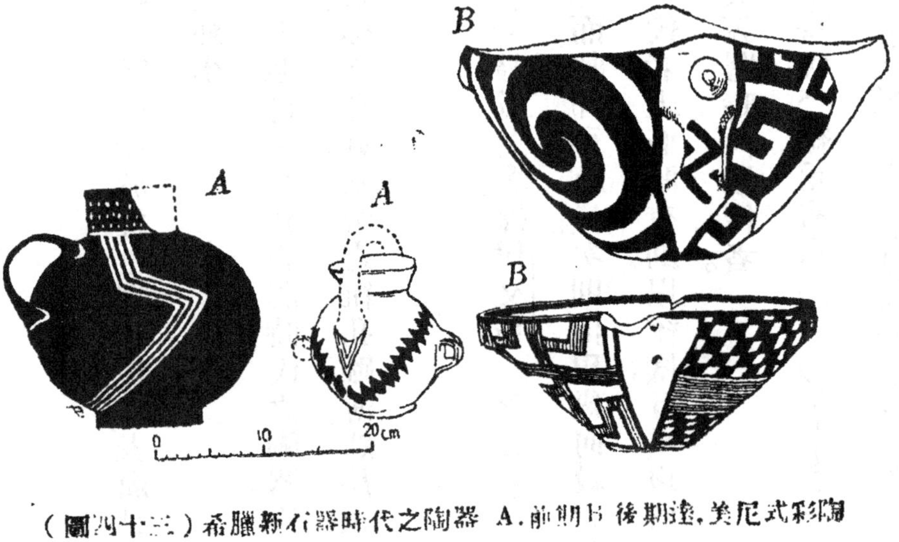

（圖四十三）希臘新石器時代之陶器 A.前期 B.後期達美尼式彩陶

歐洲中部多瑙河流域新石器時代文化也可分為二期；

(A)多瑙文化第一期陶器極為優美，表面光滑，刻以螺旋紋及卍字形紋樣。刻紋較淺，着色彩陶，全不得見。器形為球形或半球形之壺類，兩旁或附以瘤狀之耳。波斯尼亞(Bosnia)之巴美爾出土者可為代表。另有一種刺突紋陶器，出現於捷克斯拉夫之波希米亞(Bohemia)。為壺鉢類之容器，表面刺以虛點及短線，連成種種平行線之紋樣，且敷塡白色於其間。

(B)多瑙文化第二期陶器出土之區域：從塞爾維亞(Servia)北部之伯爾格剌德(Belgrade)起，到德國之奧德河(Oder R.)中流一帶。器形為皿形，基底附以台脚。表面都不施刻紋樣，間有鑲嵌以螺旋形之浮紋或於陶器經火後，再塗紅黃白等色彩。其裝飾似較貧乏。

至德國易北河(Elbe R.)及威息河(Weser R.)一帶出土新石器時代陶器，與多瑙河流域所見者又完全不同。觀其器形，寧可謂其與北歐斯干的那維亞者一致。表面裝飾，且具有特飾之作風。卽集U字形、山形而構成菱形或三角形之帶紋，環繞頸上。肩部則施以垂直線之紋樣。波蘭維斯杜拉河(Vistula R.)以南及加利西亞出土者也同樣。

德國中部，尚有繩紋陶器發見。其中心地爲紹倫吉亞森林地方 (Thuringia Forest)。形式頗爲原始，有用水平線之繩紋飾其表面者，也有用羽狀紋者，可與丹麥單獨墳中出土者互相比較。另一種頸部作漏斗形之陶瓶，表面亦施以繩紋。

（七）阿爾卑士山一帶

阿爾卑士山一帶新石器時代湖上住居遺址出土之陶器，其表面裝飾，極爲可觀。瑞士紐沙德爾湖 (Neuchatel) 上遺址之發

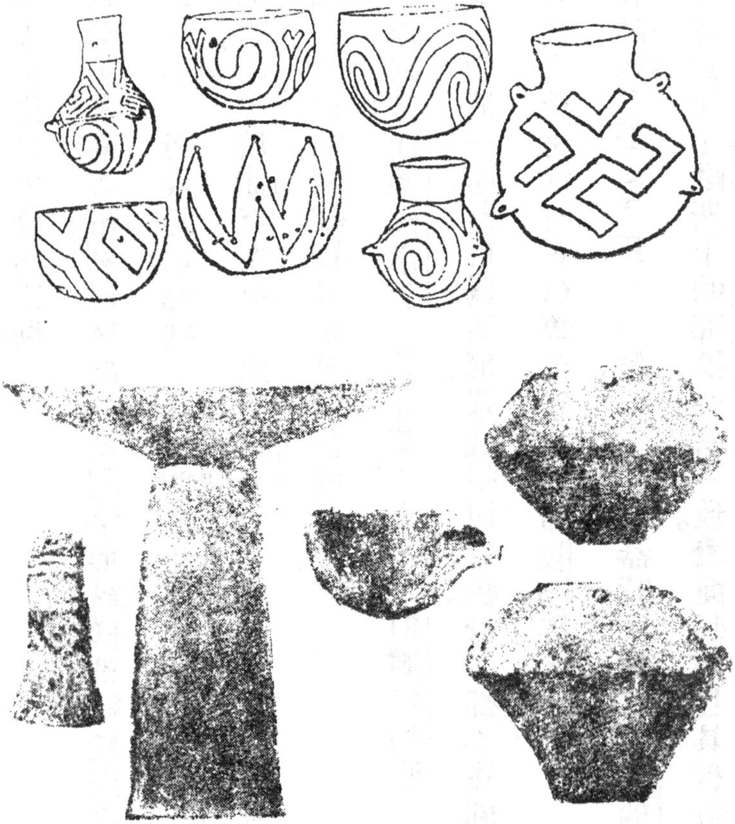

（圖四十四）中歐新石器時代之陶器（上）第一期（下）第二期

掘，地層有四，卽新石器時代下層，新石器時代中層，新石器時代上層，金石並用時代層。新石器時代各層所見之陶器，大都爲盆形之黑色陶，陶牆極薄，燒工良好，而表面光滑，間或於頸部嵌以浮起之帶紋。然無其他紋樣裝飾。西德斯湖（Federsee）出土者，表面裝飾反甚豐富，多以點及線條構成鋸齒形、卍字形紋樣，都甚精美。

上部奧地利門德司（Mondsee）湖上住居遺址出土陶器頗多，陶面慣以白色泥土鑲嵌浮紋爲裝飾。有螺旋形，卍字形（圖四十五）。加尼拉（Carniola）之拉巴止（Laibach）出土者亦同樣。

東阿爾卑士山之斜面亞爾德欽（Altheim）遺址所見之陶器，頗與瑞士紐沙德爾湖新石器時代中層者相似，同爲盆形。然表面之鑲嵌浮紋，又與門德司者一致，有螺旋形及太陽形紋樣。

門德司出土之陶器（圖四十五）

（八）意大利半島

意大利南部與西西里島，新石器時代形成一文化中心地域。陶器之製造尤爲進步。陶面慣施以簡單而優美之刻紋，有旋狀巢形、三角形。西西里喀大尼亞(Catania)出土者，尤具特色。刻紋之中，塡以色彩；或紅或白，與克里特島者相似。

意大利南部出土之着色彩陶，器形及裝飾紋樣，似又與前者有異，如東南部之亞布里亞（Apulia）地方出土者，普通描寫黑色之紋樣，有三角形，乙字形。其耳或作牡牛頭塑像。利波里(Lipoli)出土者大致相同，然曲線紋甚少。維伯拉達(Vibrata)所見之陶片，紋樣有作風車形。西西里島上馬格拉希巴(Magara Hyblra)出土之着色彩陶，則以黑色或紅色描寫多彩紋樣，有海星形、波紋等等。

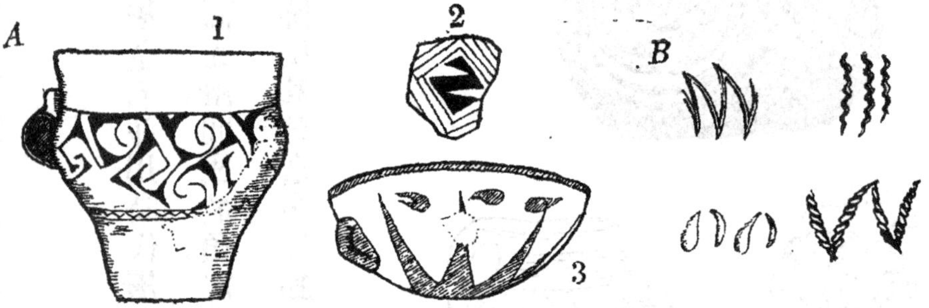

（圖四十六）意大利南部及西西里出土之陶器

A. 1. Molfetta出土 2. Matora出土 3. Megara Hybixa出土

B. 兩地陶器上慣用之紋樣

西西里新石器時代後期文化，轉而以北岸之維拉潑烈（Villafrati）爲中心陶器表面多只刻以極尖銳之紋樣。器形爲鐘狀。紋樣都排列爲平行線之帶紋。意大利新石器時代後期文化，至今雖不甚明瞭，然在哥巴·達拉·尼維加泰（Coppa della Nevigata）遺址中層出土之陶片，形狀大致與維拉潑烈者相同。

（九）西歐方面

伊伯利安半島（Iberian）上，新石器時代文化遺址，約有三個中心地。即東南部亞爾美里亞（Almeria），西班牙中部，葡萄牙及西班牙北部。陶器以亞爾美里亞出土較多。然表面均無裝飾，基底尖細不平或短頸而腹部如球形。西班牙中部出現者，反有鋸齒紋及刺突紋之裝飾。葡萄牙方面，從巨石墳中發現者，亦用鋸齒紋。

法國爲新石器時代巨石文化之中心地。其陶器則無一定之樣式。如維利猶夫（Villejuif）出土之陶片表面所施之曲線紋樣，與多瑙河一帶之刺突紋樣相似。一方面布勒塔尼（Brittany）巨石墳中發見者，又與葡萄牙者同類。查蘭德（Charente）方面之陶器，常帶紐孔而尖底，表面刻以鋸齒形之帶紋。

（十）不列顛諸島

不列顛諸島所見新石器時代之陶器，如蘇格蘭亞尼格利（Almacree）出土之陶盆都圜底而少施裝飾。萊止（Largie），基爾麥頓（Kilmarton）等處者，廣口尖底而呈黑色，表面有垂直之褶紋。奧基尼（Orkney）出土之盆亦呈黑色，口之邊緣施以鋸齒形之帶紋。加夫尼斯（Caithness）及蘇則蘭（Sutherland）巨石墳中發見者樣式相同。英格蘭方面之陶盆，也只於口邊飾以繩紋，至無藝術意味可言。

（十一）北歐方面

北歐斯干的那維亞半島新石器時代之四文化期中尖頭斧期所見陶器較少。薄形斧期始於巨石墳中發現高頸之陶瓶，表面刻以垂直之線條。至厚形斧期，陶器

（圖四十七）不列顛諸島出土之陶器

製作極爲進步，器形有高頸者，尖底者，紋樣有繩印紋，鋸齒紋。着色彩陶及高頸陶器尤見盛行。最後舟形斧期之陶器，反而不施裝飾。

波羅的海之亞蘭羣島(Aland)及芬蘭新石器時代遺址出土之陶器，其裝飾較爲異樣。有所謂櫛目紋陶器。初期者只加刺孔於表面，後逐漸作櫛齒形紋樣。芬蘭出土尤多。然達新石器時代後期，繩紋及羽紋陶器反佔重要位置，櫛目紋陶器忽然中絕。

（十二）黑海沿岸

黑海沿岸之草原地帶及俄國中部之平原地帶，新石器時代之陶器，與古代米索不達美亞、蘇薩、阿諾等處，同樣爲極優美之着色彩陶。其文化期可分爲二。前期者以喀爾巴阡山脈 (Carpathian Mts.)以西德蘭斯斐尼亞(Transylvania)一帶爲中心。伊羅斯特(Erösd)出土之陶器最具特徵。

伊羅斯特之着色彩陶，極有美術趣味，表面繪以種種彩色紋樣，有螺旋紋及卍字形。間有施以白色黏土之浮紋，燒工亦甚良好。

庫庫特尼（Cucuteni）遺址，A層出土之彩陶，其裝飾與伊羅斯特者一致。普通亦以赤褐色描寫螺旋紋於表面。器形都爲壺鉢之類。更東至特紐伯爾河（Dniepr R.）畔基輔（Kiev）附近之特萊波里(Tripolye)同時代之陶器，也多用螺旋紋樣爲裝飾。然器形有所謂雙眼鏡形陶器，又與前者稍異。

新石器時代後期之着色彩陶，可以庫庫特尼B層出土者爲代表。烏克蘭一帶亦有發見。螺旋紋樣稍改變其形式，成爲圓與切線之種種圖案，象徵自然物之紋樣，至爲發達，慣塡於幾何紋之間。

（十三）我國黃河流域

我國新石器時代文化之發見地域，可以黃河流域爲中心。甘肅、青海、山西、河南各地發見着色彩陶，尤爲豐富。今就其要者略述之。

（圖四十八）德蘭斯斐尼亞出土之彩陶

甘肅、青海二省交界附近地方有新石器時代遺址之發現。安特生(J. G. Andersson)將其文化別爲六期，爲時約從紀元前三五〇〇年至一五〇〇年。計有齊家期、仰韶期、馬廠期、辛店期、寺窪期、沙井期。前三期屬於新石器時代，後三期則屬於金石並用時代。各期所見之陶器如下：

（圖四十九）甘肅出土之彩陶

齊家期：陶器之頸部極高，兩旁有耳。表面磨刷光滑，印有蓆紋，藍紋。

仰韶期：與河南仰韶村出土者相同。（詳見後）着色彩陶尤爲重要。紋樣繁複，有鋸齒紋、太陽紋。顏色有紅黑兩種。

馬廠期：多爲着色陶甕。紋樣有方格形帶紋、波紋。另一種小件陶器口之邊緣，施以縱橫線條及橢圓形，三角形等紋樣。

辛店期：陶甕表面之紋樣，極爲進步。以黑色線條居多。有波紋，三角形。象徵動物之簡省紋樣有犬形、羊形、鳥形等等。

寺窪期：陶器形狀，有甗及鬲。甕面遍施彩色紋樣，約與前期者同。

沙井期：着色陶器之紋樣，以鳥形紋爲最具特色。與蘇薩見者頗相類似。

山西省夏縣西陰村之新石器時代遺址，一九二六年爲李濟所發掘。地層有五：卽黃土層、石灰層、灰土層、泥土層、淨土層。灰土層中發見陶片甚多。粗陶表面印有繩紋。呈灰黑黃等色。彩陶有二類：一爲先着色衣，然後施彩；一爲不作色衣，直接施彩於陶面上。色衣有紅白二色。紅色衣上所描寫者爲黑色紋樣。紋樣係由縱橫線、圈點、三角形、初月形、鏈子、格子、寬條、窄條等集合而構成。

萬泉縣之荊村新石器時代遺址，出土陶器也甚多。粗陶有作鼎、鬲、甗、尊、罐、甕、盆、洗、碗、盤等形。甕高約三尺，下部印有篚紋，中部有刻紋，上部光滑，蓋上刻植物葉形，其裝飾之特異如此。其他陶器，外內部刻紋樣，約有十餘種。其一陶片，刻爲龜形。上又有用鳥頭鴞頭爲耳及裝飾者。着色彩陶，多用黑白紅三色黑色最普通，次爲白色，紅色較少。黑色則施於紅地上。其紋樣有點、線、三角形、魚形、蟬形、蛇形。

河南方面，仰韶村及秦王寨出土之着色彩陶最爲著名。約有二類：一爲白地而施紅黑色紋樣者，一爲素地（即紅泥土而不着色衣）而施紅黑色紋樣者。紋樣有目形、三角形、方格形、螺旋形、同心圓等。

無彩陶有罐形，底部有孔。又有豆形容器，其足甚高外如淺鼎，帶柄鬲，帶耳鬲，尖底容器等，表面或施以繩印紋。

（十四）西伯利亞

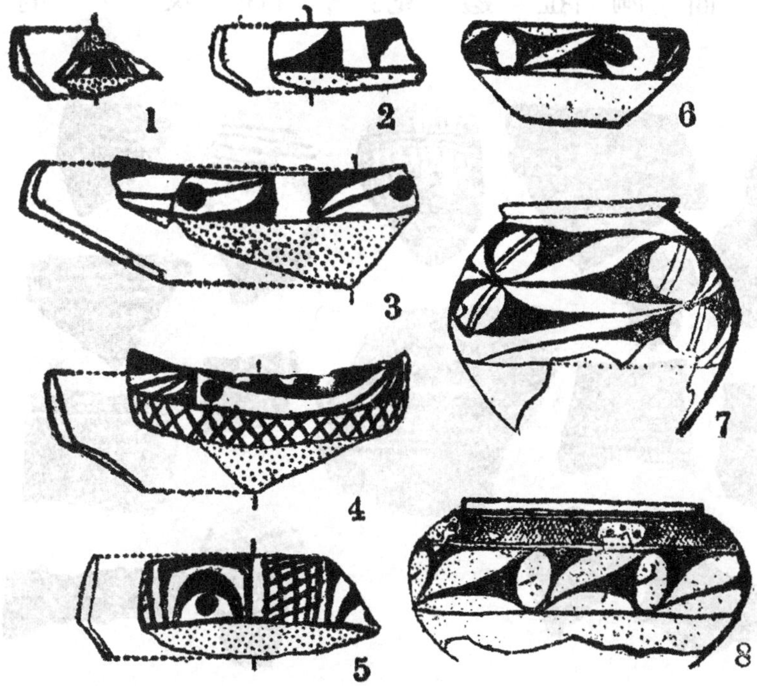

（圖五十）山西出土之彩陶　1-5西陰村　6-8荊村

西伯利亞新石器時代陶器，其發見地帶，有下列四個區域：

第一個區域爲伯令海（Bering Sea）及鄂霍次克海（Okhotsk Sea）沿岸一帶。經佐孫（W. Jochelson）等之調査，堪察加半島（Kamchatka）沿海周圍，均有新石器時代陶器發見。北部之繩紋陶器，發見尤多。紋樣慣施於口之邊緣。有直線平行紋，並列點紋，曲線等之配列。納拉志瓦湖（Nalacheva）附近發見者爲內耳陶器。卽盆形之陶器，於口之內側附以三個耳。表面紋樣甚少，只在口邊內外捏以平行線之浮紋。

第二個區域爲貝加爾湖（Baikal）附近。烏

（圖五十一）堪察加北部發見之繩紋陶器

蘭・克特（Ulan-Khada）及伯斯鎮尼亞（Peschanaya）得見之陶器，其紋樣以桿狀刻紋最多，次爲繩蓆紋，再次爲櫛目紋。器形都狹口圓底。紋樣施於頸部，間參以鋸齒帶紋。昂格拉河（Angara R.）流域之哲特伯克（Chadobek）方面櫛目紋陶器特多。櫛目之排列或爲平行線，或爲並列之點，或爲垂直線。口邊或印以繩蓆紋。至拉斯布丁（Rasputin）一帶，繩紋陶器極爲豐富。

第三個區域爲葉尼塞河（Yenisei R.）上流之巴特尼（Bateni）屬於新石器時代末期之墓墳中出土之殉葬陶器，多爲尖圓底之甕。平底之盆也有之。表面遍施櫛目紋及並列之斜線，類似繩紋之點線間亦出現。

第四個區域即鄂畢河（Obi R.）及托波爾河（Tobol R.）流域。遺址甚多，出土陶器均以櫛目紋爲裝飾，與芬蘭方面出土者類似。器形有尖底及平底二種。

（十五）遼東半島

遼東半島貔子窩東老灘附近之高麗寨、單砣子史前遺址之發掘，發見新石器時代之陶器，作鬲甗形者，大體都保存最原始之形式。表面呈青鼠色、灰褐色等。單砣子方面，單色陶及彩陶均有出土。單色陶主要者爲盆碗壺杯等形。製造粗劣。表面呈黝黑色、黃褐色、赤褐色等，彩陶多爲壺形。彩色紋樣施於口頸部至腰部之間。或以直線帶紋構成幾何紋樣，或作鱗狀紋。彩色有紅白黃三種。據分析其顏料之化學成分如下：

紅色：酸化鐵（紅殼）（Fe_2O_3）

黃色：酸化鐵（黃土）加酸化鉛。（Al_2O_3）+（Fe_2O_3）

白色：硅酸鹽（黏土）（SiO_2）

旅順老鐵山附近之牧羊城，一九二八年爲原田淑人等發掘，屬於新石器時代之陶器，較之單砣子者爲原始。器形以壺甕鬲等居多。

（圖五十二）貔子窩單砣子發見之陶器

表面稍加磨光口頸部有繞以橫線；有加作點線、橫線、斜線等之飛白紋；有施以縱線紋、格子紋、斜格子紋、平行紋、三角形等之單純的幾何紋樣；有繩印紋等等，不一而足。腹部，也飾以同樣之幾何紋樣。其耳作凸起之浮紋。底部甚厚，有平底尖底或有台腳而施以並列之縱線及斜線於周圍。

（十六）日本方面

日本新石器時代的陶器主要形式有繩紋陶器及彌生式陶器二種。彌生式陶器因發見於彌生町得名。為一種壺形容器頸部繞以小粒之圓點。下部施羽狀繩紋。繩紋陶器較之彌生式陶器為原始，貫通新石器時代，均有發見。東日本如奧羽地方最多，就其樣式發展之

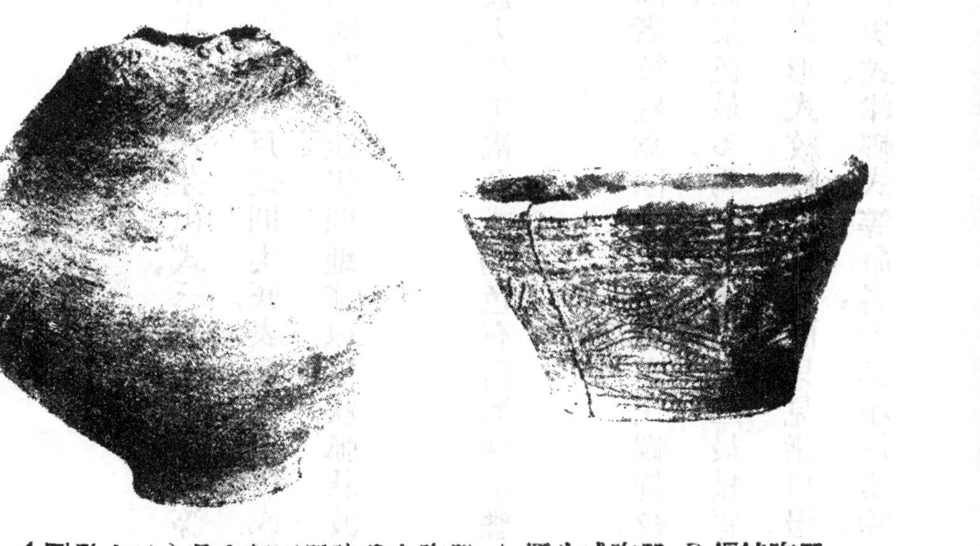

（圖五十三）日本新石器時代之陶器 A 彌生式陶器 B 繩紋陶器

過程，可別爲四期：

(1)前期繩紋陶器：有所謂諸磯式、圓筒式、纖維式、蓮田式、指扇式、茅山式、三戶式、田戶式等名稱。三戶式及田戶式最爲原始。器形都爲圓筒形及鉢形。三戶式及田戶式則尖底表面呈黑色或黑褐色，且不呈現繩紋。茅山式陶器始有繩紋捺印全面。諸磯式陶器則無規則地施以爪狀、弧狀、波狀之繩紋。以後諸類，乃逐漸出現固定之紋樣。

(2)中期繩紋陶器：有陸平式、阿玉台式等名稱。器形甚大，呈黑褐色或褐色。有筒形、鉢形、甕形、壺形、皿形。繩紋概作突起之粗條曲線。

(3)後期繩紋陶器：有堀之內式、大森式，均爲薄手陶。前者紋樣爲凹線條。後者多用螺旋紋，結繩紋，至爲複雜。把手製造也甚精巧。着色彩陶本期也有發見，朱色最多，爲繩紋陶器中之最精彩者。

(4)末期繩紋陶器：有安行式、陸奧式。前者爲關東特有之形式。紋樣已退化而只見諸口邊，餘都素地。繩紋也極簡單。後者從來有所謂奧州式、龜ケ岡式、出奧式、津輕式等命名，大都小件器物。繩紋纖細，多用消磨紋。雲紋、羊齒紋亦有之。

彌生式陶器，多發見於西日本。新石器時代只見其一部分，金石並用時代始達其興盛期。九州地方出土特多。瀨戶內海一帶亦見之。器形普通爲甕形，口邊有粗點之刻目，腹部施以篦刻紋。筑前國遠賀羣出土者，紋樣有縱橫列及斜列之篦刻紋。中國地方以東發見者則施以櫛目紋。

第三節　巨石建築

（一）巨石建築之種類及其分佈

新石器時代人類，由於萬物有靈信仰及祖先崇拜之結果，產生了巨石建築（Megalithic Buildings）之特殊文化，人類學者稱之爲巨石文化（Megalithic Culture）。其建築之樣式，皮特（T. E. Peet）於所著巨石紀念物及其建築者概論（Rough Stone Monuments and their Builders）中，分別爲六類：

（1）三石（Trilithon）：樹立二石於地上，以一石覆其頂端。

（2）桌石（Dolmen）：以三石以上建築，其基底頂上覆以一巨石。

(3)石道墳(Corridor-tomb)：即法語之 Allées Couvertes。建築爲石道及石穴之墳墓。

(4)立石(Menhir)：單獨樹立一巨石。

(5)列石(Alignement)：將許多立石排爲行列。

(6)環石(Cromlech)：排列許多立石爲圓形或橢圓形。

如詳細地考察各地之巨石建築的樣式，以上六類，似可括爲巨石墳及立石二類，餘者爲互相演進之結果，試略述之。

巨石墳：最初當由三石演變而得種種複雜的樣式。爲當時氏族社會中之公共墳場。三石建築之樣式尙屬簡單，然進而成桌石則爲石道墳等一切巨石墳之原始形式。其構造稍有藝術意味。初時之桌石用石四塊爲牆壁，造成長方形之塚穴，以一長方形之石蓋於頂上。前方一牆石深埋地下，露出土面之部分，較其餘者爲低，是爲塚穴之入口（圖五十四）。普通之桌石，長約五英呎至七英呎。廣二英呎至三英呎半。高約三英呎至五英呎之間。達進步期者，牆壁之石，乃增加至五六塊，石穴之面積也逐漸擴大。同時在其周圍滿佈立石，成爲矩形之石籬。

桌石進化爲石道墳，尙有其過渡形式。即一種桌石，以泥土埋沒其四周，僅露出頂端之一石。其後則增加泥土埋沒頂端，乃成爲石道墳。石道墳之塚穴，多作圓形或橢圓形。四周之石壁也建爲圓形或長方形。石道墳之高度約五六英呎，闊二十英呎至三十英呎之間，長度往往伸延至五十英呎以上至百英呎之間。甚者達二百英呎。此等巨石墳塚，丹麥、挪威、瑞典、法國、德國北部、荷蘭、葡萄牙、西班牙、英國、非洲北部、印度等處，均有存在。日本之古代石墳，濱田耕作亦謂其與北歐者類似。

次爲立石。立石列石及環石都由立石進化而來，其理至明。立石或爲當時人類對於自然崇拜之偶像，如法國所見者，有刻爲人形，尤可置信。列石及環石，或爲宗教場所之特殊

（圖四十五）卓石之樣式（Borust島）

（圖五十五）法國布勒塔尼半島加諾地方之列石

佈置，亦未可知。立石見於法國及英國最多，據達志烈 (J. Déchelette) 所統計，法國立石遺址約有四千五百處之多。

法國布勒塔尼半島上之列石，規模極大，如加諾 (Carnac) 地方之列石，其一處以一千二百個立石排為十一列，前後貫通三千英呎之間，兩端互相連絡，構成長方形（圖五十五。）與此相距一千英呎，左右復有列石一處，用九百八十二塊立石，列為十一行，延長至三千五百英呎之遠。另一處則有十三列立石，貫通五百英呎之遠。各處列石所用之石，為長方形之花崗石，大者長約二十英呎，小者呎餘。其建築工程之宏大可見。

不列顛諸島上也有環石的遺址。印度南部如巴卡達拉 (Bakadara) 及比特達拉 (Betadara) 二地之列石，規模之大，不遜於法國所見者。日本之立石及石神，據鳥居龍藏所稱：亦為巨石建築中立石之一種。計今日所發見者石神有十八處，立石有十四處。

（二）巨石建築之雕刻

新石器時代的巨石建築，其樣式富有藝術意義外，間有於立石或巨石墳之石塊上，施以雕刻，表現種種象徵紋樣者。

法國布勒塔尼半島上之列石，普通都施以雕刻。最著名者爲摩巴亨灣 (Morbihan (Gulf) 之瓦蘭尼斯島 (Gavrinis I.) 之立石，十之八九均有線雕。所表現者爲無數之同圓心之半圓形及螺旋紋樣，斧形也有描寫。羅止馬利魁 (Lochmariaquer) 之桌石，表面刻以有柄之斧形。巴利斯・比烈特斯 (Pierres Plates) 及曼尼・魯特 (Mané-Lud) 之巨石墳，所刻紋樣爲完整之圓圈，中間畫以一點。又亞爾遜 (Arzon) 地方之桌石，表面之線雕，常爲曲線及人類的足痕。此種紋樣，究其象徵何物，諸說紛紛，頗不一致。達志烈雖說巴利斯・比烈特斯之圓圈紋樣及瓦蘭尼斯之同圓心之半圓紋樣爲人類顏面之象徵，然均不得到一般之公認。

法國之外，據巴爾吉所云：葡萄牙、瑞士、亞爾薩斯、斯干的那維亞、英倫、蘇格蘭、愛爾蘭等處之巨石建築物中，均有線雕藝術存在其間。

就愛爾蘭之巨石墳上所有之線雕，最慣見之紋樣有幾何紋、螺旋紋、菊花紋、菱形(圖五十六)、山形等。一部分似屬於銅器時代之作品，然如作幾何紋、菱形紋、螺旋紋者，確係出於新石器時代巨石建築者之手無疑其他以圓點與圓圈構成種種紋樣者尚多，意義殊難明瞭。要之，或爲記載死者之名號，或代表其魔術用意，與當時宗教信仰關係至切。

第四節　偶像藝術

新石器時代人類依據土地以行農業生產，與土地之關係，至爲密切，反映於宗教信仰上則有地母崇拜。據太婁（J. M. Tyler）於北歐之新石器時代（The New Stone age in Northern Europe）中所述，地母神崇拜爲新石器時代最普遍之信仰。故各地新石器時代遺址中，與陶器同時出現之象徵地母神之女性土偶，亦非孤獨的現象。而法國英國等處之巨石建築遺址中，女神偶像之雕刻也極多見，均表現出特異之作風。

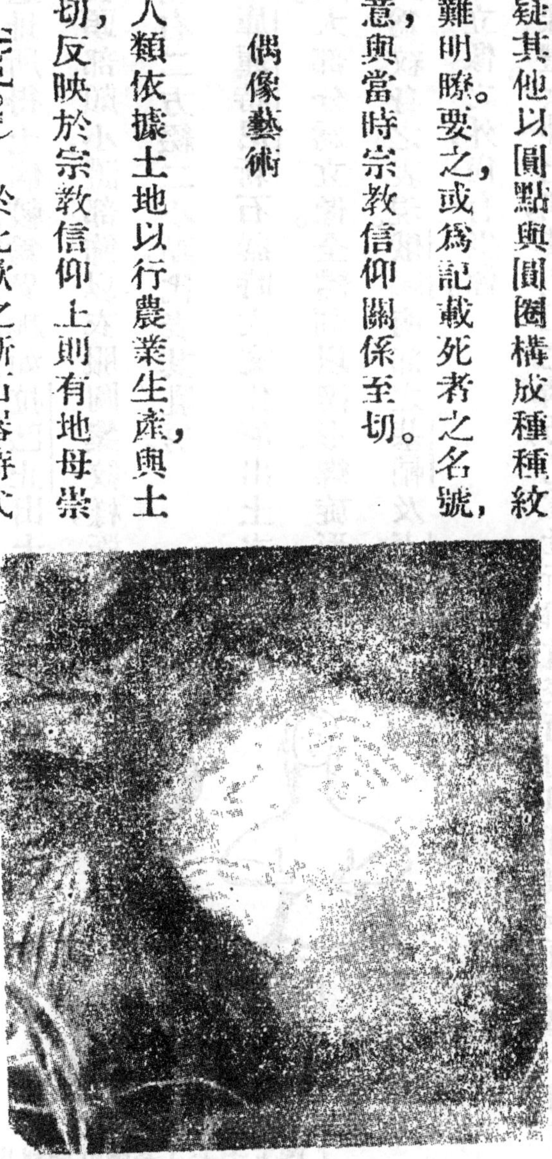
愛爾蘭巨石墳上之線雕（圖五十六）

克里特之克諾索斯遺址出土之土偶，其面顏極不完全，只有雙眼。胸部有乳峯突起，臀部肥大，雙手屈曲於腹部之間。間有缺少頭部者。希臘帖撒利方面出土者，亦與克里特者同一樣式，爲臂部肥大之女神，雙手緊抱其乳峯，顏面以巧妙之簡省線條，表現口鼻及眼睛（圖五十七。）湖上住居遺址所得土偶，較爲異趣。如拉巴止出土者身體肥大，臂部尤甚，頭部頗小，體部飾以衣服圖案紋樣，極爲美麗。其一在胸部左右二方綴二小點，代表其乳房。

羅馬尼亞之庫庫特尼新石器時代文化層出土之女性土偶，也臂部肥大。大部分爲立像。全體刻以楔形、螺旋形、三角形等紋樣。或云其爲紋身之表現。俄國南部之基輔及東歐之塞爾維亞出土者，立像之外，尚有坐像。

阿諾出土之裸體女神土偶，其塑工之精巧，尤爲世所稱道。表面加以研磨，甚有光澤（圖五十八。）我國甘肅青海之新石器時代遺址，亦有一婦人偶像隨陶器而出現。表面塗以彩色，全物似爲

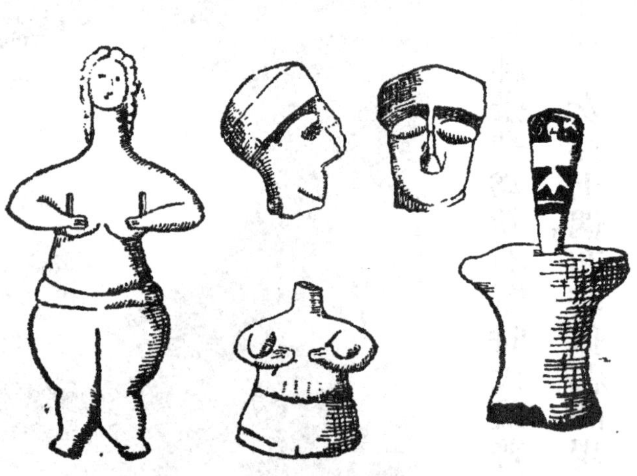

希臘帖撒利出土之土偶（圖五十七）

陶蓋之物。日本新石器時代所見諸地出土偶像，面部作奇異形狀。多為立像，坐像較少。從中期繩紋陶器時代起，與陶器共同出現者漸多，達末期而更豐富，樣式亦無一定。如隨大森式陶器出土者，頭部披以頭巾，遮及面部。目及口甚大，似戴假面者。胸前乳峯隆起，腹部膨脹，為姙娠狀。從胸部至腹部間，施以縱線紋。裸體者居多。且結髮，鯨面，帶耳環。

石刻女神偶像，慣見於法國石道墳之塚穴中。如哥振言(Courjeonnet)地方一洞穴之入口，牆壁上之石塊，刻為人形，樣式簡單，僅有鼻與眼眉，其下佩有頸圈。科也特(Coizard)洞之壁石，也同樣有女神雕像。作黑點於頭

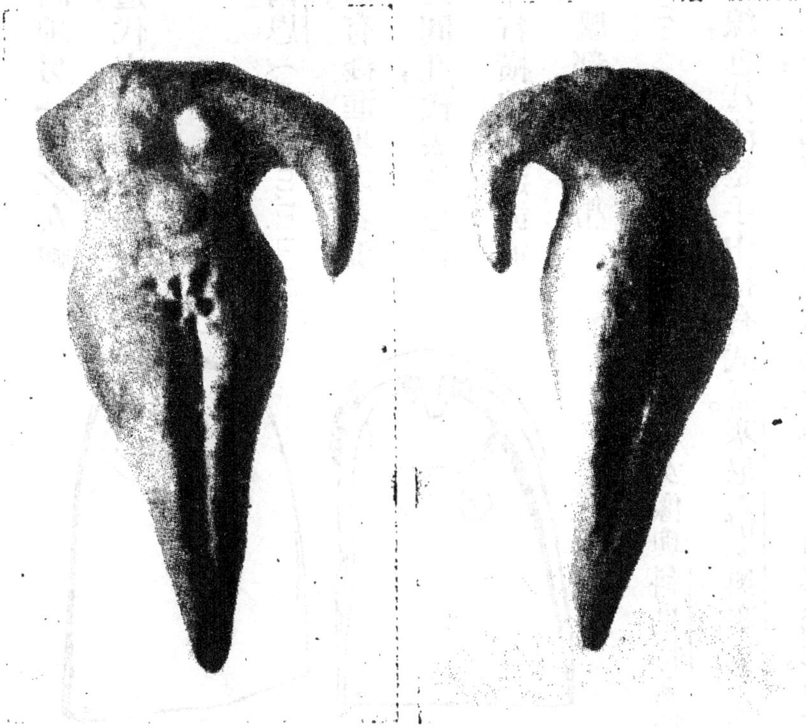

（圖五十八）阿諾出土之女神偶像

上代表雙眼頸部環以頸項，胸部乳峯突起。同地另一洞之女神石像，則有鼻無目口部正確，頸上有弓紋四道，代表頸飾（圖五十九。）

保斯湯美（Pousthomy）及聖·塞爾恩（St. Sernin）之人像立石（Statues-Menhirs）雕刻技術，有極進步之表現。手足同時雕出。聖·塞爾恩所見者，顏面有二圓孔，代表雙目。頸部有頗廣之頸鏈。胸部乳峯隆起。兩頰各刻平行橫線四道，或亦爲紋面之表現。口部則不刻出，雙手抱於腹間，腰部圍以橫帶。

瓦特（Gard）之哥羅猶斯村（Collorgues）附近之一桌石上刻有二女像，與科也特者頗相類似。然有臂、鼻、目、乳峯而無口。表示頸圈之刻線也甚清楚。手中持有武器。塞尼·伊·奧塞（Seine-et-Oise）之伊波尼（Epone）石道墳中之立石，亦刻有女神形像。其額、鼻、目及面部輪廓，均可辨識。頸上佩有三串珠粒，垂至乳峯之前。此外，基因沙（Guernsey）地方，尚有花崗石像二具，都爲女

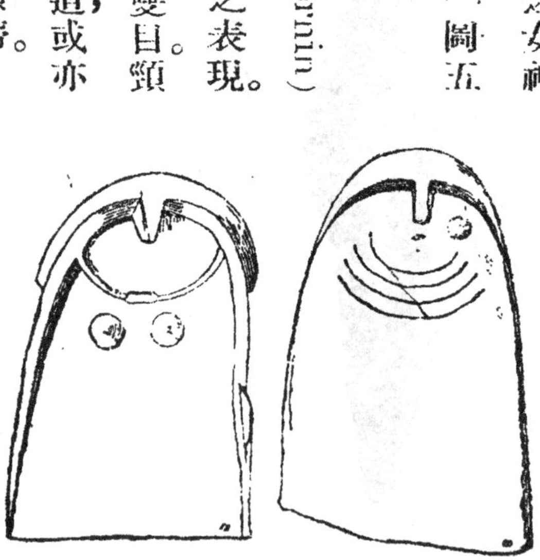

法國科也特之女神雕像（圖五十九）

像。其一無頭，其一面部目鼻口都全，胸前作二圓點，為其乳峯。此均為地母神之造像。

第五節　岩洞描寫

新石器時代之岩洞描寫，較為少見。以西班牙南部諸洞壁面上之簡省體的人物紋樣最著名。普通描寫人像之方法，至為簡單。即作一垂直線，上下兩端較為粗大。復作二斜線互相交叉於垂直線之上，代表手臂及腳部。或則繪二個三角形，以其尖端與尖端相連接，再加作頭部及四肢。間又省略其頭部及四肢之紋樣，且三角中亦不敷塡色彩，只表現其輪廓。如圖，即為象徵三人之紋樣。達衰落期之人像，只以一垂直線串通一圓圈便成。半像也甚簡單，慣見者為並列二鋸齒形，中間插一垂直線代表體部。或於垂直線之頂端繪一瘤節，為其頭部，如圖，或圖。此種繪圖，西班牙西南部圖形岩(Las Figuras)上發見最多。西及葡萄牙，南及非洲北部之摩洛哥(Morocco)，均有存在。

斯干的那維亞半島上，屬於新石器時代之岩洞描寫，線雕較多。如瑞典之 Nämnforsen,

Glösa, Laudverk 等岩面，均有線雕描寫。挪威之 Sletjord, Sagelven, Fykanvatn, Böla 諸岩壁上，所有之線雕描寫，也爲人像及動物圖形。至其岩面繪畫，就其樣式及表現之內容觀之，實屬於金石並用及銅器時代者居多。

第四章　銅器時代的藝術

第一節　銅器之起源

當新石器時代末期，人類已有使用銅器的知識，然當時的銅器，非經冶鍊的合金而爲純銅(Copper)。世界各地之後期新石器時代遺址，均有純銅器存在。塞浦洛斯島(Cyprus I.)上所見，爲時尤早。考古學者乃將此時代稱爲純銅器時代(Copper age)，或金石並用時代。因純銅尙不能支配整個時代，而與石器同時並行。

依照孟特流斯的計算：埃及純銅器時代開始於紀元前五〇〇〇年，特羅(Troy)、希臘、西西里諸地，則開始於紀元前三〇〇〇年。匈牙利及西班牙爲時也在紀元前三〇〇〇年。中歐、法國、德國北部、斯干的那維亞約爲紀元前二五〇〇年。就其出土之純銅器，製造樣式，概與石器無異。

然而純銅硬度頗低，製造工具，不堪久用，其後乃進而發明純銅與錫之混合而成堅硬之青銅合金，是爲青銅器時代（Bronze age）之開始。

青銅合金，爲其質之堅硬，適合於生產器具之製造。由是，青銅器乃替代純銅器及石器而獨自支配一大時代。故純銅器時代或金石並用時代，只不過石器時代到青銅器時代的過渡階段，一般所指之銅器時代，實卽以使用青銅器爲主。

世界青銅器時代之開始，孟特流斯之推算爲：

埃及……………………紀元前三〇〇〇年
特羅、希臘、西西里……………………二五〇〇年
中歐及法國……………………二〇〇〇年
匈牙利及西班牙……………………二〇〇〇年
德國北部……………………一九〇〇年
斯干的那維亞……………………一九〇〇年

青銅合金之發明，究竟源自何地？據達·摩根（de Morgan）的意見：埃及在銅器時代，雖爲冶金術最發達之區域，然最初對於冶金術之發明，卻在中亞北部一帶。蓋青銅中含者錫之分子甚多，埃及之地層構造，由於種種的考察，已知其無包含多量錫礦之可能。反之，阿爾泰山及帕米爾高原一帶，銅錫礦產，至爲豐富，故初期之冶金知識，必先產生於中亞，由是逐漸傳到巴比崙等處，再降到埃及，腓尼基海岸及愛琴海諸島，冶金技巧，始見精巧。

第二節 銅器之製造

銅器時代各種青銅器具之製造，鑄造法最爲普通。初時鑄造之模型，以石器雕琢而成，爲片葉型。即於扁平之石塊上刻以欲造之模型半面，而注溶銅於其間。此種石器模型，西班牙、法國、愛爾蘭、蘇格蘭、小亞細亞等處，均有發見。雙葉型則發明於後期，除石製者外，有陶製及銅製。即刻兩片之模型，各作半面，合而鑄造。愛爾蘭及瑞士之奧維尼（Auvernier），摩令甘（Moringen）所見此類鑄范尤多。

最足表現當時銅器鑄造之進步者，爲愛爾蘭及斯干的那維亞發見之銅喇叭。丹麥出土之喇叭，管長約六英呎，兩端彎曲，末端較大而附有扁平之圓盤，盤上或施以圖案裝飾。全物先分爲數片鑄造，然後湊合而成。喇叭管之厚度不過一糎，內部且加工磨製。其構造之繁複如此，足見鑄銅技術之巧妙。

鑄造法之外，尙有鍛鍊法。如銅盾上富有藝術價値之裝飾，均用鍛鍊法製成。然通觀銅器藝術之製造，鑄造法實較鍛鍊法爲多用。

第三節　銅器裝飾紋樣

(一)山形

銅器時代之裝飾紋樣，山形（Chevron）最爲常見，早期有翼銅斧，尤慣施以山形紋樣。英、法、德、斯干的那維亞、希臘及埃及諸地之銅斧，均以山形紋樣爲裝飾。愛爾蘭出土之銅矛，周圍亦刻以山形帶紋。然愛爾蘭銅器時代遺物中，如手環等之身體裝飾品上，使用山形紋樣，實較其他器物爲普遍。又銅針底部附着之圓盤邊緣與中間一層之刻紋，均爲山形帶紋。亞爾利爾（Allier）之拉・匹特・哈特利夫（La-Ferté-Haut-rive）之銅球，表面亦遍施山形紋樣。

（二）螺旋形

銅器時代，螺旋紋樣見於陶器及刻石方面較多。表現於銅器上者，英倫北部及斯干的那維亞出土遺物中，間見其例。如丹麥出土之銅冠上下施以二列螺旋帶紋。又銅斧、頸圈、銅盤等，均飾以精細之螺旋紋。匈牙利等處出土之銅劍，柄上亦有螺旋形之帶紋，環繞其邊緣。

（三）太陽紋樣

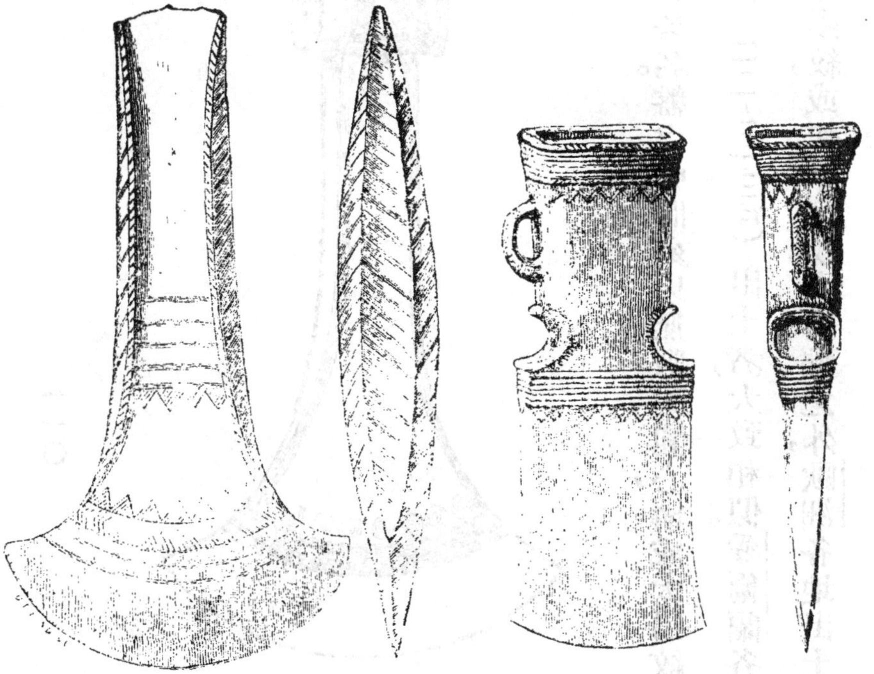

（圖十六）鉞斧上之山形紋樣　（左）Lewes出土　（右）Ulleskelf出土

銅器時代所見太陽紋樣，樣式極多。有單作一圓圈而中間空白者，有中間連以一二輪軸者，有在其邊緣旋以放射形之三角形紋樣者。丹麥發見之銅器，使用太陽紋樣特多。一九〇二年於特倫德欽（Trundholme）出土之六輪馬車後附有之太陽盤，最爲著名。盤之中間，刻以無數同圓心，構成太陽紋樣，周邊繞以螺旋形及山形紋。瑞典南部之里爾森堡（Helsinborg）出土者，大致相似。愛爾蘭各地發見太陽盤尤多。盤上紋樣至爲可觀，中間或作太陽紋，或作十字紋。太陽盤之外，歐洲各地出土之容器，亦慣以太陽紋樣爲裝飾。據溫德司特（Undsot）所稱：丹麥出土之銅杯及西森（Siem）出土之銅盆，可得見之。

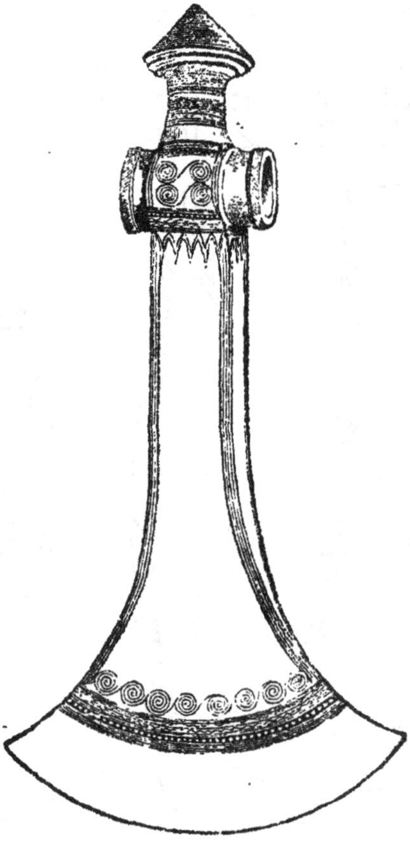

（圖六十一）丹麥出土銅斧上之螺旋紋

(圖六十二)特倫德欽之六輪馬車

(四)怪獸紋樣

怪獸紋樣，為我國銅器時代裝飾紋樣之代表作。殷周鼎彝器上有所謂饕餮紋、夔龍紋、虺龍紋等屬之，饕餮紋最為普遍。此種怪獸紋樣，均以頭部為中心而左右開展，施於容器之腹部，為極精緻之浮雕。

饕餮紋間有施於銅斧之上，同為浮紋雕刻。其紋較簡，如英國伊摩弗波羅斯(G. Eumorfopoulos)所藏之銅斧，即其一例。至施於其他裝飾物之上者，紋樣變化，極其複雜。或消失其四肢而存頭部，或只有耳目而省略口鼻。

第四節　陶器藝術

(一)克里特

克里特之克諾索斯史前遺址，據伊文斯之發掘，美諾安時代之地

(圖六十三)中國銅器上的饕餮紋

層有九期：

(甲)早期美諾安時代(1)……紀元前三〇〇〇——二八〇〇

(乙)早期美諾安時代(2)……二八〇〇——二四〇〇

(丙)早期美諾安時代(3)……二四〇〇——二二〇〇

(丁)中期美諾安時代(1)……二二〇〇——二〇〇〇

(戊)中期美諾安時代(2)……二〇〇〇——一八五〇

(己)中期美諾安時代(3)……一八五〇——一六〇〇

(庚)後期美諾安時代(1)……一六〇〇——一五〇〇

(辛)後期美諾安時代(2)……一五〇〇——一三五〇

(壬)後期美諾安時代(3)……一三五〇

計自早期美諾安時代(2)層起，便有青銅器出現。故知克里特之銅器時代，乃開始於此時。直至後期美諾安時代止，與青銅器同時出土之陶器至多。着色彩陶，後期美諾安時代所見者，已達到史前裝飾藝術之最高峯。

早期美諾安時代之陶器，表面之裝飾，帶紋最爲普通。鋸齒紋、曲線紋、螺旋紋亦用之。及中期美諾安時代着色彩陶，極爲豐富。着色都在黑色陶衣上，施以黃紅白等色之紋樣。卡馬里式陶杯可爲其代表作。因此種杯最初發見於卡馬里村 (Village Kamares) 故得名。紋樣以幾何形及螺旋形爲主，植物紋樣次之。陶牆極薄，一般都稱爲卵殼杯，卽指其薄也。由中期美諾安時代(2)至後期美諾安時代(1)諸層出土之彩陶，紋樣又偏重於花草圖案。爲極自然之花紋，或只描寫三數樸素之花瓣，顏色鮮明。同時米克奈式 (Mycenaean) 陶器，亦有發見。以海景爲主要之裝飾。如海草、章魚等。美羅斯 (Melos) 出土者尤多見之，均於淡黃色之陶面上，施以黑褐色之描寫。伯拉卡斯特羅 (Palaikastro) 出土，屬於後期美諾安時代(2)之壺，最爲

克里特出土彩陶（圖六十四）

世所稱道。壺高十一英吋，表面光滑異常，繪之以章魚紋樣。

克諾索斯之第二王宮遺址，伊文斯復發現一種陶瓶，表面施以浮紋及彩畫，所描寫者為極美麗之花葉紋樣。慣以大幅花朵填滿陶面，底下作鋸齒形帶紋表示水波，與宮殿中的壁畫極為類似。

（二）埃及

埃及銅器時代之陶器，約有二種：一為十字紋陶器。即紅地而作白色紋樣，一為黑陶，亦繪以白色紋樣。二者之器形，均受石器時代石壺的形式之影響。表面之紋樣，至為繁雜。有人物形、幾何形、樹木形。哥都（Koptos）所得者，均以無數之三角形列為行列。或又於三角形行列之間，填以人及動物圖像。據斯紋夫斯（Schweinfurth）所云：埃及陶器上慣見之羽狀紋樣，即象徵一種蘆薈樹。如亞比特（Abydos）方面出土者，其一繪有二隻長角之羊及蘆薈樹，樹上棲息小鳥，此種自然景物之描寫，實為埃及銅器時代陶器圖譜之特色。

從伊魯·阿木拉（El Amrah）出土之壺，表面之繪畫，有人物在舉行儀式跳舞，有船舶圖像，船上乘載人及動物等等。其一繪羚羊追逐船後，復以多列之鋸齒紋代表水波，用意何在，殊難理解。

此外，如鱷魚、羚羊、蛇、鴕鳥、高頸鹿等埃及特有之動物圖形，亦多表現於陶器裝飾之上。

（三）邁錫尼式陶器

銅器時代，愛琴海諸國間，所謂米克奈式文化，至為風行。因西里曼(H. Schliemann)發掘希臘之邁錫尼（Mycenae)，最初發見此等文化遺物，放附以邁錫尼式之名。克里特、

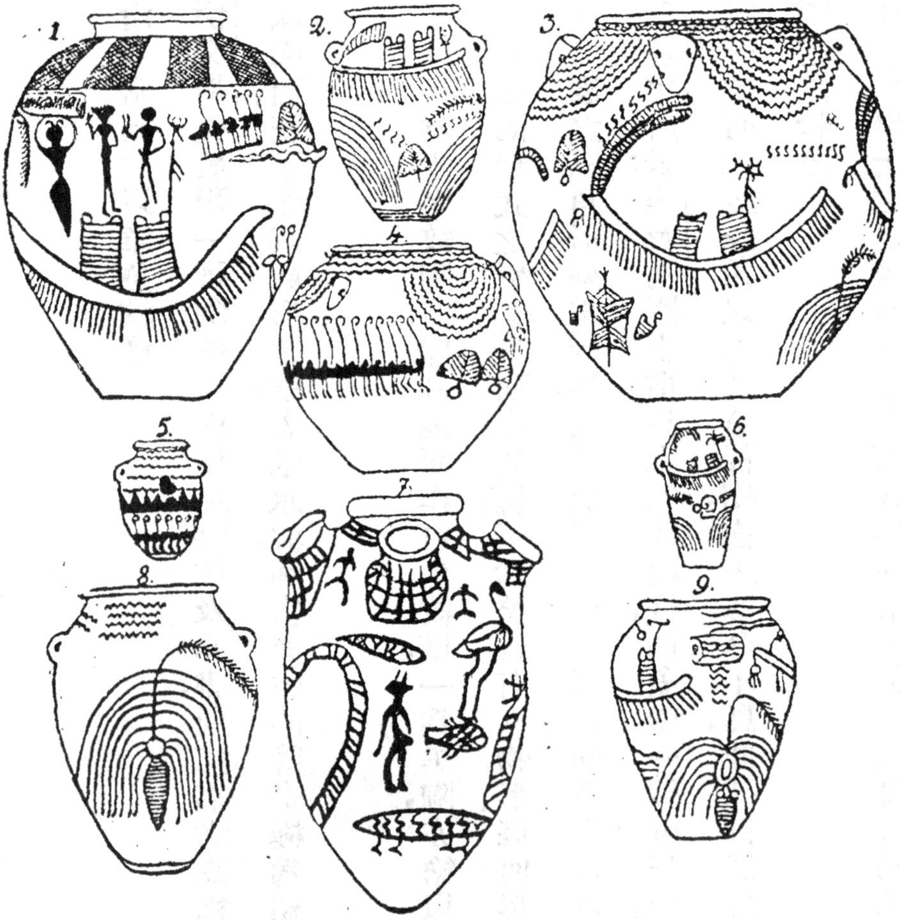

（圖六十五）埃及銅器時代之陶器

埃及、愛琴海以東諸地，意大利南部、西西里、西班牙、斯干的那維亞各地，時代之遺址發掘，亦有同樣的文化遺物存在。

就其陶器而言，最主要者爲多彩陶。表面或光滑，或全無光澤。色衣慣以黃色爲之，而取黑紅栗白等色描寫紋樣。有幾何紋、螺旋紋、圓圈及動植物紋樣。紋樣最具特徵之裝飾，爲海中景物之紋樣。正如倭牟拉（F. Dümmler）所稱：海爲米克奈美術之要素。如海草、章魚、海貝、魚類等圖像，常見於彩陶之上。鳥形、獸形、人形較少。歪頸之壺，尤多以海景爲裝飾（圖六十六左）。邁錫尼及克里特之美諸索斯發見者，即爲其例。尙有少數發見於西西里及意大利北部威尼斯附近之達斯羅（Torcello）。

西班牙東南部銅器時代遺址出土之邁錫尼式陶器，表

（圖六十六）邁錫尼式陶器（左）克里特出土（右）米克奈出土

面裝飾，又用螺旋紋爲主。如亞爾美里亞及喀他基那（Cartagena）附近發見高底陶器，即遍施以螺旋刻紋。同時巴利斯（P. Paris）曾於亞馬利乍（Amarejo）、伊魯止（Elche）、亞爾伯拉（Albera）、美卡（Meca）等處發見大宗彩陶，其紋樣亦爲米克奈式陶器特有之螺旋紋及動植物圖像。

（四）西歐

依照達志烈的意見，西歐銅器時代可分爲四期：

第一期……紀元前二五〇〇——一九〇〇

第二期……一九〇〇——一六〇〇

第三期……一六〇〇——一三〇〇

第四期……一三〇〇——九〇〇

各期陶器樣式不同，且與愛琴海一帶所見者完全異趣。第一期陶器就法國布勒塔尼出土者，有耳四個或二個。表面除作簡單的鯡骨形刻紋外，無其他裝飾。

第二期陶器刻紋較深，一切仍因襲前期方法，施以印紋之陶片，亦有發見。法國查蘭德之波亞斯・達・羅克（Bois-du-Roc）出土最多。第三期者，則以更深的刻紋及乳粒浮紋為主要裝飾。發見地域為亞爾薩斯，巴威略（Bavaria），西里西亞（Silesia）等處。

第四期陶器，可以瑞士及法國湖上住居遺址出土者為代表。器形頗大，口徑大至一米突以上。質粗而呈黑色或紅色。小者樣式繁多，表面概施以平行橫線刻紋。

（五）不列顛諸島

不列顛諸島銅器時代之陶器，最重要者有四類：即大口杯、食鉢、藏屍甕、香鉢。前三類為殉葬之冥器，後二類為盛死者骨灰之陶棺。

大口杯多發見於塚穴之中，又可別為三種：

（1）球狀杯：體部作球形，有一直邊與體部同高。

（2）橢圓杯：體部與邊無顯然的界限，體部作橢圓形。

（3）低邊杯：體部亦為橢圓形，其邊甚低。

以上三種，表面概有裝飾。多用山形配爲二三列帶紋，其間復塡以纖細之地紋。陶牆極薄。呈黃褐色或紅色而有光澤。高約六英吋至八英吋之間。

大口杯之出現於不列顚諸島，約有七個中心地。(1)泰晤斯河(Thames)南部。(2)泰晤斯及恒比河(Humber)之間。(3)約克西里(Yorkshire)。(4)英倫北部其餘各地。(5)蘇格蘭至泰亞(Tay)(6)福發(Forfar)、金沙丹(Kincardine)及亞巴丁(Aberdeen)等地。(7)蘇格蘭北部。愛爾蘭所見較少，僅於斯里果(Sligo)得三二破片而已。就此七個中心地中，球狀杯及橢圓杯南部最多，北部稀少。低邊杯多發見於泰晤斯河及恒比河流域一帶，蘇格蘭北部也有存在。

食鉢與大口杯同爲供給死者盛置食物之殉葬品。惟食鉢爲不列顚諸島銅器時代特有之陶器，愛爾蘭發見尤多。普通較大口杯爲低，高約四英吋至六英吋之間。陶牆極厚。器形種類不同。有圓筒形、菱形，或似圓錐形而切斷其尖端。表面之裝飾，以橫列平行之山形紋遍施全面。

食鉢出土之地帶，據亞巴克倫比(Abercromby)的調查：英倫南半部少數，北半部及蘇格蘭，愛爾蘭最多。

藏屍甕，即當時人類火葬之陶棺，器形較前二者爲大。有高至二英呎以上者。大部分之樣式，均有一定。頸都稍向內傾斜，圓筒形者較少。陶土中間混以沙石，燒工不良，陶牆極厚，未經火前表面刻以山形帶紋或繩紋。紋樣多施於上半部。除愛爾蘭、威爾士（Wales）及康瓦爾（Cornwall）出土者外，體部均施以紋樣裝飾。

香鉢或爲埋藏兒童屍灰所用者。四週各有穿孔。一般因見其底部亦施以裝飾，乃設想其爲懸吊之物。高僅一英吋半至三英吋之間。或接以台腳。其穿孔之形式有多種。巴爾福（Bulford）附近之墳塚出土者，四週上下各穿二孔，孔口交錯排列。二孔之間，捺V字形之印紋二

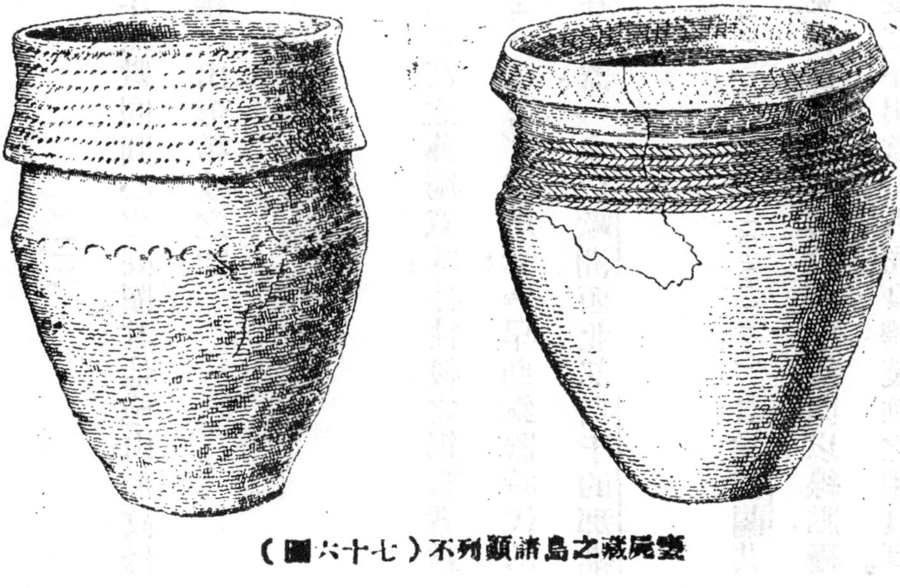

（圖六十七）不列顛諸島之藏屍甕

三，而構成破碎之鋸齒紋。口部邊緣上，施以緋背紋樣，底部作無數同圓心之圓圈。其他施山形紋樣者亦多，都以虛線實線或繩紋構成。或又取直線及虛線參雜於山形帶紋之間。

第五節　金器藝術

銅器時代，金器裝飾品至爲豐富。所施雕刻或鑲嵌細工之富之藝術意味，往往較之銅器者爲濃厚。誠如伯金(E. A. Parkyn)於史前藝術(Prehistoric Art)中所云：『早期銅器時代的金屬器工人，不在純銅器或靑銅器上表現其藝術技能而在金器。』尤以歐洲西北部、斯干的那維亞、愛爾蘭及愛琴海諸國出土者最可觀。

金器之中最重要的有所謂半月形金器(Golden Lunulae or Crescents)。計愛爾蘭共出土六十三件。威爾士、康瓦爾、法國西北部及丹麥，均有發見。表面刻以山形紋樣，邊緣圍以線點，極爲精緻。其用途有云爲保護喉部之物，或云爲頭部裝飾物，要之，不出當時人類身體裝飾之用具耳。次爲太陽金盤，亦頗重要，如前述丹麥發見之六輪銅車，愛爾蘭亦有出土，其太陽盤則以金箔為之，表面所刻之紋樣為二行同圓心環繞一組同圓心之圓圈於中間，是亦象徵太陽紋樣。另有二太陽盤，完全以金屬製造，中間刻為十字紋。其一中間平坦，邊緣繞以三列同圓心之虛線。

他如一八一八年於康華魯一巨石墳中發現之金杯，卡恩摩華 (Cairn Morvah) 出土之金鐲。蘇格蘭摩萊 (Moray) 出土之耳環，威爾士夫林斯希亞 (Flintshire) 之摩爾特 (Mold) 石塚中出土之鍍金馬甲，均為不列顛諸島上銅器時代最有藝術價值之金器。

愛琴海方面所見金器藝術作品，為數亦多。當西里曼發掘邁錫尼時，在城內石碑下之深處，發

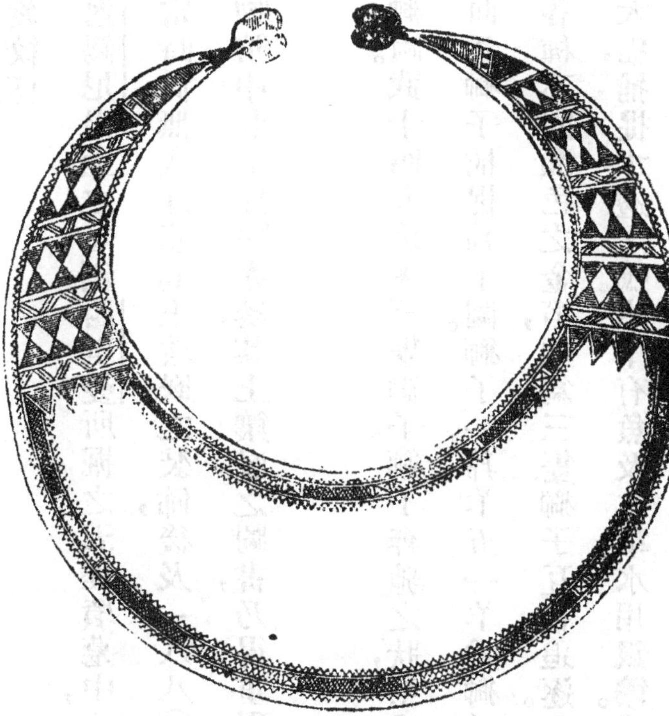

（圖六十八）愛爾蘭出土之半月形金器

掘墳墓五座，遺物中有種種金器隨銅器而出現。如金盤、金杯、金箱子等，多不勝計。其金盤郎與愛爾蘭之太陽盤相似。表面則施以米克奈式之螺旋紋樣。

至於金器鑲嵌細工，其最精巧者，莫過於邁錫尼出土之短劍。西里曼所掘之五座墳墓中，第四第五號墓，均有出土。此等短劍因其氧化過重，當時尚無人注意其上鑲嵌之裝飾，後及一八八〇年，古曼奴德士（A. Kumanudos）始從雅典博物館中取出掃除赤銹，其上鑲嵌之圖畫，乃得重現其面目。

第四號墓之短劍上，鑲嵌所表現者為獵獅圖。武士四人追逐三隻獅子。獅子奔馳之狀，至為雄勁。獅子及武士，以黃金嵌之，衣服則用銀鑲。背面為獅子捕捉羚羊圖。獅子一，羚羊五。一羊為獅子所捕，餘者向前奔走（圖六十九。）另一劍上，以各種不同顏色之金箔，鑲為三隻獅子互相追逐。

第五號墓出土的劍上，裝飾圖畫為一隻大貓，捕捉水邊之鴨。水中有魚及水草。水用銀鑲。貓、水草及鴨之體部以金為之。鴨翼嵌以白銀，水中之魚則以黑金為之。

短劍之外，一八八八年充達士（C. Tsountas）發掘拉哥尼亞（Laconia）華發奧（Vaphio）

附近之一墳墓出土之一對鑽花的金杯，亦被稱為邁錫尼藝術中之傑作。每一杯以金板二片製成，

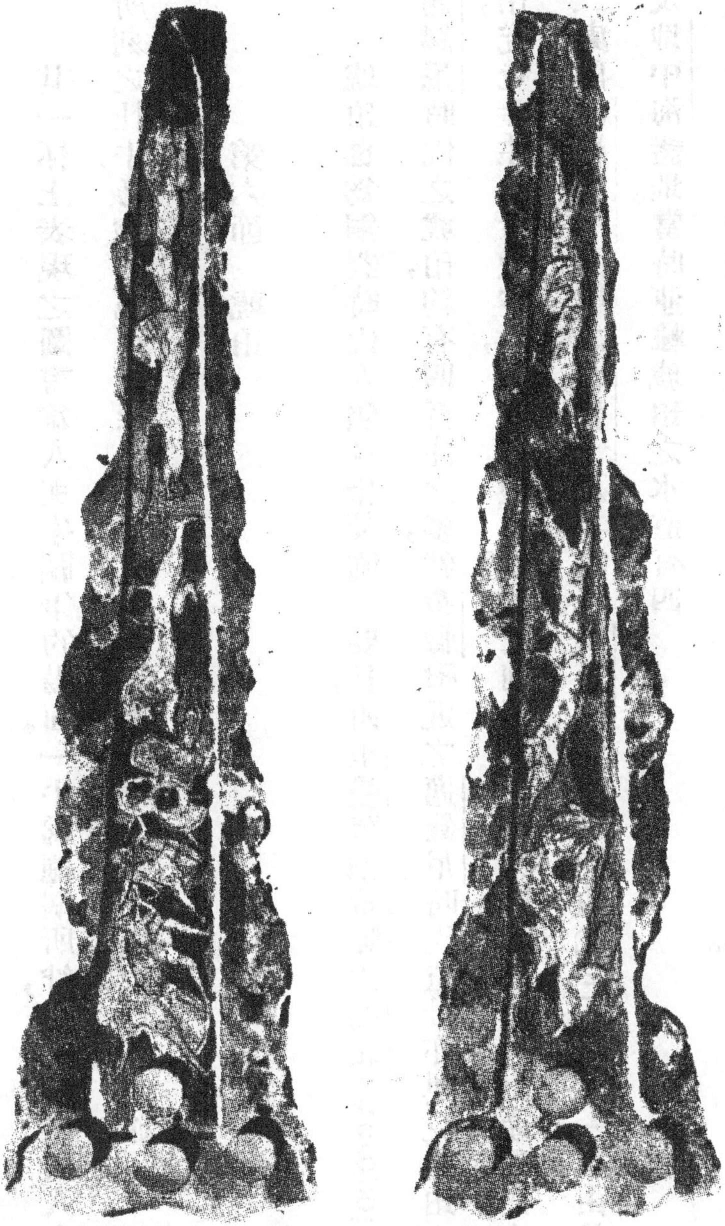

（圖六十九）希臘邁錫尼出土之短劍

內部之一片，高出口邊而捲爲邊緣。表面一片，鑽滿了牡牛的圖像。其一杯上表現之圖畫爲人與牛鬭爭的場面。一牛爲繩綱所絆，另一牛撲向人身上，其他一杯所刻之牡牛，乃幽閑地正在森林中吃草。對於牡牛種種姿勢之描寫，均甚正確。

第六節　琥珀

琥珀也爲銅器時代人類身體裝飾之要具，西里曼發掘希臘之衛城（Acropolis）遺址，所得邁錫尼時代之琥珀，約有四百件之多，就希臘附近之邁錫尼時代遺址，亦屢見琥珀之存在。此種琥珀，究竟產生於希臘本土，抑從外地舶來？據史前學者的研究，均承認歐洲出產琥珀之中心地，只有二處。卽波羅的海南岸之普魯士及北海岸易北河口之日德蘭（Jütland）一帶。由是而輸入西歐及地中海諸地。當時運輸琥珀之水道有四：

（1）由維斯杜拉河及聶斯德河（Dniester R.）而入黑海。

（2）由易北河經摩爾刀河（Morlau R.）及多瑙河入黑海一帶。

（3）由北海經萊因河及羅尼河（Rhone R）而達地中海。

（4）由北海經英吉利海峽，繞直布羅陀海峽而入地中海。

地中海諸地之外，歐洲銅器時代遺址，斯干的那維亞及英國東岸出土琥珀，也很豐富。均爲珠串及頸飾。據荷亞（Colt Hoare）發掘英國維魯斯希亞（Wiltshire）諸墳塚，發見紅色琥珀甚多。如拉克（Lake）之一墳，出土琥珀頸飾，有矩形之琥珀薄片八塊，球形及橢圓形之琥珀珠粒將近二百。如將之恢復原形，可成一弓形之頸圈。伸長而計，長約二十五英吋，直徑約十五英吋（圖七十）。矩形之薄片，厚度不過四分之一英吋，且在其上鑽穿無數細溝以連接珠粒，其技巧之精細可見。

羅維爾（Lovel）附近之墳墓，出土之琥珀珠粒，亦達一千以上，諾弗爾克（Norfolk）之格里新欽（Cressingham）

（圖七十）英國拉克出土之琥珀

方面出土之琥珀頸飾，為數亦在不少。

第七節　岩面描寫

銅器時代之岩面描寫，斯干的那維亞所見者最具特色。即於岩面上雕刻以種種船舶紋樣，船上載有人及動物，其旁且以圓點代表太陽，間或作太陽乘於船上。此等描寫，不外為當時人類太陽崇拜之表現。

瑞典西南部之波哈斯蘭（Bo-huslan）方面，代表船舶及太陽之岩面線雕，約有五百處之多。船頭或刻為

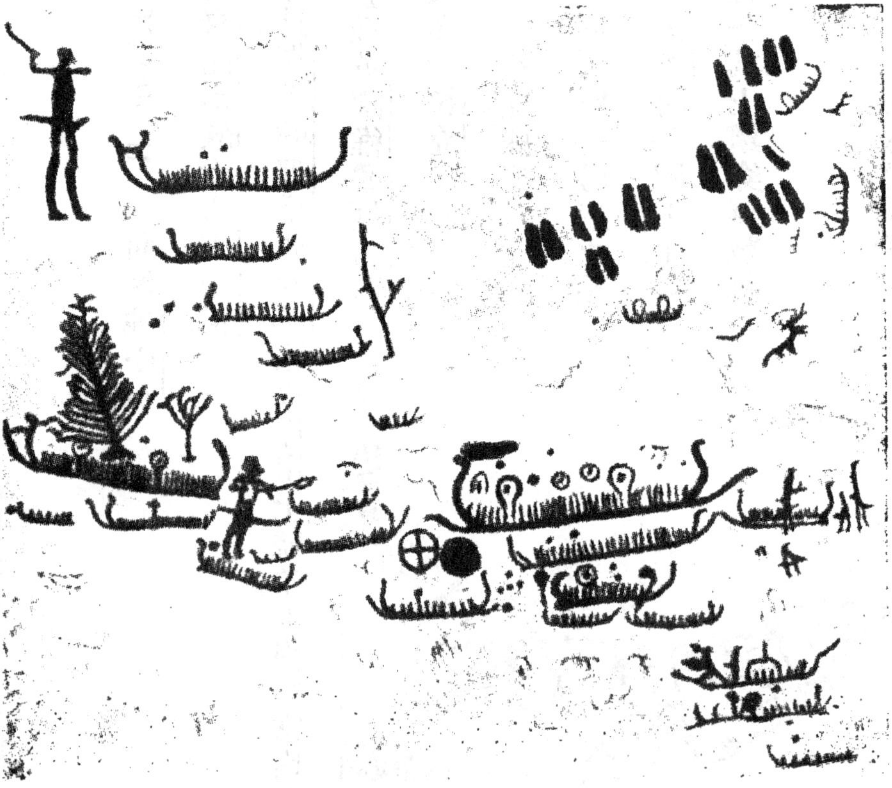

（圖七十一）瑞典波哈斯蘭之岩面線雕

白鳥形。太陽紋樣，或單作圓點，或於圓圈中塡十字紋（圖七十一）此外，表現牽牛耕種之農夫，手持武器之武士，互相闘爭之騎士等之描寫，亦常見之。

俄國北部奧尼瓦湖（Onega）畔之彼得羅剎佛得斯克（Petrozavoderk），亦有銅器時代之岩面描寫。據一九一四年巴爾吉及哈爾斯特倫（Hallstrom）所調查，均於光滑之岩面上施以線雕，有人形、動物、以及種種船舶紋樣。其一畫幅上包含之圖像，計有十餘組，如下：

（一）魔鬼像，長約十英呎。

（二）一獵人持槍獵擊動物。

（三）一獵人投擲刀叉。

（四）一人作捕捉動物狀。

（圖七十二）奧尼瓦湖畔之岩面描寫

（五）一隻野獸。

（六）鵝形。表現法有二種：一爲母鵝領其小鵝。另一種則注重其羽翼之描寫。

（七）一種蜥蜴。

（八）四足獸類。

（九）魚形。

（十）鏡形紋樣。其他紋樣則不明其意義。

（十一）船舶紋樣。船上乘人，與斯干的那維亞所見者同，然船頭則作動物頭部。

西班牙南部之圖形岩上，屬於銅器時代之繪畫，彩畫表現之圖像，計有五百零七種之多。其中鳥形百七十八，獸形一百零三，牡鹿及赤鹿八十四，人像五十六，山羊十四，紋樣四十七，食肉獸十一，星形六，蛇形五，屋宇形三。人像中，或作白色，手持斧刃，斧之形式，與銅器時代之金屬製造者相同；且斧形並無後人加繪之痕跡，故推知此岩面之繪畫，確爲銅器時代之作品無疑。

意法交界之利古利亞（Liguria）方面，如溫特米利亞（Ventimiglia）之北，據畢克奈爾

(C. Bieknell) 所云：屬於銅器時代之岩面壁畫不下七千餘種。均為線刻之圖畫，牛形最多，牛有牽犁而耕者，有單獨行走者。而刀槍鋤鎌等圖形及幾何紋樣，亦甚普遍。人物多持武器或其他用具。攜鋤之人像，據畢克奈爾亦所統計，約達一百以上。此均表現當地農業之發達。

第五章 結論

第一節 史前藝術樣式之演變

由上所述，史前時代的藝術，實有寫實與象徵二種樣式。舊石器時代的動物描寫，至爲迫眞，無若何象徵用意。及最後阿志里安期，乃逐漸變化，而產生如Mas d'Azil洞出土彩礫上之簡省紋樣。新石器時代，阿諾、蘇薩、埃及等處之陶器圖譜，更完全脫離寫實的形式，女神造像也只具簡單的姿態，所有部位之表現，均不完全，甚至有作奇異之面顏。銅器時代，陶器及金屬器上之裝飾，如幾何紋樣、山形紋樣、太陽紋樣、螺旋紋樣、船舶紋樣等等，舉凡一切自然物之描寫，無不簡省化而爲象徵紋樣。斯干的那維亞之岩面繪畫雕刻，亦不見寫實形之描寫。

寫實與象徵之二種藝術樣式有無關係，按照一般藝術樣式進化過程，簡省形之紋樣，最初必由寫實形演變而來，進化之歷程越久，樣式亦益加簡化今日各地原始民族中所有之武器用具及住所裝飾普通所謂幾何紋樣，原不過動植物圖形簡省化之結果。據格羅斯（E. Grosse）於藝術之起源（The Beginnings of Art）中所述巴克利人（Bakairi）酋長屋宇內作爲牆壁之樹皮表面以白土繪成之幾何紋樣，大部分爲動物形之縮寫。如交叉點子與波狀線之連結，乃象徵帶黑色斑紋的蛇；菱形紋樣則表示鹹水湖之魚。

荷魯美斯（W. H. Holmes）在其所著志利魁省之古代藝術（Ancient Art of the Province of Chiriqui）中，將巴拿馬海峽（Isthmus of Panama）沿岸一帶之印地安人的陶器圖譜互相比較，亦同樣地證明種種幾何紋樣實從鱷魚形演變而來。初時之紋樣如圖七十三，背上有小點之三角形長帶，即表

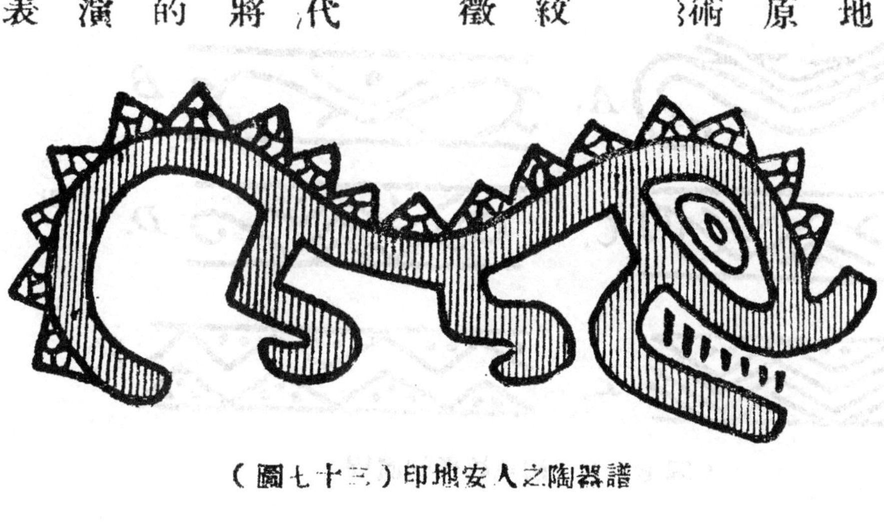

（圖七十三）印地安人之陶器譜

示魚鱗，口中以一列楔形代表牙齒。此種鱷魚形之描寫，至易辨別。然一轉而如圖七十四，各部位均加以簡化。幾不明瞭其爲鱷魚圖像。體部無鱗，頭上無目，顎下無齒，而代表上顎之曲

（圖七十四）印地安人陶器上的鱷魚紋樣

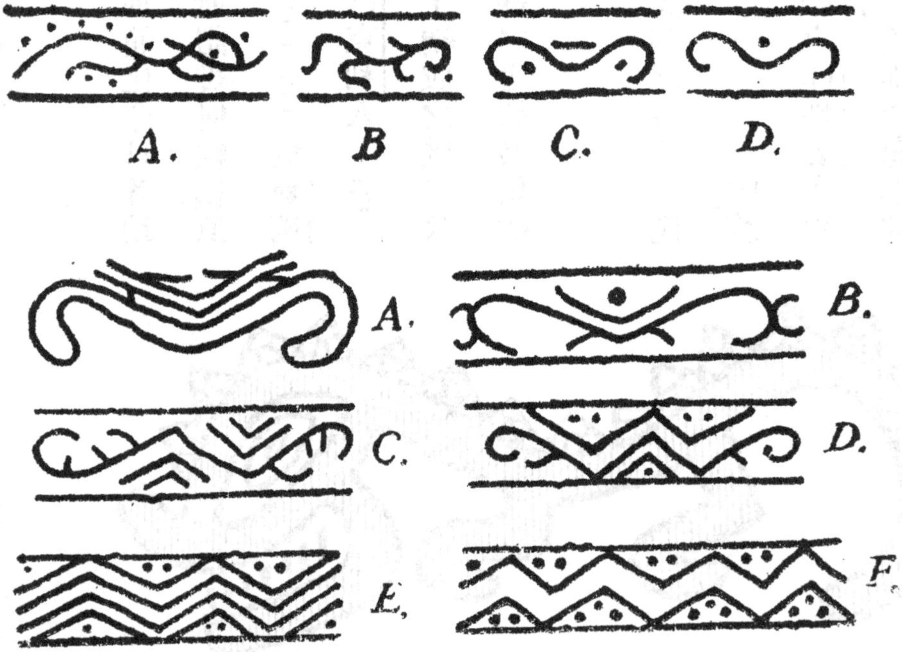

（圖七十五）鱷魚紋樣的演變

線尖端，反爲極誇大之描寫，去寫實體甚遠。再由此而演變爲如圖七十五所示之種種紋樣。最後有成曲線者，有成山形紋樣者，遂完全失去鱷魚本來面目。據此以觀新石器時代以後之種種象徵紋樣，亦不外舊石器時代之動物寫實形演變之結果，二種藝術樣式之連絡可知矣。

第二節　史前藝術之社會意義

然則舊石器時代，何以產生此種寫實形之描寫？正如前述：藝術爲人類社會經濟生活之反映。舊石器時代後期既有圖騰制的存在，其藝術必爲圖騰信仰之反映無疑。北美之海達人(Haidas)，脫林克特人(Tlingits)各種不同圖騰的部族，均描寫其圖騰記號於日常用具及住所之上，形成一種特殊的藝術活動。據佛來則（J. G. Frazer）於圖騰主義與外婚制（Totemism and Exogamy）中所述：脫林克特人慣於一切武器上描寫其圖騰記號，以求圖騰的保護。澳洲土人也有同樣的習慣，如格來（Grey）所稱：各部族常採用動植物形爲武器上之記號。故知舊石器時代之骨角石器上所作冰鹿及馬等圖像，亦即爲當時人類各部族之圖騰記號，出此以達其行超自然力的魔術效用之目的。

洞壁藝術，亦可同樣與澳洲人描寫於圖騰儀式場所中之圖畫互相比較。如斯賓塞及基倫的遊記所述：阿龍泰人於岩洞間描寫鳥及袋鼠的動物，復有所謂『汪寧伽』（Wanmga）的繪畫，大都爲阿龍泰人之圖騰，而便於舉行儀式時，成員在其前面跳舞。同時，此等描寫較之圖騰實物，更爲神聖，凡與圖騰有關之岩洞繪畫，絕對禁止未入社之青年及婦女接近。舊石器時代之洞壁圖畫，除加比新型三數例外，均描寫於洞穴之深處。如法國諸洞，必須經過紆迴曲折之隧道而始見壁畫，或即此故。

舊石器時代之圖騰藝術，經阿志里安期之轉形期而演變爲新石器時代及銅器時代之象徵紋樣，其中原因，一般均以爲新舊人種變換所致。蓋彼等相信：一種藝術樣式之發生，不外由其所製作之民族特具之性質而來。如奧斯明說：『克洛馬農人爲舊石器時代之希臘人，其藝術之想像力，正確的理解力，及其色彩之感覺，乃由彼等生來之性質使然。』比特利又說：『藝術爲一民族最重要之記錄，一種族必各自具有其特殊之藝術樣式及技術，尤其表現於裝飾藝術者。』然而我們的意見仍因當時社會經濟重心由獵狩生產轉到農業生產，一般對於動物已無何等關心，動物的描寫，乃失去動的活躍性而只因襲前代手法轉爲固定化之紋樣。

在種種象徵紋樣中，太陽、山水等形，新石器時代及銅器時代之裝飾藝術上至爲普遍。此亦爲人類由圖騰崇拜轉到自然崇拜之表現。而如太陽盤及斯干的那維亞岩面描寫之太陽紋樣，或爲農業民族舉行交感魔術之殘跡，亦未可知。至殉葬陶器上之圖譜，其關係於當時之宗教思想，固無論矣。

總之：原始階段上之藝術，幾乎與宗教咒術連結爲不可分離的狀態，且對於一時代之人類社會生活，影響頗大。就其樣式，亦常依隨其社會意義之進化而演變。一切美學者，非科學的心理學者，稱藝術爲人類美之本能衝動之表現，是爲我們所否認的。

附錄一　史前人類之身體裝飾

冰鹿期之描寫藝術中其所表現之人物除二三例外，均裸體而不着何等衣物。正如今日澳洲土人，曼哥比人（Myncopy），布西曼人（Bushman），波特克特人（Botocudas）同樣。然觀今日諸裸體民族，慣於身體上，施以塗色點紋等裝飾。如澳洲中部之華拉孟加人（Waramunga）在舉行蛇祭儀式時之身體塗色，新西蘭島上毛利（Maoris）人之點紋，北美印地安人顏面上所描寫的圖騰記號等等，究竟史前人類有無同樣習慣，是爲史前人類學上一疑問。諸史前學者，見羅西爾女神及華森多夫女神出土時，帶有若干紅色泥土，又舊石器時代諸洞穴如 Roche, Riveiore, St. Marcel 等洞發見多量之紅黃黑色顏料，就認爲當時人類身體塗彩之表現，似屬推測之詞。然原始民族之身體塗色，乃出自圖騰同樣化之要求。如佛來則所云『澳洲各圖騰部族的成員，時用泥土繪其圖騰於體上，哥侖比亞之印地安人，尤爲普遍，休倫人（Hurons）之面孔，亦各有其特殊之圖譜。』舊石器時代既有圖騰制之組織，則於身體上施以圖騰記號，冀求圖騰之保護，當爲必然存在之事實。至其描寫之圖像如何，據格羅斯所稱：『澳洲人皮膚上所塗之紋樣，慣與其用以裝飾衣服、牌楯、棍棒者同樣。』我們同樣地，亦可由冰鹿期骨角器上所表現之動植物圖像以推知其概。

入新石器時代以後，出土遺物之表現當時人類身體塗色者，所見甚多。如上部埃及之都克（Tukh）出土之泥製女像，體部遍施黑色紋樣，有山羊形、鋸齒形、植物形（圖七十六4.5.）又加白（J. Capart）於埃及之原始藝術（Primitive

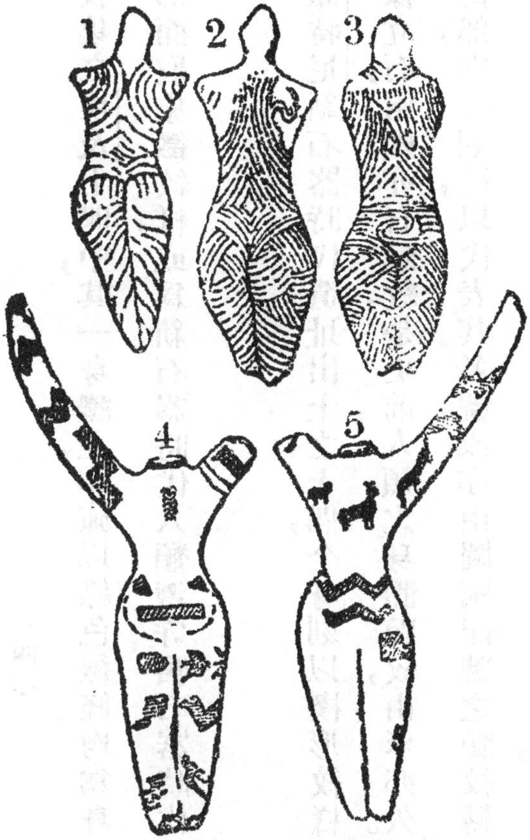

（圖七十六）表現身體數痕的土偶

1-3 庫庫特尼出土

4-5 埃及都克出土

Artin Egypt）中云：比特利收集之埃及土偶中，其一身體上，亦施以綠色線條。均爲身體塗色之證明。且觀其圖像，已不作寫實形而取象徵紋樣，或爲新石器時代人類遵守舊石器時代的圖騰遺俗而然。

至於黥紋：羅馬尼亞之庫庫特尼新石器時代遺址出土之土偶，全身刻以楔形紋樣（圖七十六1—3）。聖·塞爾恩之人像立石，兩頰亦有黥紋，是史前人類之身體黥紋，由來亦久。埃及諸古墳中所見之裸體神像，胸部或臂部，均有刻紋，以代表其名號。或亦由圖騰記號之黥紋轉化而來。如亞猛·拉神（Amon-Ra）像，刻黥紋於右肩。伯達廟（Temple of Ptah）之神像，胸部及臂部之刻紋爲  此種習慣，同可見於澳洲土人中。如哈頓（A. C. Haddon）在托烈斯峽（Torres Straits）一帶所見有四個婦人之背上所黥之紋樣爲野犬（Dugong）、蛇、蠻魚等形，均爲其圖騰記號。

石器時代人類，除塗色黥紋外，又常佩帶各種簡單之懸垂的飾物。貝殼、動物牙齒、骨片，爲其最主要之材料。此種飾身物具，大都與宗教信仰有關，正如格羅斯所說：布西曼人頸上圍着的皮帶，其中包藏着的牙齒、貝殼、布片、龜甲、羊角，一部分是有辟邪的用意。

就舊石器時代西歐諸洞穴中與人骨同時出現之帶孔貝殼，至爲豐富。如 Grimaldi 洞之人骨，頭上之頭飾由二百個以上之小貝殼製成。Laugerie Basse 出土之人骨額部、胸部、膝部、足部，均帶有貝殼之飾物。惟是否爲生前所佩帶，至難明瞭。Cavillon 洞中同樣亦發見八十個貝殼，表面塗以紅色十分之一，穿有小孔。Mas d'Azil 出現之貝殼，亦塗彩色，且串絡爲頸圈。我國周口店山頂文化層，帶孔貝殼亦發見三件，爲海產貝殼，頂端穿有長形或圓形之孔洞。

貝殼之外，周口店遺址中，尚有牙齒及礫石製造之裝飾品。據裴文中所述：

「帶孔的牙齒在裝飾品中爲最多。共計六十餘個。大半皆以狐之犬齒爲材料。而鹿的犬齒則次之。製作之方法：大概全是將牙根兩面對磨，（或刮）使平或凹。因爲牙根中空，所以即成一孔。這許多帶孔之牙，有的孔很圓光，大概並非鑽成，或爲穿孔之物所磨擦而如此。牙之孔中，常有紅色，大概當時將牙染成紅色。這種東西，多半是當時人類作項圈或臂圈。」

礫石即俗所謂河光石，裴文中又云：

一帶孔之河光石只找到一件。製作的方法只是就天然的扁圓形的河光石，在兩面中部，對鑽一圓孔，鑽的技能並不精巧，未成很正的圓形。」

西歐舊石器時代人類之牙齒與骨片飾物，亦多與貝殼相隨出土。最早見於阿里尼安期。如法國達特尼區域內之 La Ferassie, Camde (Capelle 諸洞中穿孔之牙齒，散佈於人頭骨四圍。Barma-Grande 洞之一男屍，頭部有穿孔之小貝殼、魚椎骨、鹿之犬齒等。額上有象牙耳環，頸部所佩之頸飾，則以象牙、魚椎骨、鹿齒串絡而成。胸部亦有半圓形之象牙與穿孔之魚椎骨。女屍之頭部，同爲小貝殼及穿孔之魚椎骨所掩埋，頸部之頸飾，以魚椎骨及小貝殼排爲三列，上二列爲魚椎骨，下列爲貝殼，每隔四個魚椎骨及三個小貝殼，間以鹿齒一個。

（圖七十七）法國Camde Capelle洞身
體裝飾品與頭骨出土特態

Cro-Magnon 洞人骨發見時，約有貝殼三百個相隨而出，都穿爲很圓滑之孔洞。Brünn 人骨之旁散佈之貝殼多至六百個以上，都磨爲圓錐形之管狀，便於串絡。至馬特里尼安期所見之穿孔牙齒往往較之阿里尼安期者簡單。Hoteaux 人骨周圍散佈很多之鹿齒，形式不一，或爲尖錐形，或爲橢圓形，都穿有孔洞。Laugerie Basse 洞之幼兒頭蓋下，也有反芻動物之犬齒十一個。Duruthy 洞人骨，其頸飾多以牙齒爲之，計有熊之犬齒四十個，獅子犬齒三個。其中有二十個表面施以線雕，爲動物圖像。

新石器時代人類之佩帶用品，則進而取黑玉、琥珀、黃燧石、瓔珞等製造，埃及諸遺址出土者可見其概。然貝殼、牙齒、骨片製造品亦不衰減，如我國仰韶期遺物中，仍有穿孔之牙骨出土。據裴文中云：

「（仰韶文化期）裝飾品中，最主要者爲鑽孔之豬牙，鑽孔的骨片及石製或陶土製的環玦等。鑽孔的豬牙及鑽孔的骨片，當爲當時人類佩帶之物，石環及陶環或爲耳飾或爲臂飾。」

石器時代人類對於頭部，佩戴飾物以外，其毛髮似亦加工辮結。格羅斯雖說：頭髮的修飾，並非原始民族之普通習慣，而狩獵民族間所見者，技術尤爲幼稚。然就歐洲舊石器時代諸洞穴出土之透雕女像頭髮梳理，似極有秩序。如華林多夫女神之頭部，毛髮捲曲，列爲數層。西伯利亞之馬爾泰出土之裸體女像，辮髮尤爲巧妙。羅西爾女神及孟頓裸女頭髮向後辮爲一圓塊，與布西曼人男女的毛髮梳辮相同。即如格羅斯所述：布西曼人無論男女都用紅土混脂油而塗於髮上，使頭髮緊貼頭部，像戴上帽子一樣。埃及出土陶器中，其表面圖譜繪二披髮婦女，頭髮梳爲四枝，而披於背後。又一九〇二年比特利於亞比特地方得一陶製女像，頭髮梳爲方格形之厚塊而垂向右肩。此亦表現當時人類梳理頭髮之痕跡。

此外，如骨梳的發見，亦足證明史前人類梳髮習慣之存在。據士加 (Seger) 所云：新石器時代初期，獸骨製造之梳已有發見。埃及方面，從新石器時代起，骨梳及象牙梳便繼續出現。梳之頂端，間雕刻爲鳥及山羊等動物形。

關於衣服之起源，舊石器時代末期西班牙東部加比新型繪畫所表現者，爲時最早。然諸史前學者相信洪積紀氣候之嚴寒，人類住居洞穴之中，或可裸體，外出時則非蒙披獸皮，不可以保持體溫。後期舊石器時代，常有骨針出現，或即爲縫合獸皮之用具。計自阿里尼安期起經蘇流特里安期而至馬特里尼安期，骨製縫針（Aiguilles Yachnade）出土甚多。前端尖細，後端穿孔，與今日之針無異。

Mas d'Azil. Laugerie Basse 二洞所見骨角器上線雕人像，體部有毛。又馬特里尼安期指揮杖，如 Mége 洞出土者，表面刻以山羊裝扮而舞之人像三個（圖七十八）。似均可說明後期舊石器時代人類穿着獸皮之事實。

他如我國古籍記述遠古人類，亦有衣着獸皮之習慣。禮記禮運：

『昔者未有宮室，冬則居營窟，夏則居橧巢；未有火化，食草木之實，鳥獸之肉，飲其血，茹其毛；未有絲麻，衣其羽皮。』

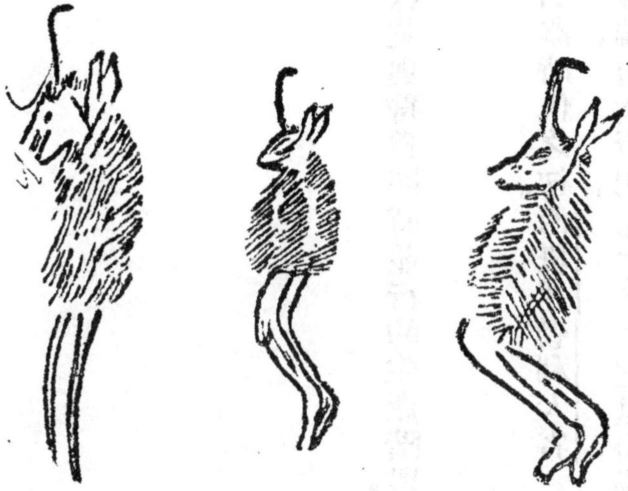

（圖七十八）Mège洞出土指揮杖上之線雕

墨子：

『古之民，衣皮帶茭。』

韓非子：

『古者，婦人不織，禽獸之皮足衣也。』

白虎通亦云：

『茹毛飲血而衣皮革。』

所謂『食草木之實，鳥獸之肉，』當指舊石器時代之採集與狩獵同時並行的生產階段，與西歐冰鹿期之人類生活狀態，顯然互相吻合。

絲麻衣服之製造，大約起於舊石器時代之末期，或新石器時代之初。西班牙勒利大省（[illegible]已岩面繪畫，如跳舞之婦女圖所表現者，婦女穿着衣裙，垂及腳端，可爲證明，Alpera 之壁畫，婦女圖像亦穿同樣之衣服。及新石器時代，瑞士湖上住居遺址，麻類植物及陶製紡錘車之出現，尤可推知當時已有紡織業之存在。其麻類紡織物，據太斐所述：除繩索絲綱之外，衣服亦多發見。表面目織以種種紋樣。又絲麻參織之衣服，常染以黑黃藍紅等色（圖七十九。）我國山西省新石器時代遺物中，既有陶製紡錘車，復有半個經過工人削裂的繭子，可見當時必有衣裳之製作無疑。

銅器時代的到來，引起人類身體裝飾之一大轉變。其衣服，則精巧至甚。如斯干的那維亞諸墳塚中發見屍體上之衣服，裁縫之方法甚為複雜。日德蘭及西里斯維(Schleswig)發見尤多。大概男子之服裝為頭部披以頭巾，從腋窩到膝下，捲一四角形之布片。上邊之兩端，附有紐革以扣結之。腰間束一鈎帶。腕部及肩部裸出。背後披一橢圓形之肩衣，長及膝下，紐結於胸前。日德蘭數處距離很遠的遺址中，其出土之衣服，均形一致。

日德蘭之亞夫斯(Aarhus)附近之波林·伊蘇(Borum-Eshoi)一墳塚，木棺中發見之婦女服裝，與男子者稍異。頭部除顏面外，覆以頭巾，巾之下端有紐而扣結於顎下。體部衣裳分二部：上衣取一塊完整之布裁

（圖七十九）湖上住居人類之編織物

成：有袖筒，袖口斜裁，長不及肘。下部衣裙，與今日者大致同樣。從腰圍至足踝，亦以一完整之布製成，有紐扣於腰間。上衣及裳，都作濃褐色或黑色。

銅器時代之男子服裝想像圖（圖十八）

邁錫尼及克諾索斯方面出土之婦人泥像，其表現當時之裙也很長。裙上圍以橫帶數條，下部邊緣，施以種種紋樣。胸部裸出。埃及金屬器初期之陶製偶人，如尼維魯(Naville)從魯蘇(Luxor)購得之婦人像，其裙亦從腰部圍起，縛以裙帶。又於同時代之陶器圖譜上表現之婦女服裝，裙衣均沒及足部。希拉康坡利斯(Hierakonpolis)出土之象牙女像，亦同樣穿着長袍。據加白所云：間於表面施以圖案裝飾，則其紡織技巧又甚進步。又尼格達(Naqada)所得之人像破片，外衣表面，遍施鋸齒紋之圖案，極為纖細。

約從第十九王政時代起，上埃及之住民，有一種特殊之服飾，至爲流行。卽慣着猛獸之皮。如希拉康坡利斯一墳墓，其中壁畫上之勇士圖像，全身披以豹皮，手中之盾，亦鑲以豹皮。尙有一象牙雕像，亦穿獅子皮衣。皮衣或狹或闊。

銅器時代之頸圈，手鐲等裝飾器具，樣式繁複，材料亦有多種。頸飾普通都以玉、瑪瑙、琥珀、象牙、金、銀、銅等，磨爲珠粒，用絲類串結而成。西歐各地遺址出土者甚多。如前述不列顚諸島發見之琥珀頸飾，尤爲著名。

手鐲：愛爾蘭發見者有金製。他如以玉類、眞珠母石、灰石、黑玉、象牙角器等製成者爲各國共同所發見。

戒指：戒指亦爲金屬器時代人類重要之裝飾品。愛琴海方面所見，以寶石製造者最具特徵。埃及方面，反以象牙戒指爲流行。戒指上間或雕刻瘤節，爲鳥獸形。比特利於尼卡達發見者，其一刻有貓形，另一刻有四隻鷹鳥。

耳環：耳環多爲金屬製造品：樣式簡單。初期者不脫冰鹿期之水晶耳環及礫石耳環之模型。卽取金屬細片，磨尖兩端而成。最後期乃進而作輪環狀。希臘遺址出土最多。

金屬冠帶或於其上施以浮雕，或施以鑲嵌，甚有美術價值，然所見較稀。至愛爾蘭出土之金版，亦都戴於頭上之物。波斯、西伯利亞及我國綏遠所得之銅器裝飾版，似均為腰部或頭部之飾物其上所刻之動物鬪爭圖，怪獸圖，又與當時之宗教信仰關係尤巨。

附錄二　參考書目

中文書

張資平譯鳥居龍藏：化石人類學（二十四年商務。）

郭沫若譯 A. Michaelis：美術考古發現史（二十年湖風書局。）

裴文中：舊石器時代之藝術（二十四年商務。）

裴文中：中國史前文化概略（社會思想第五七——五八期天津益世報二十二年十二月十一——十八日。）

安特生：中華遠古文化（地質學專報。）

安特生：甘肅考古記（地質學專報。）

河恩：河南石器時代之着色陶器（地質學專報。）

胡厚宣譯：梅原末治中國青銅器時代考（二十五年商務。）
衞聚賢：中國考古小史（二十二年商務。）
岑家梧：圖騰藝術（二十五年商務。）

日文書

大島正滿等：史前史（昭和九年東京。）
大山柏：史前學研究史（史學雜誌七卷四號昭和四年。）
大山柏：歐洲舊石器時代（考古學講座第六號大正十五年。）
大山柏：北歐の石斧編年（人類學雜誌四一卷十號大正十五年。）
大山柏：北歐の巨石墳（人類學雜誌四十卷九號大正十五年。）
大山柏：土器製作基礎的研究（大正十二年。）
太田三郎：裸體習俗とその藝術（昭和九年東京。）
水野淸一：支那古銅容器の一考察（東方學報第四册昭和九年。）

江上波夫、水野清一：内蒙古長城地帶（昭和十年東亞考古學會。）

井上芳郎：原始時代の宗教とその藝術（大正十三年東京。）

早川二郎譯：マトリン世界原始社會史（昭和九年東京。）

西村眞次：世界古代文化史（昭和八年東京。）

西村眞次：人類學汎論（昭和四年東京。）

杉山壽榮男：原始文樣に關する二三の私見（人類學雜誌四一卷七號大正十五年。）

原田淑人：牧羊城（東方考古學叢刊第二册昭和六年。）

梅原末治：支那史前彩色土器研究の一新資料（人類學雜誌四一卷六號大正十五年。）

駒井和愛等：東洋考古學（昭和九年東京。）

濱田耕作：貔子窩（東方考古學叢刊第一册昭和四年。）

濱田耕作：東亞考古學研究（昭和五年東京。）

歐文書

Avebury Lord: Prehistoric Times (1913 London.)

Bicknell C. A. Guide to the Prehistoric Rock Engravings in Italian Maritime Alps (1913.)

Balfour H. The Evolution of Decorative Art (1912 London.)

Berrier E. Earth before History (1912 London.)

Brown G. B. The Art of the Cave Dweller (1928. London.)

Burkitt M. C. Prehistory (1921 Combridge.)

Capart J. Primitive Art in Egypt (1905 London.)

Childe V. G. the Dawn of European Civilization (1925 N.Y.)

Childe V. G. the Most Ancient East (1929 London.)

Crawford R. Man and his Past (1925 London.)

Czaplicka M. A. Aboriginal Siberia (1914 Oxford.)

Elliot S. Prehistoric Man and his Story (1915 London.)

Evans J. Ancient Stone Implements of Great Britain (1897 London.)

Frazer J.G. Totemism and Exogamy (1910 London.)

Frankfort H. Aisa Europe and Aegean, their Earliest Interrelation (1927.)

Grosse E. The Beginnings of Art (1897 N.Y.)

Haddon A.C. Evolution in Art (1895 London)

Henderson K. Prehistoric Man (1927 London.)

Macalister R.A.S. A Next Book of European Archaeology (1921.)

Montagne L.A. Weapons and Implements of Savage Races (1921 London.)

Moir J.R. Pre-Palaeolithic Man (1919 London.)

De Martillet G. Le Prehistorique et L'Homme (1883 Paris.)

De Morgan J. Prehistoric Man (Trans. English by J.H. Paxton (1924 London.)

Müller C.O. Ancient Art and its Remains. (Trans. English by J. Leitch 1835 London.)

Moret A. Nile and Egyptian Civilization (1927 London.)

Munro R. Palaeolithe Man and Terramara Settlements in Europe (1912 N.Y.)

Osborn H.F. Men of The old Stone age (1925 N.Y.)

Parkyn E.A. Prehistoric Art (1915 London.)

Peake H. Hun er and Artists (1927 Oxford.)

Peet T.E. Rough Stone Monuments and their Builders. (1912 London.)

Philipot E. L'Europe Préhistoique (1907 Paris.)

Schmidt M. The Primitive Races of Mankind (Trans. English by A.K. Dallas 1926 London.)

Smioh F. The Stone age in North Britain and Ireland 1919 London.)

Smith W.Manthe Primeval Savage (1894 London.)

Sollas W.J.Ancient Hunters (1924 London.)

Spearing H.G.The Childhood of Art (1913 N.Y.)

Spencer B. and Gillen F. J. Across Australia (1912 London.)

Tyler J.M. The New Stone age in Northern Europe (1922 N.Y.)

Wilder H.H Man's Prehistoric Past (1923 N. Y.)

中華民國二十七年三月初版

E三九〇二

徐

(75844)

百科小叢書 史前藝術史一冊

每冊實價國幣柒角

外埠酌加運費匯費

著作者 岑家梧

廣州德政中路
高華里十一號二樓

主編兼發行人 王雲五

長沙南正路

印刷所 商務印書館

長沙南正路

發行所 商務印書館

各埠

(本書校對者章德宣)

百科小叢書

圖騰藝術史

岑家梧著

王雲五主編

商務印書館發行

百科小叢書

圖騰藝術史

岑家梧著

王雲五主編

商務印書館發行

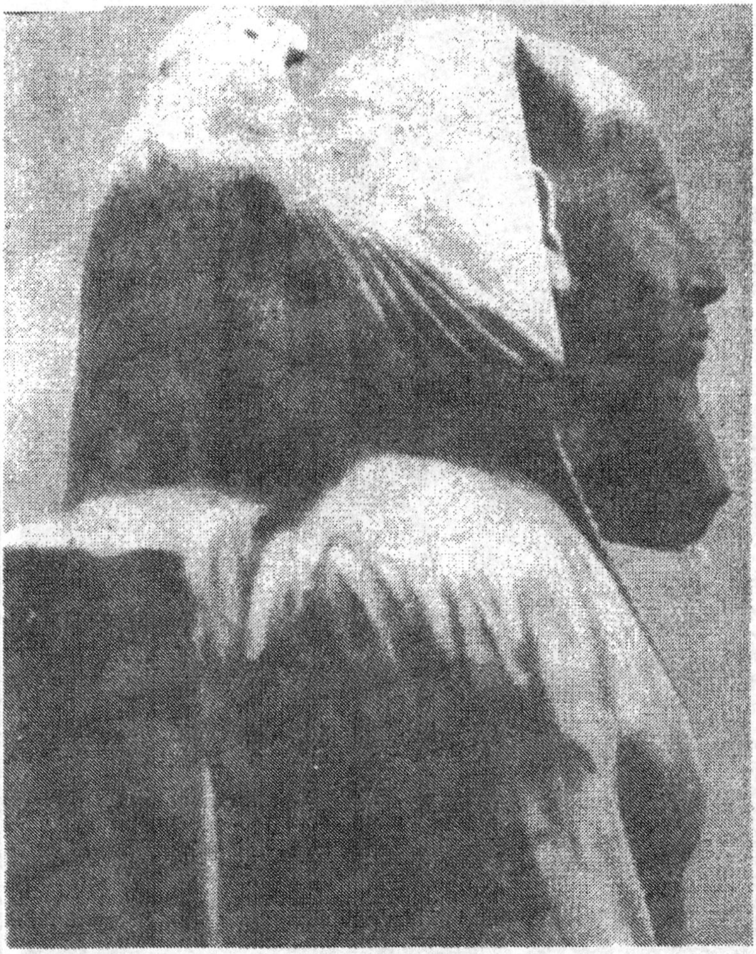

（圖一） 埃及 Chephren 王頭上的神鷹荷魯斯
（採自 A. Moret: La Royauté dans L'Egypte Primitive）

（圖二） 澳洲土人的入社式

（採自日本新光社：世界人種風俗大系）

（圖三） 澳洲土人的身體塗色
（採自 B. Spencer and F. J. Gillen: Across Australia）

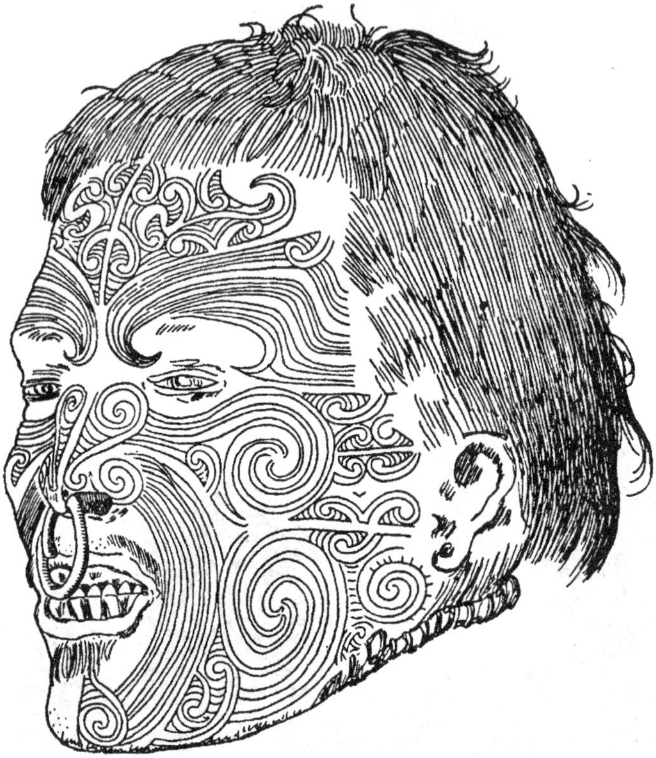

（甲）

（乙）

（圖四） 太平洋島中土人臉部黥紋之圖案

（採自 Wallis Intro. to Anthropology）

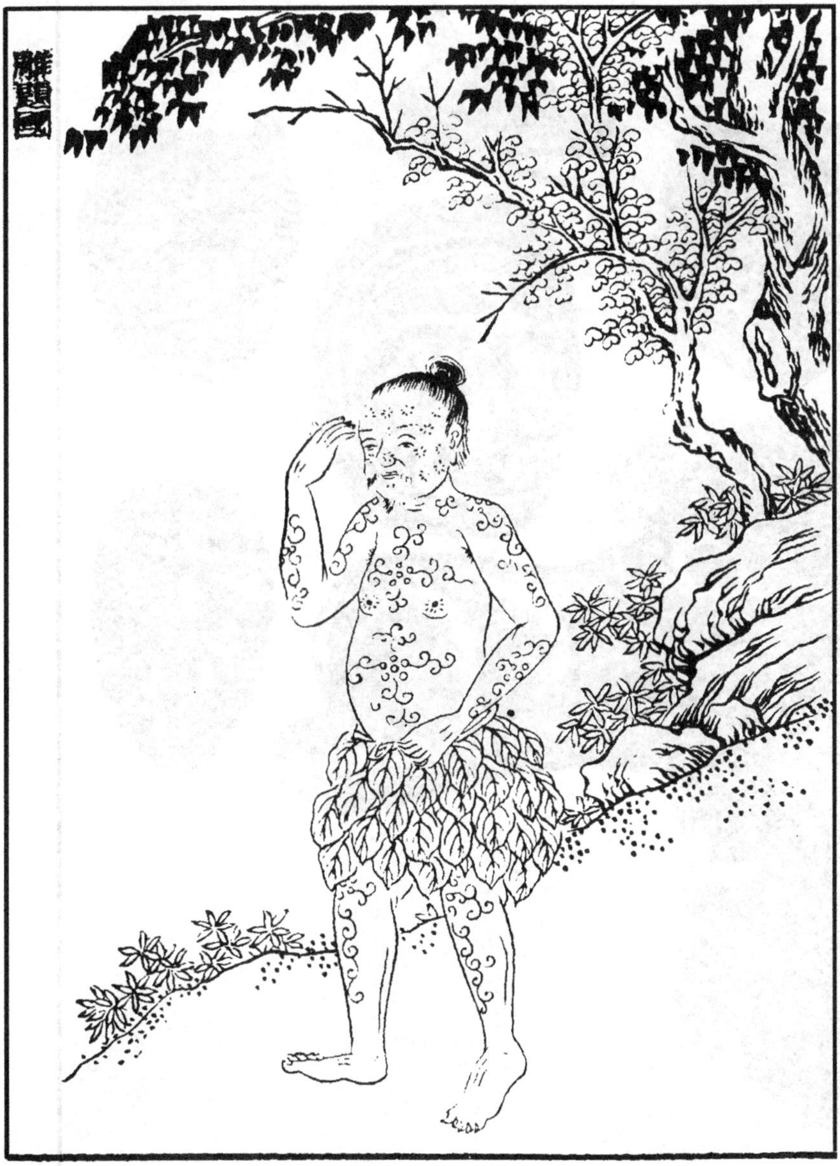

（圖五）　苗族的黥紋（採自古今圖書集成）

（圖六） 圖騰民族跳舞時所載之假面

（採自 K. Mantzins: A History of Theatrical Art）

（圖七） 圖騰民族的跳舞化裝
（採自 K. Mantzius: A History of Theatrical Art）

（圖八） 太平洋島中土人以鳥羽製成的神像
（採自 Wallis: Intro. to Anthropology）

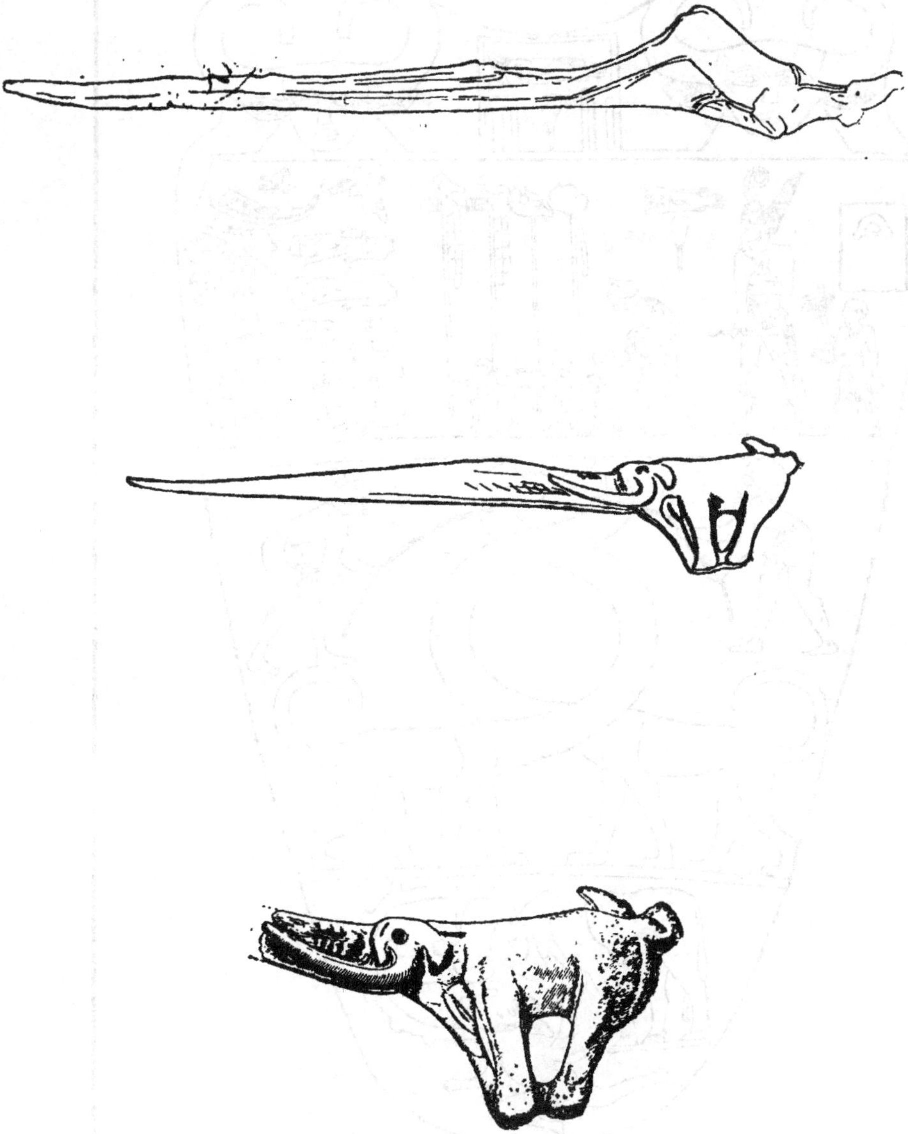

(圖九) 冰鹿期的用具雕刻

(採自 E. A. Parkyn: Prehistoric Art)

（圖十） 埃及那馬王紀功牌． Cairo 博物館藏．

（採自 H. G. Spearing: The Childhood of Art）

(圖十) 埃及那馬王紀功牌. Cairo 博物館藏.
(採自 H. G. Spearing: The Childhood of Art)

（圖十一） 北美阿拉斯加一帶的圖騰柱的雕刻
（採自宮武辰夫：阿拉斯加所見原始藝術）

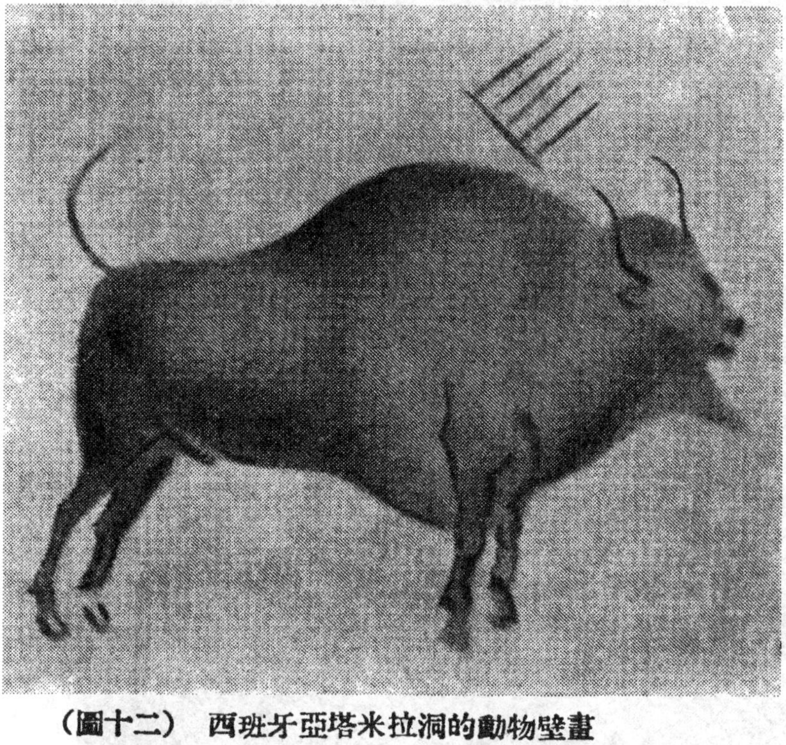

（圖十二） 西班牙亞塔米拉洞的動物壁畫

（採自 E. A. Parkyn: Prehistoric Art）

（圖十三） 澳洲華拉孟加人『伏龍魁』蛇節的畫地

（採自 B. Spencer and F. J. Gillen: Across Australia)

（圖十四） 澳洲阿龍泰人『柴柴尼格拉』式中的『哥羅波里』

（採自 B. Spencer and F. J. Gillen: Across Australia）

陳序

圖騰制之研究，起於十八世紀末期英人朗格(John Long)，及十九世紀中葉的格來(Grey)。至十九世紀末期勒南(Lennan)以圖騰解釋原始民族的宗教信仰，摩甘(L. H. Morgan)以圖騰說明原始民族的社會結構及其習俗。逮佛來則(S. J. Frazer)圖騰主義問世，纔說到圖騰與藝術的關係。自此以後，研究史前藝術的學者，如伯金(E. A. Parkyn)，格羅斯(E. Grosse)雖多注意到這個問題，但認它與初民藝術有部分的關係，絕不以它爲藝術發生的淵源，岑君家梧乃會萃諸家之說，申以己見，著圖騰藝術史一書，纔算是專門研究圖騰藝術的一部著作。書中將由圖騰制所產生的藝術，列舉文學、裝飾、雕刻、圖畫、跳舞、音樂諸部門，詳加闡發。篇末附論「中國圖騰跳舞的遺制」於我國古代藝術的來源，亦約略論及，更足啓發國人研究我國史前藝術的興味。

我們從前見到法人格拉勒(M. M. Granet)著的中國的跳舞與神祕故事，覺他的說法雖新穎可喜，然未免有附會過當之處；今家梧僅就歷代的儺舞、百戲、角觝等之模仿動物動作的，說其爲圖騰跳舞之遺制，立說精當，較爲可信。又於圖騰文學，圖騰裝飾等章，徵引詩、書、諸子及各史籍中所載神話，傳說之確具圖騰意義者，以相印證。足見此類藝術的殘影，在我國原始社會裏不能例外，舊籍中仍可見到不少的材料。至於圖騰藝術的作品，以無實物可尋，只得置之不論。然就我個人所見，近來地質學及考古學上發掘所得的實物，其屬於圖騰藝術的作品甚多。試略述之：

圖騰雕刻之見於殷周骨器，銅器上的，有夔龍、夔鳳、蟬葉等紋樣。最多的莫如各種獸頭，學者多目之爲饕餮，其說本於呂氏春秋。考呂氏先識覽說：『周鼎著饕餮，有首無身，食人未咽，害及其身，以言報更也。』究竟饕餮爲何物，其說未明。後人或說爲怪獸形，或說爲夷狄形，有人竟說爲人首。粗疏的看來，耳目口鼻都具，似有點像人頭，然細密觀察，乃知皆係獸頭紋，且有牛類、羊頭、馬頭及虎狼頭的分別。試觀其紋，或上面有角，或下面有爪牙，安有人頭生角或生爪牙呢？其爲圖騰動物的描寫，顯然易見。

圖騰圖畫之見於古代陶器上的，多爲幾何形、象徵形，很少寫實形。似冰鹿期的圖騰描寫，我國古代藝術中不易見到。然觀瑞典人安特生著甘肅考古記，其第三版第二圖「辛店甲址葬地陶甕」上有犬羊紋及爬蟲類動物紋。又第十一版第一、第二圖「沙井南葬地陶片上」有成列鳥形帶紋又第十七葉「辛店期彩色陶甕上」a圖犬形紋，c圖人形紋，d圖鳥形紋，比歐洲冰鹿期藝術作品中所雕繪的動物紋樣，雖沒有那樣繁複，種類也不算少。我將另爲專篇詳述，此地不必列舉了。

我於二十三年秋，到廣州中山大學，爲諸生講中國古代藝術，即據社會進化史理論，詳徵地質學上，考古學上及民俗學上各項實物，以相質證。並主張藝術爲人類社會經濟生活的反映，其內容與形式的變化及發展，必與社會進展的階級相適應。其時，家棖已束裝預備東渡，到日本去作專門的研究，聽到鄙說，不以爲謬，到東京以後，時時通訊相商榷。今年春天，遂以此體系清晰的著作寄我校閱，並囑我製序。謹略述對於古代藝術的管見如此。

民國二十五年春三月，臨城、陳鐘凡斠玄甫識於南京淸暉山館。

自序

圖騰制廣佈於南北美洲、非洲、澳洲及太平洋羣島等低級文化民族間。但在一切文明民族的風俗習慣宗教信仰等文化殘存物中，若一詳加考察，我們仍可發見此制的痕跡，故圖騰制實佔人類社會生活史上一大過程。

圖騰制於原始時代的社會關係中，能否具備劃分爲圖騰社會階段之條件，目下尚無定論。我們暫可視爲緩和原始生產集團間的矛盾而來的特殊體制。藝術是適應一定生產關係基礎之上的意識形態，其生產樣式與物質的生產樣式不可分離，故原始獵狩民族由於圖騰集團組織而引起的藝術活動，在任何一時間空間裏，決難尋得其同樣狀態。圖騰藝術之發生發展消滅等過程，圖騰事實未發見之前，就完全不可理解的了。

新幾內亞土人的船首飾物，澳洲土人的武器雕刻，非洲、馬來羣島土人的紋身，北美印地安人的住所裝飾，一致地描寫奇異動物的圖形，傳統的美學者看來，卻是實際生活以外的遊技。我國古籍中：『天命玄鳥，降而生商。』的人與獸交的部族起源傳說；『鳥獸蹌蹌，鳳凰來儀，』『擊石拊石，百獸率舞，』的動物模倣跳舞，歷來的注解，都不能盡釋其原義。這是很顯明的例證。

佛來則(J. G. Frazer)是研究圖騰制最盡力的一人，彼由於圖騰儀式之考察，歸結到圖騰民族的魔術行為，為原始藝術發生之搖籃，其言或過。惟至少可說：一切原始藝術之萌芽，達圖騰文化期而始輝煌煥盛。如北美海達族（Haidas）之屋宇、舟車武器及用具裝飾圖騰儀式或跳舞集會時之身體化裝，波亞斯（F. Boas）認為達到原始藝術之最高峯。尤其屋宇及日常用具上描寫的圖騰記號，佛來則說：中世紀的貴族之住所，儀仗及衣服所顏徽章裝飾，其華麗之程度，尙無及之，足見圖騰藝術，在人類全部藝術活動的史程上的重要性了。

著者於藝術史之研究，愧未入門，及讀佛來則、波亞斯、哈頓（A. C. Haddon），勃龍(G. B. Brown)，伯金(E. A. Parkyn)及含伯利(W. D. Hambly)諸家關於原始藝術，史前藝術之著作，知各地圖騰民族之藝術活動，遍及藝術各部門。乃略事材料之收集，輯成是書，分別提出圖騰藝術之綱要。詳細的研究，還有待於後來的努力。

著者旅居國外，對於史前人類學考古學上專門名詞之翻譯，因無中文書籍可供參考，頗感困難，其中錯誤之處，知所不免，甚願博學之士教正。

本書之作，得陳鐘凡師的啓發最多。稿成，又蒙爲校閱一過，並介紹於王雲五先生，得以刊行於世，至爲可感。寶貴的材料之採集，均賴中村一雄先生之幫助。而來儀不斷地給予的鼓勵，尤增加著者向學問上致力的決心，此際心中懷着說不出的謝意。

岑家梧亡母十八週年忌辰於東京。

目次

目次

圖騰藝術史

第一章　釋圖騰制

藝術是一定的社會經濟基礎上的產物，其所具有之特殊形態，必然地爲生產條件所決定。因之，在未探討圖騰藝術之前，我們必須了解什麽是圖騰制。

圖騰制最顯著的特徵有四，即：

(一)原始民族的社會集團，採取某種動植物爲名稱，又相信其爲集團之祖先，或與之有血緣關係。

(二)作爲圖騰祖先的動植物，集團中的成員都加以崇敬，不敢損害毀傷或生殺，犯者接受一定的處罰。

(三)同一圖騰集團的成員，概可視爲一完整的羣體，他們以圖騰爲共同信仰。身體裝飾，日常用具，住所墓地之裝飾，也採取同一的樣式，表現同一的圖騰信仰。

(四)男女達到規定的年齡，舉行圖騰入社式。又同一圖騰集團內的男女，禁止結婚，絕對的行外婚制(Exogamy)。

何故而產生此等圖騰的規定。原來「圖騰」(Totem)兩字，乃從北美奧日貝人(Ojibways)的土語轉化而來，發音沒有正確的標準，還可拼爲Totam, Dodaim等，意爲「彼之血族，」「種族，」「家庭。」澳洲土人所謂「科旁」(Kabang)與之同義，代表一種特殊的社會體制之用語。英國商人朗格(J. Long)一七九一年出版一部記述北美、印地安人的社會生活的遊記中，(註一)最先記出圖騰的名稱，且說明其爲印地安人的宗教信仰之一種。一八四一年格來(Grey)所發表的著作中，(註二)更列舉澳洲土人的習俗也有類似圖騰之點。其後勒南(J. F. Lennan)於兩週評論(Fortnightly Review)連續地發表許多論文，(註三)正式地說明圖騰制不特具有宗教信仰的特質，且於進步的宗教儀式中，尚可尋求其痕跡。如古代希臘，羅馬諸民族的宗教信仰，都受到圖騰主義的影響。

同時，摩爾根（L. H. Morgan）（註四）也指出美洲北部及中部的印地安人諸部族中，圖騰制分佈至廣，費孫（Fison）與荷維特（Howitt）更發見了澳洲土人社會間，也有與圖騰制相關聯的體制存在。（註五）然都不足以解圖騰制之所以產生的社會意義。及斯賓塞（Herbert Spencer），先提出名目論的假說，以圖騰制乃從誤解人類之渾號而產生。例如野蠻民族集團間，常因人之狡猾而稱其爲狐，從此他的兒女也被稱爲狐的兒女。久而歷經世代，遂遺忘渾號的原意，形成狐部族的圖騰組織。（註六）維爾金（G. A. Wilken）由於東印度羣島土人的宗教信仰的考察，承認圖騰制實由人類死後轉生爲動植物的信仰而來。（註七）佛來則最初也同意於維爾金的意見，及讀斯本塞與基倫（Baldwin Spencer and Gillen）關於澳洲土人的社會習俗的調查報告，復更改其主張，以圖騰主義爲土人集團企求食物的繁殖而發生的咒術行爲。最後，彼傾心於澳洲中部土人胎兒產生所行的儀式之研究，再另立解釋，謂圖騰制係野蠻民族對於婦人妊娠之魔術的解說之結果。卽野蠻民族缺乏妊娠與人類性交有關的思考力，由於妊娠的突然事實之驚異，遂歸因於自然物的神秘的力量，這個神秘的力量就取圖騰主義的宗教形式表現出來。（註八）此外，英國人類學者哈頓（A. C. Haddon）等則假設圖騰制爲原始人類集團交換食物之意識反映。涂爾幹（E. Durkheim）則謂圖騰制不外集團所用紋章的神聖化之結果。希白（M. W. Heape）弗洛伊特（S. Freud）等也各有見解。然而都不能達到問題的核心，且顯明地以思維決定存在，顚倒因果。這，都是缺乏科學的歷史方法之過。

最先，我們應該明白目下北美、非洲、澳洲等土人社會中存在的圖騰制，已非屬其最初的形態。歐洲史前舊石器時代阿里格內辛期（Aurignacian）的圖畫雕刻，無疑地爲圖騰文化期的產物，將之與澳洲人的互相參照，其製造技術及表現樣式前者常較後者的原始性更深。且澳洲人一般工具上如磨製的使用，已顯明地表現出新石器時代的社會關係；社會組織也產生階級分化之萌芽，印地安人尙有血緣的氏族結合之事實。（註九）從阿里格內辛期遺物得見之社會關係，決無此等進步的狀態存在。故澳洲土人及北美、印地安人的圖騰集團組織，不可據以探求圖騰制之原初形態可知。

試將史前原始民族的遺物，參證於社會進化史理論的結果，知道圖騰制爲原始人類從事獵狩採集經濟階段上必然產生的集團體制。原始人羣由於固定地域所產生的自然物不同，生產工具的樣式殊異，獵狩與採集的範圍，遂陷入專門化，而發生專一種類的動植物獵取的生產集團。復由於動植物的固定獵取之限制，引起生產勞動性的沈降，與原始社會固有的生產關係發生矛盾。圖騰制即由各生產集團爲緩和這個矛盾而來結合更大的生產集團的特殊體制。

布伊哥夫斯基(S. N. Buikovsky）曾這樣說明圖騰制之最初形態即由於獵取對象物之具有共通性的各生產集團的聯合抑制集團間食物分配的矛盾。如鹿的圖騰集團包括以鹿，馬等較爲接近的種類動物爲獵取的生產集團，從而獲得更多種類的生產對象物之獵取。此時圖騰制完全擔負維持其集團內共同制的任務。到了社會關係之矛盾性更行深度的發展，禁止食物之個人自由使用的『禁忌』(Taboo）就出現而再次緩和。(註一〇)

圖騰制發展的最後形態是爲氏族社會之萌芽，轉若目下澳洲，北美等土人的社會組織沒落期的圖騰制，僅僅偏於有現實的經濟意義之意識形態的表現。如遵守禁忌以保存食物，舉行咒術儀式，祈求食物的繁殖等。然而這些消極的緩和，到底不能解決原始社會關係的矛盾。最後，圖騰體制逐漸崩壞，民族社會代之而產生了。

圖騰制於原始社會裏佔有的過程，僅僅如此短促，若顯明地指出它的期間，不過原始共同制與氏族制交替期的過渡階段。然而一切的變革過程，都不是機械的消滅與產生，而作有機能的轉化。圖騰的意識形態氏族社會中雖無具體的完整的存在，而部分的尚被保存。且演變爲特殊的信仰，習俗其遺制實貫通氏族社會的全面。圖騰儀式，更有轉形改質，構成文明民族的風俗習慣。故圖騰藝術史之研究，就不限於原始社會之圖騰期者爲滿足，必須同樣地留意遍及後期的各社會階段的圖騰藝術之殘存物了。

（註一）J. Long: Voyages and Travels of an Indian Interpreter and Trader.

（註二）Grey: Journals of two Expeditions North-West and Western Australia

（註三）J. F. Lennan: 1. The Worships of Animal Plants 2. Totems and Totemism.

（註四）L. H. Morgan: Ancient Society.

（註五）Fison and Howitt: Kamilaroi and Kurnai

（註六）H. Spencer: The Princiles of Sociology Vol. 1. pp. 331-340.

（註七）G. A. Wilken: Het Animisme bij de Volken Vanden Indischen Archipel pp. 997, 999.

（註八）J. G. Frazer: Totemism and Exogamy Vol. 4. pp. 52-70.

（註九）早川二郎譯布伊哥夫斯基圖騰制問題六五頁。

（註一〇）早川二郎譯布伊哥夫斯基圖騰制問題六七頁。

第二章　圖騰制之地理分佈

圖騰藝術，有原始時代世界圖騰民族的遺物及活存於目下各地圖騰民族間的兩種。爲求易於明瞭我們所述的藝術品之屬於那一個時間空間的產物，這裏有先述圖騰民族的地理分佈之必要。

詳細地考察古代世界民族的神話傳說與遺留物品，任何民族，都可發見圖騰制的痕跡。蓋圖騰制既爲原始人類從事獵狩，採集的生產關係上必然產生的體制，一切民族無不經過獵狩，採取經濟生產的階段，圖騰制也應爲世界民族共通具有的普遍現象了。

埃及初期的社會習俗，顯然與圖騰制有關。國內棲息的動物，無論野獸、家畜，均視爲神聖動物。故意殺害之者，被處死刑。復設世襲的保護者，加意供養。崇拜紅鶴(Ibis)之風尤甚，殺害之者，無論有意無意，概處死刑。鱷魚亦爲埃及人崇拜的對象，古代埃及遺跡中曾有無數的鱷魚木乃伊出現。

巴白列美斯(Papremis)的住民尤尊敬河馬。

大概當時埃及人的圖騰對象物，以動物爲最多，植物，自然物或自然現象如太陽、火、雷等間也有之。各圖騰集團，相信其種族爲圖騰所降生，各以圖騰徽章區別所屬。犬、鷹、蠍、獅子、小羊、梟、象、牛、蜜蜂、毒蛇、椰樹、蘆葦、大楓樹、弓箭、銛、斧、鏃、山岳及太陽等圖騰，極爲常見。(註一)

埃及的國王之慣用鷹爲保護神，而自稱爲鷹的子孫，也屬圖騰遺義。埃及社會組織，由部族、氏族而達王國的建立，摩萊(A. Moret)曾作如下的說明：埃及王朝時代以前，原爲許多圖騰部族，其後集中而成許多聯邦，聯邦內的圖騰部族，逐漸取消原有的圖騰信仰，轉而崇拜聯邦的保護神。再由聯邦造成了南北埃及兩個王國，保護神亦僅存其二，即南部埃及者爲神鷹荷魯斯(Horus)，北部者爲蛇。最後，南部埃及征服北部埃及，合爲一國，神鷹被尊爲唯一的保護神，國王以神鷹爲稱號，且自命爲神鷹的後裔了。故埃及社會發展的途徑，實由圖騰部族而氏族聯邦而至王國，圖騰信仰也隨着這個組織的變革而轉換，結果就連結圖騰動物於帝王自身。(註二)金字塔中得見埃及國王的雕像，頭上戴上神鷹的王冠，正透露出這個消息。

希臘人崇拜的神，尤具圖騰崇拜的形態，雅典市神的殿中，有神聖的蛇被保存。伊比特羅斯（Epidauros）的亞斯里波斯（Askpleipios）神廟，也供養大蛇。神話中，以動物表現神形者如：宙斯（Zues）爲鷲，白馬或牡牛，其妻伯拉（Pella）爲牝牛，阿波羅（Apollo）爲狼，阿瑞那（Athena）爲鴟，地神爲蛇。（註三）而阿斐洛底特（Aphrodite）與金盞花，低荷索斯（Dioysos）與葛藤，阿當尼斯（Adonis）與野豬也有不可分離的關係。

羅馬曾經有圖騰制的存在，神話傳說所表現者至爲明顯。羅馬建國者羅繆魯斯（Romulus）與雷末斯（Remus）即相傳爲被棄於泰伯河（Tiber R.）的嬰兒，後爲牝狼所救而養育之。羅馬帝國時代的聖山佛來則謂其與澳洲圖騰民族的法地同一制度。（註四）史家婁內爾（Renel）尙稱羅馬軍旗上描寫的狼、馬、野豬、鷹、牛頭人身之怪物等，也係原來圖騰的記號。

民俗學者由於現存的習俗的研究，同樣地承認不列顛諸民族以前曾有圖騰制的存在。幾個部落的名稱及其起源的傳說，都顯示出與動物及自然物的關係。一個有權力的部族或家族，曾假託爲天鵝或水郞的後代。桑農（Shannon）人說起飛隼（griffin），貝爾發斯（Belfast）一帶的

人說起牛奧沙里(Osory)人被稱的名字是有野紅鹿的意義，蘇格蘭也有以野貓爲部落的名稱。(註五)

英格蘭人以動物植物爲姓的習俗甚多，如豬(Hogge)、獅子(Lyon)、狼(Wolf)、貓(Catt)、鮭(Salmon)、狐(Fox)、天鵝(Swann)、鷸(Woodcock)、鷓鴣(Patrige)、櫻草(Primrose)、蘋果樹(Appletree)、玫瑰(Rose)、樺(Birch)、櫸(Beech)。(註六)均爲圖騰的遺習。戈美(J. L. Gomme)的著作中，(註七)認爲今日歐洲人的風俗習慣之保留圖騰原意者也多。

中國史書記述以獸爲部族名稱的甚多，如共工、驩兜、三苗、鯀等，山海經中均作獸形。又，史記、五帝本記：

「教熊、羆、貔、貙、虎以與炎帝一戰於阪泉之野。」

所謂熊、羆、貔、貙、虎等當爲圖騰的記號。古代部族祖先的傳說，如天降玄鳥，姜原履巨人跡，都足以表明女系制及圖騰社會的意義。格拉勒(M. Marcel Granet)將史記所載的人物整理出一個世系表如下：

顓頊——1
……——2
女脩——3
（一說即皋陶）大業——4
（一說即伯翳）大費——（5）
（鳥俗氏）大廉——（1）——1若木
……2……2
……3……3
……4……4
（鳥身人言）孟戲中衍——5——5昌費
……
……
……
中潏——（5）
蜚廉——7
季勝——2——1惡來
（皋狼）孟增——3——2女防（1）
衡父——4——3旁皋（2）
造父——5——4太几（3）
——大駱（4）
——非子（5）

「這表中的名字有鳥，有獸，有怪物，且如史記所述，還有奇怪的故事夾雜其中，都是表示圖騰旗幟和女系制的意思。」（註八）

此外，井上芳郎更稱中國上代傳說的帝王，如伏羲、神農、黃帝、堯、舜等均爲動物的變形。（註九）

據此以找尋太陽崇拜，河神崇拜，而至龍、蛇、虎、熊、鷲、山岳等崇拜的痕跡。

日本原始社會的組織，西村眞次從神話傳說研究的結果，承認其有圖騰制的存在，他說：

『原始日本人的社會，大概也發生過圖騰的組織。日本神話中，殘留圖騰的痕跡很多。如鱷魚神話中的素菟(Shiro Usagei)，和邇(Wani)，即從圖騰發展而來之氏族觀的表現。又人名中，也多有保留圖騰意義者，氏族制時代之鮪（蘇我氏）貝鮹、大雀、若雀、智奴（以上皇室，）均與動物有關；其習俗至飛鳥、寧樂時代仍然殘存。萬葉集中帶有動物的人名，不可勝舉。又今人由十二支而名辰之助卯太郎、丑五郎、阿酉、阿寅等帶動物之名尤多。一般雖釋爲因生歲關係，然不屬於十二支的熊，鹿之名又不可解，故我仍以爲是圖騰痕跡之表現。』(註一〇)

古事紀及日本書紀中，尚有以自然物爲神靈的事跡，當源自圖騰無疑。可舉者如下：

自然物	神名
太陽	天照大御神(Amaterasu)
太陰	月讀神(Tsukuyomi)
風	須佐之男命(Susanoo)

山	大山津見神(Ohoyamtsumi)
海	大綿津見神(Wadatsumi)
地震	乃儺神(Nainokami)
雨	古拉神(Kuraokami)
木	久久奴志神(Kukunuchi)
草	鹿屋能比賣神(Kuyanohime)
鳥	八咫烏(Yatagarasu)
兎	因幡白兎稻羽之素兎(Inabanoshirorasagi)
石	道返大神(Chikaheshi)
	沙伊神(Sahe)
	喜密可楚神(Himekoso)

由此可見日本古代社會中的圖騰制之普遍了。

其次，我們再看現存的低級文化民族間圖騰制的分佈情形。

非洲土人社會中有圖騰制存在的，以北部接近地中海及大西洋的巴巴利（Barbary）之柏人（Berberes）爲多。土人遵守禁忌極嚴，羚羊、狐、鳥、烏鴉、龜等，加以殺害之者處以死刑，或又承認鶴羊爲其祖先。阿爾及利亞（Algeria）土人，此等習俗尤多，他們慣以水蛇爲其保護者，或用食物餵於水蛇，且焚香敬拜之。再向南及中部的蘇丹（Sudan），自靠近紅海的埃及起，西至日遮河（Niger R.）一帶土人均相信某種動植物爲其祖先。如居英埃蘇丹（Anglo-Egyptian）的孟巴拉（Bambara）人，呼野牛爲爹爹，乍得湖（Chad L.）附近土人也有同樣習慣。至東非可找出圖騰痕跡的，有意屬索馬利蘭（Italian Somaliland）住着的索馬利人（Samalis），舊德屬東非之華喜喜（Wahehe）人，阿比西尼亞（Abyssinia）屬內的格拉人（Galas）及薛魯克人（Shilluk）。東南部維多利亞湖（Victoria L.）西北之巴干達（Baganda）人，有圖騰的組織，爲衆所公認，多以動植物名其部族。剛果（Congo）及北洛得西亞（Northern Rhodesia）區域內之班都人（Bantu），也有圖騰的習俗（註一一）。南三比西（Zambezi）一帶之巴索多人（Basutos）部落中，也頗有類似圖騰的組織。南非聯邦之霍屯督人(Hottentots)，沿居達拉昆斯坡山脈(Drakenberg M.)的布西曼(Bushmen)其社會制度也一致。

南非東邊隔莫三鼻給(Mozambique)海峽的馬達加斯加島(Madagascar)土人社會間，也同樣有圖騰主義的存在。土人遵守動植物的『禁忌』至嚴。靠近印度洋居住的卑乞米拉加人(Betsimisaraka)，相信其祖先與牛有關，故禁食牛肉。南部各族有以野豬及羊爲祖先者。霍華族(Hova)重要人物的住所，均有鷹的雕刻物豎着。西北部之薩喀拉哇族(Sakalava)，每村均有一種特殊的禁忌。又家畜鱷魚都被視爲神聖動物，鱷魚及蛇化身爲人之傳說，遍佈全島。甘內普(Gennep)雖謂『馬達加斯加島所發見的都不是完全的圖騰制。』(註一二)然土人習俗與圖騰主義關係的密切，是誰都不能否認。

散佈北美各低級文化民族間的圖騰制，較非洲尤爲普遍。圖騰集團間的關係，也甚嚴密。格里克人(Creeks or Muskogees)，部族，用動物命名者有熊、豹、野貓、狼、牡鹿、狐、海貍、蝦蟆、鼹鼠等。乃止族(Natchez)及台拉哇人(Delawares)更描寫其圖騰記號於住所屋宇之上。東部易洛魁各族

(Iroquois)，同樣以動物區別其部族。如龜部族，熊部族，狼部族等，且有「分族」(phratries)的組織，摩爾根以每一分族由四個部族組成，易洛魁人共分爲八部族。即狼、熊、海狸、火雞爲一分族；另一爲鹿、鷸、鷺、鷹四部族。(註一三)阿止符韋人(Ojibways)的圖騰制，尤爲明顯。密執安湖(Michigan L.)與休倫湖(L. Huron)間居住之阿泰哇族(Ottawas)各種不同的圖騰部族，分區居住，豎立圖騰柱，以爲標記。西南之波厄布羅印地安人(Pueblo Indians)，圖騰習俗也多。中部密蘇里河(Missouri R.)上流住在之達科太人(Dakotas)，也有類似圖騰制的組織。西北部沿居阿拉斯加(Alaska)灣南岸之德林克特族(Thlinkets)，酋長住所，概有奇異的圖騰柱。威爾士太子島(Pr. of Wales I.)及沙羅德后島(Queen Charlotte I.)上之海達族(Haidas)，慣以大烏鴉爲祖先。英屬哥崙比亞(British Columbia)南部之薩里斯族(Salish)，又阿拉斯加灣以南與英屬哥崙比亞間居住的丁尼斯族(Tinnehs)，再北部之愛斯基摩(Eskimo)人的紋身，家室用具之裝飾，均爲圖騰制的表現。(註一四)

南美的圖騰制較少，哥伊拉半島(Goajira Peninsula)上的哥伊羅印地安族(Goajiros

Indians)的社會中，微有圖騰的痕跡。英屬圭亞那(British Guiana)區域內之阿拉華克族(Arawaks)其部族名稱多帶自然物的意義。如加魯夫阿(Karuafoua)爲草原地，翁尼雪那(Onishena)爲雨或水，高阿奴(Koiarno)爲鹿，約波達那(Yobotana)爲黑猩猩等。(註一五)巴西印地安人(Brazil Indians)的部族，也同樣以動植物命名。所謂阿那那斯(Ananas)，卽鳳梨樹，佛里勞伊拉(Prirauira)卽魚嘴，派沙(Pisa)爲網、加拉帕那(Carapana)爲蚊，伊比加斯(Ipicas)爲鴨等，均爲圖騰事實。

澳洲土人的社會組織，一般據爲圖騰制的研究對象。如涂爾幹等於圖騰制的解釋，就全根據出現於澳洲土人社會中的事實。概觀澳洲各部族，全都具有圖騰習俗。維林古拉(Wilingura)族，把動物當做祖先看待，住在散的大沙漠(Sandy Desert)之西的哇爾巴里族(Walparis)，舉行圖騰儀式也多。中部阿麗斯·斯伯令斯(Alice Springs)一帶的阿龍泰(Arunta)人部族間，以動物爲圖騰的達數百種。佛來則所統計澳洲的七百四十個圖騰部族，屬動物者六百四十八之事實，卽指此地。南部的華拉孟加族(Waramunga)，據斯本塞及基倫的記述，關於大蛇的圖騰儀式甚多。(註一六)散佈新南威爾斯(New South Wales)區域內之汪郎明(Wonghibon)維拉求里(Wiradjuri)等族圖騰信仰尤甚，而維多利亞(Victoria)極南端之古拉狄傑馬拉人(Gourn-ditch-Mara)更有「分族」的組織。更南塔斯馬尼亞島(Tasmania I.)土人則以狗為其祖先，雕刻狗像以崇奉之。

太平洋中諸島嶼土人的社會組織，均採取進步的圖騰制的形式。新西蘭(New Zealand)之毛里人(Maoris)的圖騰習俗甚多。美拉尼西亞(Melanesia)屬如新幾內亞(New Guinea)之巴布亞人(Papoues)，也以動植物為圖騰。新喀里多尼亞(New Caledonia)之喀拿克族(Canaques)，新赫布里底羣島(New Hebrides)及所羅門羣島(Solomon Is.)土人的社會組織，均與澳洲人的相類似。斐濟羣島(Fiji Is.)上的圖騰痕跡也多得見。玻里尼西亞(Polynesia)屬內三毛亞羣島(Samoa Is.)及馬奎斯羣島(Marquesas Is.)土人的圖騰禁忌尤嚴。(註一七)

散佈日本北部的蝦夷人(Ainu)的社會組織，雖不能認為完全的圖騰制，但日常生活大部分仍遵守圖騰的遺習。據灰野庄平的調查，發見蝦夷人的禁忌也與各地圖騰民族同樣，可分為人類禁忌，姻戚禁忌，食物禁忌等。而酋長又爲禁忌的對象，成員對他均有畏怖之心。又舉行外婚制，避免血族結婚，相信犯者將被神處以死刑。食物禁忌，據氏所云：

「由其崇拜鷲及蛇的習慣看來，可知其有不能殺食鷲蛇的無文規律。」（註一八）

同時，據金田一京助的研究，蝦夷人所祀的神，均信其爲動物的化身，復有神話藉以解釋。蝦夷人神字之音爲「哥牟伊」(kamui)就含鳥獸的意義，尤相信鳥獸原爲神出現於人間所借用之姿態；熊神、狐神、鳥神、雀神而至於魚、鯨、海豚、海馬等在神國時也有與人類同樣的生活。這與圖騰崇拜顯然有關。最足表現蝦夷人社會組織有圖騰主義原意者，即所有的村神名爲「哥單」(kotan)，「哥羅」(koro)，「哥牟伊」的，是爲村之領有者，其神的姿態爲大梟。蝦夷人每入森林，聽到大梟的叫聲，無不畏懼之。（註一九）

臺灣番族的社會有很清楚的組織系統，每族分爲若干社，有頭目世襲承繼。派宛族(Paiwan)中，每家復有家名，且有氏族之別。家名常帶自然物之義，小原鐵謂其近於圖騰的組織。（註二〇）阿眉族(Ami)的家族名稱，具體地負帶動植物意義的有：巴止達魯(Pachitaru)即太陽，拉魯格斯

(Rarugusu)爲草。此外，加姆拉拉（Camrarai）爲蟬，伯巴特魯(Puptal)爲貍之類。

蕃族尚有拜蛇的習俗，其源當出自圖騰制，據林惠祥的記述：

『番族有以祖先死後靈魂轉入動物者，又有謂其族之起源係誕自動物者，由此而發生動物崇拜。如派宛族對於一種毒蛇之崇拜，卽如是。其蛇屬管牙類之響尾蛇科，學名爲 Trimeros-uriis Linkianns Hilgd，臺灣人稱之爲龜殼花，爲臺灣最毒之蛇。臺灣府志云「有文龜殼，嚙人最毒。」蓋其盤旋棲息時，身上之紋適合成龜殼形也。派宛族之一支查里先（Tsarisen），稱爲卡馬華蘭（Kamavanan）；派宛本族稱爲扶侖（Vurun）。咸加以極敬虔之崇拜，不敢殺害，甚或於酋長之家室中特備一小房，以爲其巢穴，屋飾器物，常雕蛇形，其初蓋全由於敬虔之念。其崇拜之故，有神話說明之。』（註二）

琉球土人的圖騰習俗，可由其紋身得見。皇清職貢圖：

『琉球國人多深目長鼻。男服耕作，營海利。土人結髻於右，漢種結髻於中……婦推髻，以墨鯨，爲花草鳥獸形……』

他如中國南部之苗、蠻、猺，黎等民族，尚多少地保留圖騰的遺習。又以下我們論述圖騰藝術時，涉及的各地民族，多不及計。藝術既爲人類經濟生活的反映，產生了圖騰藝術的民族的社會關係之建立於圖騰制基礎之上，不問可知了。

（註一）西村眞次：世界古代文化史一六一頁。

（註二）A. Moret: La Royauté dans L'Egypte Primitive: Totem et Pharaon.

（註三）小林秀雄：希臘古代文化史一〇四頁。

（註四）J. G. Frazer: Totemism and Exogamy Vol. 1. p. 95.

（註五）鄭振鐸譯：M. R. Cox：民俗學淺說九九頁。

（註六）江紹原譯：A. B. Wright：英吉利謠俗及謠俗學一一〇頁。

（註七）J. L. Gomme: Folklore as an Historical Science pp. 289, 296.

（註八）李璜譯述：M. M. Granet：古中國的跳舞與神祕故事六五頁。

（註九）井上芳郎：支那古代之帝王及氏族神一四頁—二四頁。

（註一〇）西村眞次：日本古代社會三三一頁。

（註一一）A. A. Goldenweiser: Early Civilization pp. 285-286.

（註一二）J. G. Frazer: Totemism and Exogamy Vol. 2. p. 636.

（註一三）L. H. Morgan: League Iroquis pp. 78, 83.

（註一四）A. A. Goldenweiser: Early Civilization pp. 283, 284.

又 J. G. Frazer: Totemism and Exogamy Vol. 4. p. 12.

（註一五）J. G. Frazer: Totemism and Exogamy Vol. 3. pp. 566, 567.

（註一六）B. Spencer and F. J. Gillen: Across Australia Vol. 2. p. 396.

（註一七）J. G. Frazer: Totemism and Exogamy Vol. 4. p. 11.

（註一八）灰野庄平：大日本演劇史一四八頁。

（按氏爲考察蝦夷人的原始歌舞而渡北海道調查，所著演劇史第一編第四章蝦夷之生活，卽其報告。）

（註一九）金田一京助：蝦夷文學一三頁，七三頁。

（註二〇）小原鐵：臺灣土俗志三二頁，一一六頁。

（註二一）林惠祥：臺灣番族之原始文化二五，二六頁。

（國立中央研究院社會科學研究所專刊第三號）

第三章　圖騰的文學

圖騰民族的文學，完全不屬於文字的描寫，而採取語言的表達，互相傳播，廣佈於集團之間。澳洲阿龍泰人各部族的入社式長老恆負有給新成員敍述其部族起源及圖騰祖先的歷史神話的任務。舉行『陰特邱摩』(Intichiuma)式之際成員也自以歌聲傳述圖騰的故事及圖騰的形態。我們所謂圖騰的文學，就不外等此神話傳說了。

圖騰民族的神話傳說，充分地表現原始人類集團的獵狩採集的經濟生產狀態。原始人類，由於經濟活動的現實事物的刺激，遂引起動植物結合於人類本身的生產意識化，表露於神話傳說之中，故各地圖騰民族的天地開闢的傳說，一致地屬於創造型(The creative type)，以動植物爲其創造者，或其構成與動植物有關。北美太平洋西北岸的印地安人的銀狐創造世界之傳說，卽屬其例，大意如下：

「世界開始地上為汪洋大海，長尾猨及銀狐住天上。銀狐屢欲創造各種東西，都遭長尾猨的反對。一天猨外出，銀狐取矢鑿開天層，探看地上的海水。翌日其矢從鑿開的穴洞墜落海底，銀狐隨之而下，於水面上造一小島。猨歸看到狐坐島上，要求銀狐給它一道下到地面，銀狐取矢射向天上，猨隨之而下。但銀狐造成的島很少，二人幾乎住不下來。於是銀狐復將足用力一蹈，島就變大起來，最初蹈東方，次而北西南，繼續了五日夜的工夫，島就變為今日所見的那樣大。世界創造好了後，銀狐又創造人類、動物、樹木、泉水等……」（註一）

很顯明地，相傳以銀狐為世界的創造者了。德林克特人的傳說，查羅德后（Queen Charotte Islands）等小島的形狀，也與比目魚有關。即：德林克特一漁人捕獲一尾小比目魚，置於獨木舟中而歸家，比目魚搖動尾部，可把它的身體變大變小。夜間忽又變為一隻精靈，搖尾鼓動地面，大地遂裂開為今日沙羅德后諸島。（註二）阿德美拉爾地（Admiralty）羣島土人也云陸地為蛇所造，其傳說是：以前的世界只是白茫茫的大海，海中住着一尾大蛇。蛇想到如果沒有陸地，就非永遠不息地游泳不可了。它立即喊叫海底的岩石浮出水面，造成今日的島地。（註三）這都是圖騰意識的表現。

然而特別負有圖騰用意的，卻爲由天地開闢的傳說分化而來的圖騰部族起源的歷史神話。無論任何圖騰部族，都相信其部族與圖騰動植物有密切的血緣關係，或直接承認爲部族的祖先，各自具有精細的系統。此等神話傳說，反作用於集團間的力量頗大。傳說既都對於圖騰動植物的崇拜，作具體的解釋，集團中成員的信仰，得賴此以完整其一貫的系統，益足鞏固其下層經濟單位的組織。復次圖騰神話又刻意於勸戒成員遵守集團中的「禁忌」之描寫，且由長老於入社式時，向新成員作嚴重的申述，使集團成員之遵守「禁忌」的意識深度化，由此達到保存食物繁殖之效能。圖騰神話傳說之於社會進化史過程上，實具有這樣特殊的任務。

其解釋圖騰部族祖先崇拜的傳說，約有二典型：

(A)某種動植物化身而爲部族之祖先。

(B)人與某種動植物交而生其部族。

圖騰民族之以動植物變化而爲其部族祖先的傳說，北美印地安各部族中發見最多。朱克都人(Choctaws)的蝲蛄部族，相傳他們的祖先爲蝲蛄化身，大意是：

「蝲蛄原產生地下，住於洞穴之中，有時也掘開泥土而出現於地面。有一次，朱克部人取煊火驅逐它們逃出洞外，朱克部人捉了它們回來，給它們很好的待遇。教它們學朱克部語，教它們取雙脚跑路，切斷了它們的足趾與爪，拔去身上的毛。其後這些蝲蛄就爲朱克部族的承嗣者。其他的蝲蛄仍然存活在地下爲蝲蛄。」（註四）

易洛魁屬於熊與狼部族的人都承認自身爲熊與狼變化而來的後裔，奥日貝人卻以狗變化而爲其族之祖先。屬於鶴部族的人，又相傳一雙鶴鳥飛到蘇必利爾湖（Superior L.）急流的地方，變形爲男女而生其族。阿瑪哈人（Omahas）的野牛部族，則云水牛出水面化身而爲其族之祖先。荷薩吉人（Osages）的部族起源，有云蝸牛之雄者破殼進化爲有臂、手、足與腿的男子，與海貍結婚，產生荷薩吉人部族。加利福尼亞印地安人的傳說也同爲：

「神話中的野狼，爲其族人的祖先。野狼初時用四脚跑路，後來開始產生人類身體上的東西，如一手指，一指甲，一隻眼睛等。不久又變爲二隻手指，二個指甲，從此逐漸變爲完全的人類。又脫掉了尾巴，學會了直坐的習慣。」（註五）

這都是圖騰民族的部族起源的神話傳說。新不列顛島(New Britain I.)土人同此典型的傳說，雖較複雜，本質上，還不失圖騰神話的原態云：

『特·加比那內(Te Capa-nanai)與特·加魯維維(Te Karewhiwhia)夜間出海投網，撈得一棵黍樹，拿回植於地上。長大之後，一天裂開而產一女子。他們二人發見了她，就強與她結婚，成為島人的始祖。』(註六)

澳洲維多利亞的圖騰民族，也相信最初的人類，是從橡皮樹的枝與瘤節所變成。(註七)新南威爾斯土人也以其祖先為野鵝蛋孵化而生。太平洋羣島的土人的圖騰傳說，更具有極美麗的文學特質。紋尼哥羅島(Vanikolo I.)人的社會中，據李維士(W. H. R. Rivers)所說，圖騰神話，至為豐富，各部族均以自身為其圖騰變化而來的後代。如魚部族的人相信自己來自魚，水部族的人來自水，其他火、草等圖騰的人也各有同樣的傳說。(註八)伊利斯島(Ellice I.)土人也相信島上最初的住民為獴豬，它的子孫變化而為人類。西里伯島(Celebes I.)人也云水泡凝固為卵，感受陽光的溫暖，孵化為一男子與一美女結婚，產生兒女，是為人類的祖先。此外，臺灣蕃族，每一蕃社，必有他們祖先起源的歷史傳說，鳥蛇化身而爲其社祖者甚多。萬大社的傳說云：

『古代臺灣北部山中有周比(Chibe)，鳥棲息於河畔，欲渡河的對岸時有一烏鴉飛入水中，周比繼之而泳，中途烏鴉溺斃，周比獨得生渡。然而再欲返回原岸時，已無烏鴉作伴了。周比忽然變形爲一男一女，產生子孫，繁殖而成一族。凡屬周比烏所生的子孫，今日繼續着的都名曰萬大社。』(註九)

後漢書所言夜郎以竹爲姓，其部族祖先傳說，也爲同一典型的圖騰傳說。西南夷傳云：

『夜郎者，初有女子浣於遯水，有三節大竹流入足間，聞其中有號聲，剖竹視之，得一男兒，歸而養之。及長，有才武，自立爲夜郎侯，以竹爲姓。武帝元鼎六年，平西南夷，爲牂牁郡，夜郎侯迎降，天子賜其王印綬，後遂殺之……今夜郎縣有竹王三郎神是也。』

其次，以人與動植物交而生圖騰部族的傳說，北美非洲各圖騰民族間，發見尤多。德林克特人謂其族來自人與熊的交合。柏柏人也自云祖先與鰐魚結婚，由是而子孫蕃衍。北美的人蛇結婚，人熊夫婦型的傳說，更爲多見。海達人(Haidas)的部族起源傳說爲：大烏鴉酋長從海濱拾得一隻海貝，與它結了婚，海貝產生一雌海貝，酋長又娶她爲妻。從此產生了印地安人（註一〇）阿拉斯加一帶的蕭克士族（Sitcas）同樣相信他們的祖先蕭克士與雌熊結婚而生其族云。

「以前，蕭克士入山，遇一隻雄熊，蕭克士爲熊所捕，抱入熊穴。穴中的雌熊不特不傷害他，且把他隱匿起來，避免雄熊的噬害。後來蕭克士與雌熊結婚，產生許多男孩子。久之，蕭克士懷念家中的愛妻，雌熊允他回家一行，約定卽日歸洞。蕭克士歸家，恢復了人間的生活，忘記了雌熊。過了幾天，雌熊跑到蕭克士的家，咬死蕭克士夫婦，獨自歸了洞穴，養育她與蕭克士所生的孩子。雌熊就成爲今日蕭克士一族人的祖先。」（註一一）

阿止符常人也有傳說他們爲名曰獺心（Otter-Heart）者所生之子孫。非洲圖騰民族，關於此典型的傳說，間有以動物變身爲美女而後與人類結合。佛來則曾說天鵝處女美女野獸等型的民間故事，或淵源於此。（註一二）如西非黃金海岸（Gold Coast）伯拉河（Prah R.）口，查馬市(Chama)的青花魚族（Horse-Mackerel）的人，卽傳說其祖先與青花魚人結婚而生一族。阿比族(Appei) 之起源的傳說，也是：

「有一人名印撒那(Insanna)者，夜間外出打漁，獲一尾 Appei 類的魚而歸，印仙那將要把它殺掉時，魚道：「請不要殺我，我將為你的妻子，你就是我的丈夫。」Appei 魚不久變為一個美麗的少婦。他們以後產生子孫，今日的阿比族即為其後裔。」(註一三)

婆羅洲(Borneans)人同典型的傳說中，更含有勸戒成員遵守「禁忌」之意，云：

「一老人外出打漁，得魚(puttin)一尾，置於船中，忽變為美麗的女孩。老人想到她長大起來，可以配給他的兒子為妻子，就帶她歸家，教養她成人。她也同意與老人的兒子成為夫婦，但她忠告她的丈夫，不許給她虐待。結婚之後，他打了她，她認為違約，逃入水中。僅留下她的女兒，這個女兒，就是婆羅洲人最初的母親。」(註一四)

佛來則尚引述維希(G. Viehe)所記希利羅人(Herero)太陽部族與雨部族的起源傳說，其中雖無顯明的描寫，而實質上仍不出人與圖騰交合的一型。即說：有姊妹二人，她們的叔父亡逝了。一說要等下雨纔舉行葬式，因為氣候很熱，另一人則不怕太陽的熱燄而出去舉行葬式。因此，前一人被稱為與雨有夫婦的關係(Omukuen-ombura)；後者被稱為與太陽有夫婦的關係(Omu-

，kuejwva)從此產生了雨與太陽兩部族。(註一五)西非圖騰諸部族之獵人與美女動物結婚的傳說也多，栗鼠美女的故事被特拉(Duala)人作極精細之描寫，梗概如下：

「一獵人獲一栗鼠，取之歸家，其妻懸之於竈邊。不久，獵人之妻忽逝，栗鼠變身爲一婦人，代獵人料理爨事，事畢，復歸栗鼠形。獵人返，栗鼠又急變爲婦人，被獵人所發見。乃對之曰：「畜獸！汝取人形出現於我前，我已知之。惟我不欲汝再變獸類；我愛汝，從今起汝爲我妻。」栗鼠曰：「但我有一條件，從此汝勿稱我爲獸，蓋我已人類矣。若應允則可成夫婦。」於是獵人與栗鼠結婚，卽今所見之栗鼠家族也。」(註一六)

屬於此典型的圖騰傳說，也可尋於古代諸民族的神話中。如希臘人相傳婦人姙娠，不與性交有關，而以附着魔術之水向婦人的身上淋灑，便可懷孕。埃及之鷹人相交的神話尤爲衆所稱道。且古代埃及人尚相信皇后必與神鷹交合，始能產生第二代的王子。部族中又有一定的節日，選出婦女與鷹鳥結合。克里特人(Cretans)也同樣有雄牛與婦女交合可使部族成員繁殖的傳說。(註一七)中國上代諸民族的起源傳說，如商族的玄鳥，尤類似德林克特人的雷鳥故事，詩商頌云：

「天命玄鳥，降而生商。」

竹書紀年，卷上殷商成湯條：

「……初高辛氏之世，妃曰簡狄，以春分玄鳥至之日，從帝祀郊禖，與其妹浴於玄丘之上。有玄鳥銜卵而墜之，五色甚好，二人競取，覆之以二筐。簡狄先得而呑之，遂孕。胸剖而生契。長爲堯司徒，成功於民，受封商……」

可知商族初期，當有圖騰的體制無疑。至湯，商族社會組織早已轉爲民族制，而圖騰傳說仍被保留。可作圖騰信仰的一切特徵，是爲氏族制的祖先信仰的淵源之一證。

史書所附邊裔各族的祖先歷史傳說，類此典型的甚多。約略舉之：

後漢書、南蠻傳：

「昔高辛氏有犬戎之寇，帝患其侵暴，而征伐不能尅，乃訪募天下有能得犬戎之將吳將軍頭者，購黃金千鎰，邑萬家，又妻以少女。時帝有畜狗，其毛五彩，名曰槃瓠。下令之後，槃瓠遂銜人頭造闕下。羣臣怪而診之，乃吳將軍首也。帝大喜，而計槃瓠不可妻之以女，又無封爵之道，議欲有報而未知所宜。女聞之，以爲帝皇下令，不可違信，因請行。帝不得已，乃以女配槃瓠。槃瓠得女，負而走入南山，止石室中。所處險絕，人跡不至。於是女解去衣裳，爲僕鑒之結，著獨力之衣……經三年，生子一十二人，六男六女。槃瓠死後，因自相夫妻。織績木皮，染以草實，好五色衣服，製裁皆有尾形。其母後歸，以狀白帝，於是使迎致諸子。衣裳斑闌，語言侏離，好入山壑，不樂平曠。帝順其意，賜以名山廣澤。其後滋蔓，號曰蠻夷。』

隋書突厥傳：

『……其國失於西海之上，爲鄰國所滅。男女無少長，盡殺之。至一兒不忍殺，刖足斷臂，棄於大澤中。有一牝狼每啣肉至其所，此兒因食之，得以不死。其後遂與狼交，狼有孕焉。彼鄰國者，復令人殺此兒，而狼在其側。使者將殺之，其狼若爲神所憑，歘然至海東，止於山上。其山在高昌西北，下有洞穴。狼入其中，遇得平壤茂草，地方二百餘里。其後狼生十男。其一姓阿史那氏，最賢，遂爲君長。故牙門建狼頭纛，示不忘本也。』

後漢書、西南夷傳：

「哀牢者其先有婦人名沙壹，居於牢山。嘗捕魚水中，觸沈木若有感，因懷姙。十月，產子男十人。後沈木化爲龍出水上，沙壹忽聞龍語曰「若爲我生子今悉何在，？」九子見龍驚走，獨小子不能去，背龍而坐。龍因舐之……及後長大，諸兄以九隆爲父所舐而黠，遂推以爲王。後牢山下有一夫一婦，復生十女子。九隆兄弟皆娶以爲妻，後漸相滋長……」

魏志、高車國：

「高車蓋古赤狄之餘種也……俗云匈奴單于生二女，姿容甚美，國人皆以爲神。單于曰：「吾有此女，安可配人，？將以與天。」乃於國北無人之地築高臺，置二女其上，曰：「請天自迎之。」經三年，其母欲迎之，單于曰「不可，未徹之間耳。」復一年，乃有一老狼晝夜守臺嗥呼，因穿臺下爲空穴，經時不去。其小女曰：「吾父處我於此，欲以與天，而今狼來，或是神物，天使之然。」將下就之。其姊大驚，曰「此是畜生，無乃辱父母也。」妹不從，下爲狼妻而產子。後遂滋繁成國。故其人好引聲長歌，似狼嗥。」

後漢書、東夷傳：

『夫餘國，在玄菟北千里。南與高勾驪，東與挹婁，西與鮮卑接，北有弱水。地方二千里，本濊地也。初北夷索離國王出行，其侍兒於後姙身王還欲殺之。侍兒曰：「前見天上有氣，大如雞子來降我，因以有身。」王囚之。後遂生男王令置於豕牢，豕以口氣噓之不死；復徙於馬欄，馬亦如之。王以爲異，乃聽母收養名曰東明。東明長而善射。王忌其猛，復欲殺之。東明奔走南至掩淲水，以弓擊水。魚鼈皆聚浮水上，東明乘之得渡。因至夫餘而王之焉。』

圖騰民族於圖騰『太布』之遵守，除傳說其爲部族祖先一理由外，尙有以下二典型的神話傳說，藉以解釋禁止殺害神聖的動植物之規定。卽：

(A)某種動植物有功於部族。

(B)某種動植物爲部族中的成員。

前者多相信神聖的動植物爲從災難中救助其部族祖先的恩人。非洲芳特斯人(Fantees)的圖騰部族的鸚鵡傳說云：

『作爲芳特斯人部族祖先的一婦人，出嫁遠地。一日重歸故里，途中遇強者欲殺之。時適有一鷓鴣放聲叫喊，強者以爲救助她的人至，乃放過了她。婦人感鷓鴣救命之恩，對鷓鴣極爲崇敬。從此形成了頻特斯人崇拜鷓鴣的習俗」（註一八）

烈特（Liti），摩阿（Moa），勒可（Lakor）諸島土人之尊敬鯊魚且禁食其肉，也因爲鯊魚過去曾救助他們的祖先於海中。（註一九）斐濟島上的禁忌，每種都具有解釋其所以的傳說。朝鮮人的大鼈傳說也同此型，附書高勾麗傳：

「高勾麗之先出自夫餘，夫餘王嘗得河伯女，因閉於室內，爲日光隨而照之，感而遂孕，生一大卵，有一男子破殼而出，名曰朱蒙。夫餘之臣以朱蒙非人所生，咸請殺之，王不聽。及壯，因從獵，所獲居多，又請殺之。其母以告朱蒙，朱蒙棄夫餘東南走，遇一大水，深不可越。朱蒙曰：「我是河伯外孫，日之子也，今有難而追兵且及，如何得渡？」於是魚鼈積而成橋，朱蒙遂渡，追騎不得濟而還。朱蒙建國，自號高勾麗。」

貴州花苗也以鷹爲神鳥，傳說也頗似其型，即：

「太古的時候，兄妹二人，結爲夫婦，生一樹，樹又生桃，楊等，因其種類殊異而附以不同的姓名。如桃樹姓桃名 Chê Lá 楊樹姓楊名 Gai Yang。桃楊等後分爲九族，互爲夫婦，遂滋蔓成今日的苗族。九族的祖先卽：Mungá Chántai, Mun Bān（青苗）Mun Lō（黑苗）Mun Lai（紅苗）Mun Lái（白苗）Mun Ahália, Mnian, Mun Anjū 各分住於二山之上，二山之間隔着一個大洞穴，其後全族盡陷入洞穴之中。時有一鷹(Lan palè)從天上飛來救出他們，苗族從此得以散佈四方。苗族根據了以上的理由，崇拜鷹爲神鳥，以謝其恩。」（註二〇）

又有以其神聖動物爲部族人生活必需品之發見者，供給者，或成爲部族中行巫之醫生。北美井美辛(Tsimshians)人熊部族的圖騰記號起源的傳說，就有熊助其部族取獲食物之意。據波亞斯(Boas)所記：

「一個印地安人出獵山羊，遇一黑熊，獵人被熊帶返熊洞。熊教他捉鮭魚及造獨木舟的方法。獵人住了兩年，變爲熊的樣子，復歸故里。村人都畏而遠之，惟一人勇敢，帶他回家，取魔術草藥擦他，使他恢復人的形狀。從此之後，他每外出獵狩，他的熊朋友便來幫助他。就是河水結冰的冬季，他也能捉到鮭魚。他因此自建一屋宇，繪熊形於前面，……」（註二一）

澳洲人的袋鼠，華拉孟加人的大蛇，北美阿拉斯加土人的雷鳥的傳說，也同以其動物於部族有特殊的貢獻他們關於雷鳥傳說：

「以前印地安人沒有固定的住所，後有智者發明了建屋的辦法。先豎立了許多柱子，最後要把一枝長八十餘尺的樑架於其上，衆人都苦沒辦法。天上的雌雷鳥知道了，就用她那大而且曲的嘴鈎啣着樑子，架到柱子上面，美麗的屋宇賴以完成。」（註二二）

新西蘭人敬鳥，相傳鳥的卵裂開爲獨木舟，鳥人的祖先，乘之得渡新西蘭島地。（註二三）易洛魁人敬蛇，也云蛇有魔力，治癒部族中的病人。屬於此類的圖騰傳說至多。

再以某種動植物爲部族中的成員之傳說，內容都置於人類與動植物有血緣關係的基礎之上。南澳洲各圖騰部族，一概承認圖騰動物爲具有人的性質的親屬，如父親、兄弟等等。有人殺害了它，土人必質問道：「你爲什麼殺死一個人？」或：「何故殺死我們的父親或兄弟？」北美荷薩吉人視殺害一隻熊如殺害其部族的成員同樣。祕魯印地安人（Perunian Indians）也以魚類爲其兄弟，不能加以殺害。（註二四）婆羅洲戴雅克（Dyak）人則傳說鳥爲酋長之妻，而須崇敬鳥類者，其故事爲：

『一個名叫做西酉（Siu）的酋長，與一位美麗的女子結婚，她爲鳥的變形，酋長概不知道。結婚之前，她對他提出一個條件，永不可殺害鳥類，或捕鳥置於手中，否則，她就不能與他成爲夫婦。他們結婚後，酋長一天忘記了這個規約，捕拿鳥類且打了它。他的妻子立卽一去不返了。酋長與他的兒子出家找尋她，終於在靈魂世界的支配者之家中看到她，但她已再不能與酋長回家。酋長離開她之前，靈魂世界的支配者便教他們以後要恭敬神聖的鳥類。』（註二五）

這個故事尙含有勸戒的用意。海達人（Haidas）又以大烏鴉與酋長的身份，連結爲不可分離的狀態。他們的傳說，大烏鴉部族的第一代酋長爲大烏鴉所化身，傳說的梗概如下：

『以前海面浮現一大鯨，張口呼吸空氣，繞飛空中的一隻烏鴉錯入鯨魚的口中，烏鴉智能十足，旋將鯨魚擊斃於海岸。附近的土人發見鯨魚屍骸的腹中有烏鴉的歌聲，極爲驚異，遂剖開鯨腹，大烏鴉飛了出來。村人稱讚它制勝鯨魚的勇敢，共同推它爲族中的酋長。大烏鴉自此變形爲人了。』（註二六）

印地安人尚有戰士變蛇的傳說，故於蛇均不敢傷害。即：

『二十個印地安戰士，從戰場歸家。途中殺一大蛇而食其肉。食蛇肉者都變爲蛇，惟一人不食，得仍存人類的原形，蛇們對他卻很親密。教他以魔術與呪文，後來請他用布包它們到山上，並約期夏季，它們就會重歸故里。期至，蛇們果然來了，那個戰士知道蛇們就是他們的同族兄弟所化身，告知了村人。村人抱着它們的身體，撫慰一回。蛇們又教村人以魔術。冬天到了，蛇們又他去。』（註二七）

由於此等神話傳說的束縛，圖騰民族的成員，對於圖騰『太布』的遵守，益加嚴密了。此外，圖騰民族之一切習俗，也各有傳說存在其間，如圖騰柱的來源，入社式，死葬式的起源何故而紋身，毀齒等神話傳播的地域頗廣。

（註一）松村武雄：神話傳說大系第十六卷五頁至八頁。

（註二）R. M. Fleming: Stories from the Early World p. 57.

（註三）松村武雄：神話傳說大系第十八卷二一七頁。

（註四）G. Catlin: Letters and Notes on the Manners Customs, and Condition of the North

American Indians Vol. 2. p. 128.

（註五）J. G. Frazer: Totemism and Exogamy Vol. 1. p. 6.

（註六）松村武雄神話傳說大系第十八卷二四五頁至二四六頁。

（註七）Gray, Louis Herbert ed: Mythology of all Races Vol. 9. p. 272.

（註八）W. H. R. Rivers: Totemism in Polynesia and Melanesia (Journal of the Royal Anth. Inst. Vol. 39. p. 166.)

（註九）中村亮平臺灣神話傳說集五五〇頁。

（註一〇）F. Poole: Queen Charlotte Islands. p. 136.

（註一一）宮武辰夫阿拉斯加所見原始藝術十九頁至二十頁。

（註一二）J. G. Frazer: Totemism and Exogamy Vol. 2. p. 570.

（註一三）A. B. Ellis: The Tshi-Speaking People of the Gold Coast pp. 207, 208.

（註一四）The Bishop of Labuan: Wild Tribes of Borne.(Transations of the Ethnological Societ of London Vol. 2. p. 26.)

（註一五）J. G. Frazer: Totemism and Exogamy Vol. 2. p. 361.

（註一六）J. G. Frazer: Totemism and Exogamy Vol. 2. p. 568.

（註一七）胡愈之譯 M. Besson 圖騰主義六十九頁又七十一頁。

（註一八）A. Ffoulkes: The Fanti family System. (Journal of the African Society Vol. 7. No. 28. p. 397)

（註一九）J. G. Frazer: Totemism and Exogamy Vol. 1. p. 8.

（註二〇）鳥居龍藏：苗族調查報告（東京帝國大學理學部人類學教室報告第二編。四三頁至四四頁。）

（註二一）F. Boas: Fifth Report of the Committe on the North Western Tribes of Canada. p. 24

（註二二）宮武辰夫：阿拉斯加所見原始藝術二二六頁。

（註二三）J. S. Polack: Manners and Customs of the New Zealand Vol. 1. p. 17.

（註二四）J. G. Frazer: Totemism and Exogamy Vol. 4. p. 174.

（註二五）Rev. E. H. Gomes: Two. Dyak Legend. (Journal of the Straits Branch of the Royal Asiatic Society No. 41. pp. 12-28)

（註二六）宮武辰夫：阿拉斯加所見原始藝術七十頁。

（註二七）松村武雄：神話傳說大系第十六卷三二三頁至三二五頁。

第四章　圖騰的裝飾

圖騰集團的組織，完全建築於平等勞動的原則之上，成員的日常服飾，住所裝飾，用具樣式，也作劃一的表現；卽以模倣圖騰動物爲目的的施行『圖騰同樣化』(Assimilation of Totem)。正如佛來則所云：

『圖騰部族的成員，爲使其自身受到圖騰的保護，就有同化自己於圖騰的習慣，或穿着圖騰動物的皮毛或其他部分，或辮結毛髮，割傷身體，使其類似圖騰，或取切痕，黥紋，塗色的方法，描寫圖騰於身體之上。北美印地安人的身體，每有描寫動物的圖象，（如野牛、海豹、龜、蛙、鳥之類。）此種精神狀態的表現，正可以圖騰信仰解釋之。』（註一）

住所屋宇，武器用具，也取圖畫雕刻描寫圖騰記號於其上，形成一種特殊的藝術活動。茲分三項略述，卽：

（一）固定的身體裝飾——紋身、結髮等。

（二）不固定的身體裝飾——衣物、化裝等。

（三）一般裝飾——住所、舟車、用具等。

圖騰民族的固定身體裝飾最普遍而顯示圖騰意義最深濃的，當屬身體瘢痕（Body Marking）。含伯利（W. D. Hambly）別身體瘢痕為三類，即塗色（Painting），切痕（Scarifying）黥紋（Tattooing）。據氏的研究，三類中塗色的淵源最遠，次為切痕，黥紋最後。（註二）

身體塗色，澳洲圖騰民族至為普遍，或用單一色彩遍塗週身，或取複彩描寫圖騰的圖形。後者慣作象徵的描寫，或作動物某一部分以代表其全體。南澳斯本塞灣一帶之伯尼開阿人（Parnkaeea）的入社式，袋鼠部族的人背上繪着三個圓圈，兩臂間又各作二小圓，代表袋鼠的眼睜，下端有一圓象徵袋鼠的嘴。餘用幾何紋樣。阿龍泰人舉行圖騰儀式之際，各圖騰部族的青年都取紅黃色的泥土或石膏，正確地描寫自己的圖騰記號（即 Ilkinia）於背上，有太陽紋樣、水紋樣，對稱地排列着無限的線條，綜錯複雜，尤多費解。（註三）華拉孟加人的『伏龍魁』（Wallunqua）蛇節，跳舞者也用色彩塗身象徵大蛇。北美印地安人所繪動物形象，較爲明顯，入社式之外，跳舞集會，生老死葬諸儀式也作身體塗色。英屬哥崙比亞一帶土人，常於臉顏繪描動物形象，酋長的身體上，尤須具有代表其圖騰的彩畫。摩魁斯(Moquis)的競走跳舞集會，部族成員各顏其圖騰記號於胸部、背部，以資標識。野牛部族的人，臉部與胸部，都繪野牛頭。（註四）海達人的臉部，同樣的各自塗上圖騰的記號，據波亞斯(Boas)所述顏料爲黑、紅、綠及青色混以脂膏，有極自然地用紅黑二色描寫魚形於臉上者，魚的頭部直向額間，尾端伸於其頰，其餘部分作於額與頰之間。復有繪黑色殺人鯨於右眉間，左眉上作一紅色鯨魚。又在其顏臉之右邊，以紅黑二色繪一鮭魚形，或在前額描寫紅黑色的章魚形象。其他繪太陽月亮，黃昏的天空及雲等象者也有之。（註五）德林克特人各部族成員，也描寫其圖騰記號。慣用紅、藍、黃、青顏色，取線條，點子，或粗塗，造爲下列諸形象：即烏鴉翼、烏鴉足跡、鵝頭、鯨頸、鯨尾、狼嘴、鼠足、熊爪、熊的足跡、熊血、海豹、蛞蝓、太陽、星、山巖石、雲、海波、冰塊、獨木舟等。或以動物、魚、鳥類的實象，繪滿臉部。例如：殺人鯨、海豚、鮭魚、黑海鰲、鵝、鵠、善知鳥之類。（註六）

出戰的時候，也有塗色的施行，北美荷薩吉族，分爲和平(Chee-Zhoo)與戰爭(Hang-ka)二部分戰爭之際，屬於和平部分的人，用左手持紅泥，塗於左頰；屬於戰爭部分的人，用黑炭塗右頰。

（註七）據荷金孫（Hodgkinson）的報告：澳洲馬克來河（Macleay R.）兩畔的土人，戰鬪時，一方面隊伍中的人，以紅色作紋樣於身體上，其用意除區別友敵外，也有藉圖騰的圖象附着之力爲鬪爭的護符。

切痕，卽用刀切開皮膚，敷痊後，使顯露出傷痕爲目的，也與圖騰有關，惟所代表的意義，非同一圖騰部族的人，不可了解。澳洲圖騰民族的切痕，多施於胸、腹、背三部分，四肢間也有之。傷痕爲橫排列之線條；施於四肢者，則與肢體平行。托列斯海峽（Torres Strait）一帶土人，兩肩都作馬蹄形之傷痕，且因年齡而各異創痕的紋樣。昆士蘭（Queensland）土人的切痕也依年齡而異，規定年齡以下的兒童，都沒具有切痕的資格。安達曼羣島（Andaman Is.）土人，逾八歲的兒童，全都施行切痕，十六至十八歲之間，已達完成的期限。（註八）

澳洲土人於入社時施行切痕，被切傷皮膚的青年，一律安靜地忍受其痛苦，或云爲誇耀青年剛銳的勇氣之意。事實上，入社式的切痕，爲給與圖騰祖先考察青年是否具有成年能力的一種試驗，正如涂爾幹所說：『確係研究新入社者的價值之手段，且又使神明裁判（Ordeals），而許以宗教的社會價值。』被神明裁判的青年就非忍耐痛苦不可的了。

塗色與切痕的皮膚裝飾技術較爲簡單，黥紋則將墨色黥刺於皮膚，成爲紋樣，完全綜合了塗色與切痕的要素；同時，紋樣的描寫技術上，無論寫實或象徵的表現，也遠非前二者可及。

黥紋描寫，一般也以圖騰圖象爲目的，北美、非洲土人，而至東方古代民族間，均可找出黥紋藝術存在的事實。部位有臉部、體部、四肢不等。北美海達人各圖騰部族，用黥紋手術，按照一定的紋樣，作其圖騰記號於腿臂、及胸部，手與雙腕的背面，尤爲常見。有比目魚、鱉魚『華士哥』（wasko——神話中的精靈）蛙、蜂雀、烏鴉、熊、月亮、虹、蜻蜓、星魚、鮃魚、雷鳥、殺人鯨、牛尾魚、狗魚等，其中有寫實形者，精確的程度，至足驚人。（註九）易洛魁部族也同樣的舉行黥紋。奧日貝人多黥紋於兩頰或額前，表示圖騰所屬。阿先尼波（Assinibois）人，所黥刺之花紋爲蛇、鳥的形象。南太平洋的黑利（Herrey）人的黥紋，慣作的形象，也爲二種不同的魚類，正是他們的圖騰動物。（註一〇）

愛斯基摩的黥紋術，尤爲進步，紋樣都作象徵之描寫。婦女黥於兩頰，下顎作無限的小圈點與扇形的線條，黥於手者頗類蝸牛形。

中國古代各民族的紋身習俗，也頗足代表圖騰記號或宗教魔術的用意。史記吳太伯世家：

「太伯、仲雍二人乃犇荊蠻，文身斷髮，示不可用。」

漢書嚴助傳云：

「越，方外之地，斷髮文身之民也。」

漢書地理志：

「粵地（越）……其君禹後，帝少康之庶子云。封於會稽，文身斷髮，以避蛟龍之害。」

據顧頡剛的解釋：

「楚、越一帶，因林木繁茂，土地的卑溼，人類與龍蛇同居，飽受了損害，……當時吳越人之所以斷髮文身，乃是起於保護生命的要求，其效用與動物的保護色相等。（註一一）

紋身起源於保護生命之要求，可視爲合理的解釋，惜顧氏不解圖騰同樣化的意義，而取生物學的說明，尙距眞理一步。原來圖騰民族的黥紋，以圖騰圖象附着於身體之上，卽代表圖騰祖先的存在，賴此發生魔術的保護力，避免蛟龍之害。故上舉諸書的紋身記述，其描寫的對象依然不外圖騰動物為主，或且藉以模倣動物之形態。淮南子云：

「九疑之南陸事寡而水事衆，於是人民斷髮文身，以象鱗蟲。」

高誘註曰：

「文身刻畫其體，納默其中，為蛟龍之狀，以入水蛟龍不能害也。」

又後漢書西夷傳：

「種人皆刻畫其身，象龍文，衣著尾……」

隋書東夷傳：

「（琉球國）……婦人以墨黥手，為蟲蛇之文。」

魏志亦云倭人紋身：

「（倭人）男子無大小，皆黥面文身。自古以來，其使詣中國，皆自稱大夫。夏后少康之子，封於會稽。斷髮文身，以避蛟龍之害。今倭人好沈沒捕魚蛤；文身亦以厭大魚水禽，後稍以為飾。諸國文身各異，或左或右，或大或小，尊卑有差。」

其所黥刺的紋樣也，與北美人的一致。又海南島的黎民紋身，由於傳說看來，尤可知其係遵守圖騰遺習。海槎餘錄：

「黎俗男女週歲，卽文其身；不然，則上世祖宗不認其爲子孫也。」

所謂「上世祖宗不認其爲子孫，」不外以黥刺圖騰記號，爲加入圖騰集團之形式的遺制。婦女也有繡面之俗，廣東通志卷二八：

「（黎俗）……繡面乃其吉禮。女將及笄，置酒會親屬，女伴自施針筆，湼爲極細蟲蛾花卉，而以淡粟紋編其餘地，謂之繡面。」

張慶長黎岐紀聞也云：

「……女將嫁，面上刺花紋，湼以靛，其花或直或曲，各隨其俗。蓋夫家以花樣予之，照樣刺面上，以爲記，以示有配而不二也。」

身體瘢痕之外，結髮、鑲脣、穿鼻、毀齒，也爲圖騰民族模倣圖騰的身體裝飾。

北美印地安各部族，結髮以象徵其圖騰的，如阿馬哈（Omahas）人的野牛部族人把頭髮豎直起來，長約二吋，而延蔓於兩耳之間，代表野牛的背。鳥圖騰的人，結一小辮，蓋於頭額，以象鳥嘴，腦後留置多少扮爲鳥尾，兩耳間也梳小辮，象徵鳥的兩翼。海龜部族的成員，又一致地把頭髮剃掉，只留六條辮子，四條置於左右兩旁，一條伸向前額，一在背後，即爲龜的足，頭尾各部分之模倣。（註一二）

我國貴州苗族，尙有同樣的習俗，說蠻云：

「（黔苗）狗耳龍家居深林。鷹莽衣，尙白，束髮不冠。善石工。婦人辮髮螺髻，上若狗耳，故因以名。」

辮髮如狗，而得狗耳龍家之名，自係顚倒因果，我們寧可說爲其族因以狗爲圖騰，結髮始有模倣狗耳的表現。說蠻又云：

「羅羅本盧鹿，有黑白二種……其人深目長身，黑面白齒，靑囊籠髮而束於額，若角狀。」

所云角狀，或卽模倣鳥類的頭部，也未可知。他如山海經所記之鳥身人面，獸身人面，因以得獸名等等，釋以圖騰之義，也無大錯。

鑲脣以非洲乍得湖(Chad L.)一帶的土人爲習見，取木板兩片，鑲於脣的上下，或爲蛋圓形，或爲鳥嘴形。概在出生後不久舉行，初時鑲上很小的模型，達成人年齡始改換固定的模型，大者直徑約十英吋左右。波特克多(Botocado)人兒童概從七歲起卽施鑲脣。(註一三)北美印地安人則慣用骨片、象牙、貝石等插於下脣之上，也係鑲脣之另一形式。

澳洲土人的穿鼻習俗隨地都可發見，大都穿通鼻梁，插入木條或骨片，賴以區別圖騰的記號，或祈求圖騰的保護。(註一四)而穿鼻的施行，也與切痕同爲構成入社式的重要手續。此等富於圖騰意義的裝飾，還可見於新幾內亞的土人中。

毀齒：毀齒非澳二洲的圖騰民族多行之。北剛果的土人或磨銳牙齒，或毀損上列正中的牙齒，或拔去一部分。據他們的解釋，爲着模倣斑馬、貓、鱷魚的牙齒而出此。澳洲的開西斯(Kaitish)人多毀去上排最前的二牙，斯本塞及基倫目睹的事實：他們用石或錘子毀壞牙齒後，還舉行祕密的儀式，拔出來的牙齒也拋掉到祕密的場所。(註一五)

其次，請述圖騰民族的不固定的身體裝飾。

世界的圖騰民族，因有地理環境的不同，其日常服裝也隨地而異。北美印地安人，處於北緯五十度至八十度間，氣候嚴寒，不能不具皮毛衣物，以蔽其身。非、澳兩洲土人，多處熱帶，都赤裸全身，只有頭、耳、頸、手足等部位附着的物件，可稱爲裝飾物品，然而圖騰同樣化的用意，則同出一源。

印地安人諸部族，各取圖騰的皮毛製造衣服。緬尼特里（Minnitarees）人曾用完整的狼皮爲衣服，狼尾披在背後，中間割開小孔，穿於人的頸上，狼頭懸於胸前。路易士（Lewis）與格拉克（Clarke）旅行密蘇里河（Missouri R.）一帶，親看到特頓印地安人（Teton Indians），取烏鴉的皮毛爲衣，以其尾毛束於背後，頭上又戴上烏鴉的皮毛，結爲二束而突出額前。（註一六）阿拉斯加一帶土人，也多取動物的毛與植物的纖維織成有圖騰紋樣的裙衣。

澳洲土人的頭部，取圖騰的皮毛裝飾者，間有發見鳥毛、袋鼠毛，因圖騰不同而各異。非洲布西曼，據伯恩斯（Pains）所言，曾見一人用食肉鳥的頭部爲冠，又一人戴上烏鴉的頭。（註一七）日遮利亞（Nigeria）的土人，也有同樣的習俗。

頸部帶着的裝飾物，非洲人有賴之以保護性命之意。頸部相接於頭部與軀幹，原始人視爲性命關鍵之所在，故必在其上套以呪物，行超自然力的「互拒魔術」(Antipathetic Magic)而保護之。圖騰民族，尤多選擇圖騰的一部分充當頸飾的呪物。如布西曼，取動物的齒角，或貝殼龜殼等懸於頸間。澳洲人也圍以袋鼠毛，或將袋鼠的齒牙穿成V字形，佩於胸間。(註一八)無疑地，都為求祐於圖騰的魔術行為。

圖騰儀式或跳舞集會舉行之際，一般圖騰民族的不固定身體裝飾，較諸日常所見者稍為豐富。澳洲人的入社式，成員均用彩土，羽毛，樹葉等材料，裝扮成圖騰的姿態。井美辛人在一個圖騰儀式集會中，鴕鳥草種子，水各圖騰部族的人，於背後作模倣圖騰的裝飾。草種子的人背上披着的是：一幅大的紅帶子。白色鑲邊，由胸前蓋過頭部而垂及背後，表面作象徵未萌芽的種子的紋樣。還有白邊的紅圈子，堆於背部與胸部，代表種子，排列為平坦的一塊。(註一九)鴕鳥部族的人，也用鴕鳥毛披於背後及雙肩。

阿龍泰人儀式的表演者，背後同樣披上垂物，表面以淡紅色與白色交互地繪圈子。臉部也蓋上一塊繪着紅白色點子的垂物。每個人的背、胸、腰各部，完全敷滿了白色圈子，又用排列一行一行白色點子的垂帶包圍腿部。(註二〇)蛙圖騰的人頭上，也捲着螺旋形的白色的東西。

其他集會的跳舞者，全部裝扮，也多直接以模倣圖騰的外形爲目的。頭部戴上毛、葉、花、羊角製成的蛇頭袋鼠頭野牛頭的帽子；體部套上毛類，手指足趾套上貝殼，爪殼，象徵動物的爪。北美達科太(Dacotahs)人野牛舞(Buffalodance)的跳舞者，服飾與動作，同樣作野牛的模擬。曼丹(Mandan)的每個野牛舞的表演者，必須用帶角的野牛頭皮，與假面同樣戴在頭上，有時還穿上完整的野牛皮、角、蹄、尾諸部全都具備，扮成野牛的樣子。(註二一)德林克特人於跳舞會，葬式，入社式，也多作模倣圖騰的打扮。愛斯基摩跳舞者的化裝爲：體部着海豹皮、鹿皮、熊皮等製成的衣服，頭部插以鳥類羽毛，或圍以彩布，刻意象徵動物的外形。祕魯土人，屬於鷹部族的人，也常取鳥的羽毛，裝飾自己爲鳥的樣子。塔克薩斯(Texas)印地安的狼部族的少年戰士，達到成年的時節，用狼皮包裹身體，模倣狼的動作。

非洲土人，同樣地有裝扮爲鱷魚及鳥獸的形象而跳舞的事實。(註二二)安哥拉(Angola)土人新入社的青年，也用樹根或纖維質織成蛇皮般的衣服，包捲全身，表達自身冀望化爲圖騰的熱誠。南非土人在舉行成年式時其參加的成員，有以白泥塗身外頭部及腰部，捆着許多草葉來徵象動物外形的。日遮利亞（Nigeria）的土人的入社式之第一天成員也用動物的皮毛披於身上而舞蹈。此外各地圖騰民族的跳舞假面也全雕刻動物的形象，此項化裝用具雕刻，一章內當有述明。

圖騰民族的身體裝飾之外，一般的住所、武器、用具等，也描寫圖騰形象於其上，或誌圖騰的標記，或代表圖騰實物之存在。北美印地安人住所周圍豎立的圖騰柱，為圖騰藝術中之傑作，為諸旅行家所公認。屋宇內外各部也作圖騰的描寫。英屬哥崙比亞一帶土人，慣刻圖騰於梁上。柏維八（Pawees）的茅屋，也發現其圖騰的圖象。台拉哇（Delaware）土人同樣繪圖騰於屋子上，龜部族的人繪龜的全部，火雞部族人僅作火雞的爪，狼部族人也只描寫狼的爪，或有繪狼的輪廓者。阿瑪哈人的天幕上，全是圖騰記號。易洛魁人一致地寫圖騰於屋裏，或用圖騰的皮，如海狸、山羊、熊之類，蓋於屋子上面，或又取圖騰的皮捆為柱子，豎於門前。阿泰哇人村落中各部族分區居住，每區門前也豎立圖騰旗桿。（註二三）德林克特人鯨圖騰部族的人住所門口兩旁描寫鯨魚二尾，人形雜居中間，旁豎一裸體偶人，雙手持人的形象，接於下端者為魚骨紋樣，即說明成員被保護於圖騰的用意。而各族住所的雷鳥描寫，尤其多見。（註二四）酋長的住所，不特門外，就中堂各處也繪畫雷鳥與人類關係的神話傳說。

南美巴西人的家屋，也有同樣事實的存在。依伊連拉止（Ehrenreich）所記，巴加利（Bakairi）人酋長的家裏，牆壁上都掛上樹皮的橫額，表面多爲魚形，幾何紋樣。

新西蘭土人門前的柱子，雕刻的全作動物圖象，如蛇、魚等等。新喀里多尼亞（New Caledonia）的喀拿克人（Canaques）部族中最大的村落中，大道路的盡頭，即爲酋長的住所，屋頂上插着的木片，往往作蝌蚪形，也爲圖騰標記。（註二五）臺灣土蕃的派宛族，因拜蛇而刻蛇形懸於屋宇簷下，當屬圖騰遺意。

圖騰民族，多有輪迴（Transmigration）的信仰，佛來則認爲與圖騰主義同屬於祖先信仰的一形式。部族的成員死後，都相信其魂轉化爲圖騰，或與圖騰同宿一世界。南非之班都人，以人死後的靈魂變爲獅子、鱷魚者，即其一例。（註二六）故圖騰民族的葬式，有將屍骸化裝爲圖騰而後埋葬者，有用圖騰實物的一部分以爲殉葬者。北美夫都特眉（Pouteoüatmi）人雪部族人，將死屍火葬，以其火燄能直達天上雪之出源地。易洛魁人的響尾蛇，鹿、熊、沙土、水、煙火等圖騰部族的葬式，是祈求死者靈魂變爲響尾蛇等等。阿瑪哈(Omahao)野牛部族人，將死者屍骸以野牛皮包住，且於頭部繪其圖騰記號而禱祝其靈魂返歸動物的世界。(註二七)由此，更形成了死者墓碑棺木上動物描寫的表現。查可孫(Jacobsen)曾說：北美阿拉斯加以南之印地安人的墓碑，全作鯨、馴鹿、熊等形的雕刻，下面且雕死者的形像，旁邊記述死者的生平。斯古魯格烈夫(Schoolcraft)又述某印地安人隊長的墓碑的雕刻是：頂端一隻倒立的鶴，爲死者的圖騰，下方有種種的線條及圖畫爲記號。又其一鹿圖騰的著名將軍的墓文上端，就作一隻倒立的鹿。(註二八)宮武辰夫之遊記也述阿拉斯加土人藏置屍骸的木箱，表面作圖騰記號之外，尚有代表其鯨魚、雷鳥與人類結合的傳說的圖案。

獨木舟爲太平洋諸島土人重要的交通工具。新幾內亞所羅門(Solomon Is.)等處所見者長約二三十尺，船上的裝飾物，也有圖騰的用意。新幾內亞土人的大都雕刻鱷魚、蛇形，兩端繪畫鳥的頭部，船首加附代表圖騰祖先的雕刻物，賴以保護航海的安全。據塞里曼(Seligmann)所稱：新幾內亞東南部繆路阿(Murua)人的獨木舟，船首附着的飾物所雕刻者，乃象徵蒼鷺及鸚鵡。彼又說明蒼鷺及鸚鵡卽爲土人作爲圖騰的鳥類，故此種船首裝飾，當直接有關於圖騰信仰(註二九)。所羅門羣島土人的舟首裝飾，多刻軍艦鳥(Trigate bird)形。相信其有排除水怪的魔力。或又雕刻神話中的人物，下端繪畫蚊紋，桑瑪維利(B. T. Somerville)曾謂其飾物附於船前，恰好接觸於水面，蓋爲禦防水患而出此(註三〇)。獨木舟之小者，或全作蛇形。

特斯特島(Teste I.)及特拉不蘭島(Trabriand I.)土人，也有刻鳥形爲船首飾物的習俗。喀洛林羣島(Caroline Is.)土人的船首裝飾，據松村瞭的研究，附於船首的木板，慣塗白、黑、紅等色彩。紅色塗於中，黑白在其二旁。又施浮雕之部分作黑色，沉雕部分爲白色。木板上部突起，確係象徵二隻相向地合於一起的鳥形。左右細長而突出，或卽代表鳥尾，綜觀其全物，類似鶺鴒的形象。

(註三一)中國有所謂鷁首舟，也屬圖騰遺習。淮南子云：

「龍舟鷁首。」

其註曰：

「鷁，水鳥也。畫其象著船首，以禦水患。」

畫鷁頭以禦水患，與所羅門島人的信仰一致。又出現於海物異名記，備倭記之船，有「青雀，」「赤龍，」「馳馬，」「晨凫」「海鶻」「赤馬」等等，或卽因舟之雕刻爲種種動物形狀而得名。就今日民間端陽節所用競渡之龍舟，恐其來源也與圖騰有關。

再圖騰民族於武器用具等的圖騰描寫，多象徵化而簡縮爲紋樣。寫實形(Realistic form)，幾何形(Geometrical form)，簡省形(Conventional from)三種均有使用。印地安人慣以幾何紋樣描寫其圖騰於陶器上。德林克特人的楯、胄，都作圖騰記號，以示武器屬於何人所有。出獵或戰爭時，海達人也繪圖騰於武器之上，祈求圖騰祖先的佑助，太陽、月亮、鳥獸等紋樣，發見尤多。澳洲各部族，楯上各描寫着袋鼠、蜥蜴、蛇、魚等動物之形。正如格來(Grey)所云：『各家族均採用動物或植物爲其楯的形象及記號。』(註三二)昆士蘭土人的楯，柏林博物館所藏者全爲幾何紋樣，據格羅斯(Grosse)研究的結果，斷其爲蛇皮的斑紋。其一以樹皮製造之者，上作鳥形。又一作菱形及鋸齒狀，也還是鳥類羽毛、毛髮、鱗介等的縮寫。(註三三)新幾內亞土人的盾的圖畫爲袋鼠頭、蜥蜴、蛇等形象。非洲人的則多作鋸齒狀，卽表徵鱷魚的頭部。亦有直接取象蛇等皮鑲於盾上，信其具有特殊的魔力的。

日常用具之雕刻爲圖騰形象者，北美海達，德林克特二族間，至爲普遍。阿拉斯加一帶土人的木皿，有作鳥狀者，其兩端雕刻鳥的頭部與尾部，羽翼張於兩旁。愛斯基摩的骨器，也慣刻爲鳥頭，桶柄又作魚形。澳洲土人的藤籃，木桶手柄，常繪動物皮斑。臺灣派宛族的刀鞘，羹匙，雙連盃，均顏蛇紋。全係圖騰同樣化之結果。

（註一）J. G. Frazer: Totemism and Exogamy Vol. 1. pp. 25, 26.

（註二）W. D. Hambly: The History of Tattooing and its Significance with some Account of Other Forms of Corporal Marking pp. 308-312.

（註三）B. Spencer and F. J. Gillen: Across Australia Vol. 2. pp. 287, 288.

（註四）J. G. Frazer: Totemism and Exogamy Vol. 1. p. 29.

（註五）F. Boas: Facial Paintings of the Indians of Northern British Columbia p. 13. With Plates 1-4.

（註六）J. R. Swanton: Social Condition, Belief, and Linguistic Relationship of the Tlingit Indians p. 418.

（註七）J. Own Dorsey: An Account of the War Customs of the Osages p. 132.

（註八）見 Journal of the Anthropological Institute Vol. 12. p. 333.

（註九）J. R. Swanton: Contribution to the Ethnology of the Haida p. 141. With Paltes 20, 21.

（註一〇）J. G. Frazer: Totemism and Exogamy Vol. 1. p. 28.

（註一一）顧頡剛編著古史辨第一册一二三頁。

（註一二）J. G. Frazer: Totemism and Exogamy Vol. 1. p. 27.

（註一三）Bancroft: Native Races of Pacific States Vol. 1. pp. 47. 48.

（註一四）T. L. Mitchell: Three Expeditions into the Interior of New South Wales Vol. 2. p. 339.

（註一五）B. Spencer and F. J. Gillen: Across Australia Vol. 2. p. 332. Figs. 173, 174.

（註一六）Lewis and Clarke: Travel to the Source of Missouri River Vol. 1. p. 123.

（註一七）Pains: Explorations in South west Africa p. 143.

（註一八）G. F. Angas: Savage Life and Scenes in Australia and New Zealand Vol. 1. pp. 92-98.

（註一九）B. Spencer and F. J. Gillen: Across Australia Vol. 2. p. 322, Figs. 160, 161.

（註二〇）B. Spencer and F. J. Gillen: Across Australia Vol. 2. p. 273. Figs. 123-125.

（註二一）G. Taplin: Letters and Notes on the Manners, Customs, and Condition of the North American Indians Vol. 1. p. 83.

（註二二）K. Mantzius: A History of Theatrical Art Vol. 1. Figs. 1, 2.

（註二三）J. G. Frazer: Totemism and Exogamy Vol. 1. p. 30.

（註二四）F. Boas: Primitive Art p. 241.

（註二五）胡愈之譯 M. Besson 圖騰主義五三頁。

（註二六）G. M. Theal: Records of South-Eastern Africa Vol. 7. p. 404.

（註二七）J. G. Frazer: Totemism and Exogamy Vol. 1. pp. 35, 36.

（註二八）Schoolcraft: Indian Tribes Vol. 1. p. 357, Palte 50.

（註二九）C. G. Seligmann: A Type of Canoe Ornament with Magical Significance from South-Eastern British New Guinea 各節。

（註三〇）B. T. Somerville: Ethnographical Notes in New Georgia Somlomon Islands p. 371.

（註三一）松村瞭：洛羅林島獨木舟及其船首裝飾物。（東京人類學雜誌三十二卷十一期）

（註三二）Grey: Journals of two Expeditions in Northwest and Western Australia Vol. 2. p. 228.

（註三三）E. Grosse: The Beginnings of Art p. 122.

第五章　圖騰的雕刻

圖騰民族儀式之舉行，均有固定的場所，其地或相傳爲圖騰祖先盤桓之地，或爲圖騰動物蟄居之洞穴。此種場合慣用雕刻、圖畫，以爲佈置。如描寫圖騰於巖洞，或祕密埋藏「止令茄」（Churinga）於周圍，以建立圖騰魔術的效能，或描寫圖騰於地上，使成員向之模倣動物的動作。斯托克斯（Stokes）曾於澳洲特普奇羣島（Depuch）所屬之阜利斯特里亞島（Forestlia）中發見巖壁上滿佈線雕的隧道，圖象大部分爲動物。一尾鯊魚隨着嚮導魚、狗、甲蟲、蟹、袋鼠等。氏還以爲：土人或在特殊的季節到洞中觀覽其祖先之藝術，並加以增補。（註一）所謂土人爲觀覽藝術而拜訪巖洞，實卽舉行圖騰的儀式。

圖騰民族復由於實際經濟生活之反映，成員與圖騰間發生了不可分離的信仰。成員藉賴圖騰保護之熱望尤切，基此心理狀態之要求，遂產生動物塑像的造型藝術。非洲剛果一帶土人，出入多持有祖先的塑像，澳洲人則置於部族中祕密之所，北美印地安人的圖騰柱，更爲衆所熟悉。此等雕刻之寫實的表現，至足令人驚奇。

這裏，我們應先注目於史前世界圖騰民族的雕刻遺物。若果細心考察史前獵狩民族一切的圖畫，雕刻的描寫藝術，將發見許多都是原始時代圖騰民族存活於圖騰制下，需應實際生活的要求而製作的遺物。今日發見之遺跡與出土遺物中，要找尋出其與目下圖騰民族的藝術的共通之點是不難的。

考古學上，從來劃分史前人類文化期爲石器時代，銅器時代，鐵器時代。石器時代中，又分爲舊石器時代及新石器時代。舊石器時代與地質學上的冰河期或洪積期相當，人類未知農耕，僅使用石、骨、角、木等自然材料爲主要的生產工具，從事獵狩採集經濟活動，社會關係上，即爲氏族制前之原始共同制時代。

考古學上所能得見歐洲舊石器時代人類活動的痕跡的，當數法國西南多爾托尼（Dordogne）及西班牙西北之三當德爾（Santander）附近之阿塔米拉（Altamira）等洞穴之遺蹟了。由於洞穴中的熊、象、野牛、冰河時代動物之遺骨及原始人類獵狩工具如石斧石鎚等的發見，證實此等洞穴爲原人棲息之所，而該地之壁畫浮雕以及巖石骨角等雕刻物品，同時遂被看作舊石器時代人類的藝術活動之唯一痕跡。

考古學者人類學者如摩紹烈(G. de Mortillet)，拉特(E. Lartet)等復依其洞穴發見雕刻用具之前後，發見物品的重要性質區別歐洲舊石器之人類文化期爲六，卽齊林(Chellian)，阿周里(Acheulian)摩斯特里(Mousterian)阿里格內辛(Aurignacian)，蘇留特里(Solutrian)，馬特里尼(Magdalenian)。而各期之典型動物如下表(註二)

舊石器時代		典型動物
早期	齊林	河馬 犀 巨象
	阿周里	巨象 犀
中期	摩斯特里	巨象 犀
	阿里格內辛	

後期 { 蘇留特里 / 馬特里尼 } 冰鹿

各洞穴出土的藝術物品之屬於早期中期者，其地質年代錯綜複雜，實難據以區別時代之前後；且所有得見壁畫浮雕等洞穴，均非摩斯特里期以前三期所屬之地域。故正確地可稱爲藝術時期，僅屬於阿里格內辛以下之以冰鹿爲典型動物之三時期。合之稱爲雕刻期 (Glyptic Period)，或舊石器的藝術期(Period of Palaeolithic Art)，普通慣稱爲冰鹿期(Reindeer age)。因此三期所得見的雕刻藝術極爲豐富，末期之馬特里尼尤爲高張。

所謂冰鹿期藝術，卽指多爾托尼，阿塔米拉諸洞出土之藝術而言。此等藝術，概以野牛、冰鹿、巨象、熊、狼等動物爲描寫對象，用雲石骨刀雕刻於巖壁或角骨之上。圖象或作動物全體，或作頭部之寫實，兩地洞穴不下百處，而無論雕刻技術，描寫對象均稱一致，故可推知舊石器時代的藝術動物描寫，會爲一時代的輝煌之作，形成一特殊的藝術階段。

解釋何以產生此等藝術的社會的原因，藝術史家如斯伯令(H. G. Spearing)，伯金，阿維伯里（L. Avebury）（註三）均有意見，惜都未把握問題的核心。以冰鹿期藝術爲原始人類無目的之遊戲，固不能令我們首肯，從來目之爲獵狩民族的獵狩經濟生活之意識的反映，在此廣汎的釋意中，復加以有訓練獵狩技能之目的的說明，恐也忽視原始人類之社會集團的關係。原來冰鹿藝術，實卽原始圖騰集團作爲表現宗教思想之媒介，由此收穫現實事物之效果的產物，其意義與出現於澳洲土人間的圖騰藝術同樣。

按之冰鹿期爲舊石器時代之最後期，新石器時代之人類，已不再以獵狩採集爲主要的經濟生產，逐漸構成農業畜牧的生產勞動，人類由於生產地域之結合，達到氏族制之完成。是則考古學上舊石器之最後期，應與原始共同制之最後階段的圖騰制時期相當。冰鹿期的社會關係，既建立於圖騰主義的基礎之上，所產生之藝術，必然地爲圖騰藝術了。

若將歐洲舊石器時代冰鹿期諸遺洞發見的藝術樣態，參證於目下圖騰民族表現其呪術行爲的圖騰藝術，更正確地顯露出一致之點。第一：非洲布西曼及澳洲北美洲各族日常用具的雕刻或圖畫，由於圖騰的「同樣化」之結果而慣作動物描寫，較之多托尼地方之 La Madeleine,

Les Syzies, Laugerie Haute, Laugerie Bass 等洞之冰鹿期的象牙、骨刀、石斧等之雕刻，全無異狀。第二：澳洲阿龍泰人於圖騰儀式的場所，描寫圖騰於巖洞中，即『汪寧加』(Waninga)乃幻構圖騰實物的存在，諸遺洞的壁畫，巖石浮雕之作野牛，冰鹿等動物圖象，與之也有一致的趨向。第三：前述北美印地安人慣描寫圖騰圖象，用爲住所之裝飾，區別圖騰集團的所屬。冰鹿期的遺洞，苟爲史前圖騰民族棲息之所，則壁洞描寫的動物，無疑地爲圖騰記號之表現了。

這樣明確地了解冰鹿期的藝術之圖騰意義之後，便不難說明冰鹿期的藝術之生產樣態了。茲姑先述雕刻。

冰鹿期之雕刻，法國多爾托尼所發現的，以骨、角、石器、象牙等用具全雕居多；西班牙三當德爾所發現的，概爲洞穴線雕。據此別爲二類概述之。

骨刀、角刀、象牙刀等之動物雕刻，無疑地爲原始圖騰民族於生產工具的圖騰「同樣化」的結果，各洞的雕刻作冰鹿頭、狐頭、馬頭者，略舉如表：(註四)

洞名	動物造形	物具
Kesserloch	麝牛頭部	骨器
Bruniquel	同上	同上
Brassempouy	海豹全部	同上
Mas d'Azil	馬頭部	同上
Enlène	同上	同上
S. Michel d'Arudy	野貓頭部	同上
Laugerie Basse	冰鹿全部	角刀
Laugerie Basse	牛頭部	同上
Mas d'Azil	馬野牛頭	角器
S. Michel d'Arudy	山羊體部	角刀
Mouastruc	巨象全部	同上
Mouastruc	牡鹿頭部	同上
Lourdes	鹿頭部	同上

Placard	狐頭部	骨杖
Mas d'Azil	山羊	角器
Mas d'Azil	魚	同上
Limeuil	牡鹿	同上
Raymonden	啄木鳥	同上
Moustruc	冰鹿全部	象牙刀
Prédmost	巨象全部	象牙器
Mas d'Azil	山羊	同上

上表骨角象牙等材料製成的武器及工具上雕刻之動物，屬於鹿形者，其數有五，牛形三，馬二，羊三，巨象二，餘爲海豹、野貓、狐、鳥、魚等形。概爲阿里格內辛及蘇留特里期的藝術。此等工具，實爲獵狩民族必備的武器，Laugerie Basse 洞的作冰鹿形的角刀，即爲目下野蠻民族的骨叉角錐同類的武器，以獵狩與戰鬬爲使用目的，其上不能不刻其圖騰圖象，增加圖騰祖先援助的魔力。所作冰鹿部位，極爲自然，頭部伸出，臀部隆起而刻爲叉口。前足屈曲腹下，後足伸長爲刀身。不特顯示其

雕刻技術之精巧，且全然適應於實際使用。Mas d'Azil 出現之角叉，馬頭雕刻，也適在把柄叉口的全物的着力點之上。Bruniquel 洞的角刀，巨象形同樣刻於刀柄，四足集中成爲小孔，恐爲手指把握之便。(註五)

在生產用具上鏤刻線雕，所表現的動物圖樣，種類更多。也可全視爲圖騰民族的遺物。樣式常較全雕爲樸素，間帶幾何紋樣，各洞發見之屬於此類的雕刻，列表如下：

洞名	動物圖樣	器材
Saint Marcel	幾何紋樣	骨器
Marsoulas	同上	同上
Chaffand	牝鹿全部	鹿角
Chaffaud	馬羣	石塊
Brassempouy	馬頭部	骨杖
La Madeleine	馬全部	指揮杖
Teyjat	馬鹿魚	同上

Kesserloch	馬全部	鹿角
Robin Hood	馬頭部	骨片
Mas d'Azil	同上	同上
La Madeleine	巨象全部	象牙
Massat	熊全部	石片
Gourdan	犀牛全部	石
Tribolite	同上	岩石片
Kesserloch	冰鹿全部	鹿角
Laugerie Basse	同上	片岩
Laugerie Basse	馬全部	石塊
Saint Barcel	冰鹿全部	片岩
Gourdan	鹿全部	石
Limeuil	冰鹿	石
Bruniquel	同上	石

Gourdan	魚　鹿	鹿角
Teyjat	牡　鹿	同上
Gourdan	羚羊頭部	同上
Gourdan	同　上	骨器
Laugerie Basse	山羊頭部	角
Bruniquel	野牛頭部	片岩
Mas d'Azil	同　上	石
La Madeleine	狼　顱	角護符
Saint Marcel	獸的體部	骨護符
Saint Marcel	動物全部	同上
Raymonden	麝牛頭部	同上
Gourdan	狼全部	同上
Montgaudier	海豹全部	骨杖
Durthy	魚	熊齒

Gourdan	鳥	石
Lourdes	鷄	石
Gourdan	鷄	角

用具上所施線雕作鹿形者十，馬形七，牛五，羊三。都屬於馬特里尼期的遺物。

各洞出現的此等雕刻物中，最明顯地透露出圖騰意義的，有所謂「指揮杖」（Batons de Commandement)與「護符」(amulet)兩類。「指揮杖」上刻馬形者，至爲常見。La Madeleine 洞之「指揮杖」爲平滑之骨塊，兩面都施線雕，一面造四隻排列着的馬羣，另一面僅雕三隻，末端慣備一穿孔。此洞尙發見雕上兩尾魚一隻馬的一塊，也備穿孔兩個。Mège 洞的則鏤刻步行的馬。「護符」較「指揮杖」爲小，作扁長形，以角器骨器居多，穿孔作於末端，或爲垂懸於人體上的物具。Saint Marcel 洞出土者有二，一作疾馳着的動物體部，一作三組螺旋形之圓圈，復附以鯡骨紋樣。(註六) La Madeleine 洞者爲狠貛的全體。

「指揮杖」與「護符」之爲史前圖騰民族懸佩的呪術用具，經人類學者所公認。目下澳洲、北美等圖騰民族的習俗中尚可見其遺風。北美印地安人常懸佩圖騰的牙齒毛骨片爲護符，而圖騰儀式集會中也佩此區別其圖騰所屬。阿龍泰人參加儀式之際身上佩的『止令茄』(churinga)樣式與 Bull roarers 無異。（註七）也作圖騰圖象於其上尤類『護符』的鏤刻。故冰鹿期的『指揮杖』及『護符』二物，當爲原始人類的圖騰呪術的用具。如 Raymonden 出土之骨器護符中間作麝牛頭部人形圍於兩旁。（註八）其描寫人類求祐圖騰之意顯然易見。

復次原始時代的圖騰民族，往往描寫圖騰於儀式場所或作圖騰記號於住所周圍，卽今日所發見之壁洞浮雕，其遺跡被發見者，爲數甚多。多爾托尼庇利尼 (Pyrenean) 及西班牙西北部諸洞尤爲著名。

多爾托尼區內，最主要的洞穴有：La Mouthe, Combarelles, Bernifal, Teyjat, La Grèze 及 Pair-Non-Pair 等。線雕繪幅極大。La Mouthe 洞長約二百七十碼。線雕別爲三類，卽深線雕，淺線雕，輪廓線雕。描寫的動物有野牛、馬、冰鹿及巨象，多只鏤其輪廓。Combarelles 洞的巖壁上所刻動物不下百種。描寫全部者佔多半。動物圖象爲野牛、馬、冰鹿、熊、巨象、狼。馬尤爲主要。巨象腹下畫着長毛，牙齒伸長而灣曲，頭部張高眼睜甚小。

Bernifal 洞的浮雕描寫有巨象形、野牛形、馬形及冰鹿形。Teyjat 洞中，浮雕的佈置，較為奇異。距洞口不遠之隧道分為二，一左一右。後者為大塊的石鐘乳(Stalagmite)，表面描寫之圖象一九〇三年為克庇丹(Capitan)，勃魯伊(Breuil)及伯倫尼(Peyrony)所發見。動物分別作為三列，最低一列為牛類，中列為馬及冰鹿，最高列為野牛與馬形。中有二熊，其一頗似北極熊。Pair-Non-Pair 洞以馬及反芻動物(Ruminant animal)的圖象為多。也作深線雕，概屬蘇留特里及馬特里尼期的遺物。但依勃魯伊的計算，則為圖騰文化期之最早期的阿里格內辛期了。

多爾托尼區域諸洞得見的壁洞線雕，動物形有冰鹿、牛、馬、巨象、熊，可知此等動物，多被史前圖騰民族取為圖騰之對象。而線雕條中，尚殘留着紅色的痕跡，或係舉行圖騰儀式之際，灑血於其上也未可知。澳洲阿龍泰人的「陰特邱摩」祭(Intichiuma)，可見其風。

庇利尼區內各洞之巖壁描寫，圖畫較浮雕為多，然其技術，最為精巧。Marsoulas 洞所刻馬，野牛，牡鹿等圖象，完全者約十四。Niaux 洞者，野牛居多，馬、牡鹿次之。洞頂尚有魚形。Gargas 洞所見動物形較少，僅三數馬頭野牛頭而已。

西班牙區最著名的洞穴爲阿塔米拉。線雕都描寫牡鹿、大鹿、山羊、野牛、馬等動物形。而帶動物首之原人，尤可注意，雙手向上高舉，作祈禱或跳舞狀，恐係表現動物變人的圖騰傳說，或記錄圖騰民族的假面跳舞的情形。雕刻都作精細的線條，或單造輪廓而加拓陰影。洞口頂端，復發現馬特里尼期的鹿頭線雕。次爲一九〇三年發現之 Castillo 洞，都爲馬、牝鹿、山羊、野牛等線雕。間在動物的頭部雕刻精細的平行線條，表示陰影，與阿塔米拉洞所見的類似。同年發見的尙有 Hornos de La Pēna 洞，多刻馬、山羊、野牛及原人形。全洞線雕慣用曲線，線條甚粗，似用指頭劃於黏泥之上而凝固成者。此外 St. Clotide d'Isabel 洞，Venta de la Perra 洞之線雕作動物形的，多不勝計。Pindal 之 Reg. Cantab 洞更出現長十八英吋的海魚形的線雕，El Pendo 洞尙有鳥類的描寫。(註九)

以上一切冰鹿期的壁洞線雕，既出自原始人類的圖騰呪術行爲之要求，描寫的目的慣分爲二：以圖騰集團自身之圖騰爲描寫對象而行祈禱儀式的，是爲正面用意；反而描寫他族之圖騰加以襲擊，或傷害不健全等記號的，則係攻擊敵方集團的咒術手段。正如佛來則所云的『模倣咒術』卽描寫被咒之對象於牆壁上，用針痛刺之，就可發生直接殺害其實際的被咒對象之效能。Niaux 洞得見的野牛形，腹部有三個小孔，小孔間各有代表矢尖的三角形(註一〇)顯明地卽爲某圖騰部族的人，向野牛圖騰部族作『模倣咒術』的攻擊。Pindal 洞的野牛腹部，也附加同樣的記號。Font de Gaume 洞的浮雕中，一幅爲一隻貓類惡獸攻擊羣馬的場面，卽爲惡獸圖騰作爲攻擊馬圖騰的人的咒術表現。鳥居龍藏說：『此畫爲含有魔術的意趣，頗難說明』(註一一)實則由彼不了解圖騰之過。

圖騰民族之致力於雕刻活動，實啓人類雕刻藝術之淵源。最初雕刻骨角器具作圖騰形狀，以備咒物效用，繼而作線雕於住所壁洞，標誌永久的圖騰記號。全雕至線雕之間，骨刀角叉等之線雕造形，當算過渡的形式。如 Brassempouy 洞發見海豹形之骨器浮雕，伯特 (M. Piette) 正認其爲過渡之作。而線雕藝術，由此又發展爲埃及初期之建築浮雕，或墳墓雕刻。今日發見埃及初期的雕刻遺物中，無論描寫內容，構圖樣式，均承圖騰雕刻之遺風，且尙有表現其圖騰的神話傳說。

埃及王國，我們已知其從圖騰部族進化而來。最後圖騰的崇拜轉向國王的一身時，原來圖騰保護神就轉變爲人間的國王保護者了。故埃及所有王族的裝飾品石板雕刻紀功牌，神像均作神鷹的形象。希萊工波利（Hierakonpolis）發見那馬王（Narmer）的紀功牌，就說明那馬王征服北部埃及三角洲（Delta）之人民，統一各聯邦爲一王國的事實。牌爲石板質長約二十六英吋，表面施以浮雕，如圖六左端的一面那馬王立於中間，戴南部埃及的白冠從者隨其後。王的左手抓住三角洲人民的頭髮表示征服之意。上方神鷹的爪，捉住三角洲人民的鼻子，其人背上之小矢六枝，表示神鷹援助國王獲得六千俘虜。王之足下，有二個被逐的三角洲人民。右端一面：那馬王冠北部埃及的紅冠前進，四人持旗於前，王前後各有從人。旗桿上，最前面的二枝雕神鷹，次爲狼等，當爲原來的圖騰旗幟。前方十人被刎其首，供血祭之用。中段：同族的兩牧人，捆縛着兩首長頸獅子，示征服之意。下方作牡牛攻破異族的城壁，紀那馬王之戰績（註一二）。

那馬王紀功牌上所表現有關於圖騰的動物神鷹之外，最可注意的是，石板每面之頂端都刻牛首女神荷蘇（Hathor）。荷蘇最初爲南部埃及某一圖騰部族之保護神，及那馬王時代，已變爲自然的神格。由此可知埃及後期神話中獸頭人身之神，實由原有的圖騰動物演變而來。正如耶方斯(E. B. Jevons)所謂古代埃及的神像，常現半動物半人之姿態者，乃從動物崇拜到人類的神崇拜的過渡形式(註一三)換言之，卽由圖騰崇拜到氏族祖先崇拜的過渡形式。故後期埃及自然神像之雕刻，以獸頭人身出現者，如創造神爲牡羊頭，死神爲狼頭，太陽神爲牝獅子頭，不死之神也爲獅頭。近在加爾那克(Karnak)發見之西必特(Sekhet)，達地(Diety)太陽神，荷魯斯，門都(Mentu)黑伯特(Hept)等神像，其頭部均塑爲獅子，河馬、鷹鳥、鵄、蛙等動物之形。(註一四)如說半動物半人之神話爲圖騰神話傳說之轉形，則此等神像雕刻，也應稱爲轉形期的圖騰雕刻了。

舊石器時代的圖騰雕刻技術之精巧，描寫輪廓之正確，深值得我們的驚嘆。然目下圖騰民族的假面雕刻，技術之精巧的程度更遠在其上。北美印地安人的圖騰跳舞，爲模倣動物的裝扮而用之假面，都作動物的形狀。據斯汶頓(J. R. Swanton)所述，德林克特人跳舞時使用的假面，常雕刻代表其圖騰的紋樣，如山、雲、動物等，其假面所表露的模樣，多屬幻想中之怪物，或塗紅青兩色參半，上端描寫魚形，全係象徵圖騰的幻想物，或其祖先的故事。(註一五)達科太人的野牛舞者，所戴野牛假面都作寫實形。

原始民族所用的假面，可分爲十一類。卽獵狩假面、圖騰假面、妖魔假面、醫術假面、追悼假面、頭蓋假面、鬼魂假面、戰爭假面、入會假面、乞雨假面、祭祀假面。假面中所搜集圖騰假面的材料甚少，惟獵狩假面、戰爭假面、入會假面、祭祀假面，決不能斷爲與圖騰無涉。據其所述，英屬哥崙比亞的印地安人的鯨形假面恰與圖騰柱的雕刻類似。長約四英吋，上半部施以極精細之雕刻，舞者頭部隱藏其中，雙手可搖動其鰭尾及口部。他如新不列顛島(New Britain I)的土人日常裝飾的假面頂端也雕刻鳥的形象，戰時又戴上動物形的假面，藉求圖騰祖先的佑護。(註一六)

托列斯海峽(Torres Straits)土人的成年式之假面跳舞，先有跳舞者三人，從圖騰聖地出現於新入社的少年之前，第三人戴上的假面，往往作鯊魚的形狀，卽象徵圖騰動物無疑。新幾內亞土人入社式也建築鯨形及大烏鴉形的屋子，使新成員穿入其間，尙不失圖騰假面的原意。

最後，圖騰民族的雕刻藝術，還有最可驚奇的圖騰柱。此項藝術，以北美之德林克特，海達等族者，至爲可觀。

德林克特人的圖騰柱，多豎在酋長住所的門旁，有高至五十尺者，雕刻都作人與動物的形象，象徵其部族的圖騰祖先，且塗以奇異的色彩。又有豎於屋宇前面者，規模更大（註一七）

海達族的圖騰柱，其雕刻的技術，實達到圖騰雕刻之最高峯。西北美洲印地安人的圖騰柱，均不及海達人的數目之多，規模之宏大，技術之精巧。柱高由三十尺至六十尺之間，海達人每家平均至少有兩枝柱子。圖騰柱可別爲兩類，卽家前柱（House poles）及葬場柱（Mortuary poles）豎立於屋宇前者，下部廣度約三尺，逐漸細小而達頂端。（註一八）

海達人圖騰柱上所雕刻的圖象，斯汶頓將家前柱所慣見的分爲兩種，卽：（一）僅作圖騰記號。（二）記述各種故事。第一類的柱子，所刻者爲住所主人及其妻而至於全家人的圖騰記號，圖象從上至下的排列，都有一定的次序。例如尼斯丁次（Ninstints）的鷹圖騰家前的柱子，頂端作大鷹，底下者爲熊形，二者均屬其夫之圖騰，中間刻一狼，爲妻之圖騰記號。又豎於斯基打吉（Skidegate）的一柱，狗魚雕於頂上，次爲大烏鴉，最下爲殺人鯨。前二者爲妻的記號，她屬於鷹部族之人。殺人鯨乃表現其夫之記號。另一則頂端刻住者之記的記號熊形，下部作狗魚，烏鴉、鷹等，概屬柱者自身之

圖騰記號。(註一九)

故事圖騰柱所表現者，不外圖騰的神話傳說。斯汶頓曾稱其不遜於埃及、巴比侖、亞述、希臘、羅馬等任何一民族之爲表現宗教信仰神話傳說而建立之古代藝術。海達人最流行之傳說如大烏鴉與洪水，大烏鴉盜月，或人熊結婚等，所見於圖騰柱者甚多。如馬塞村(Village of Masset)的一柱所表現的故事，大意爲：

「獵人偶到熊的家，適熊外出，獵人就與熊的妻子發生戀愛，爲熊所察而深責其妻，其妻極力否認。熊乃在她出門入水求食時，結一魔術絲於她的身上。由此，熊遂發見她與獵人的祕密，結果，熊殺了他的妻子。」(註二〇)

阿拉斯加的烏鴉部族之豎於酋長家前的圖騰柱，頂端刻一烏嘴突出口中含一鯨頭人身的圖象。烏形即酋長的圖騰祖先大烏鴉(Raven)。以下復用紫色描寫大烏鴉勇敢的故事，其梗概云：

「大烏鴉飛於天空，見一美女泣哭，自述其爲大鯨所迫，欲娶她爲妻。若她不允，大鯨便吃完海中的魚，斷絕她族人的食料。大烏鴉勸她嫁給大鯨，大烏鴉自飾爲從人，護之出行。期至，大鯨浮現海面，背

女而去。大烏鴉先到鯨家，殺死鯨魚，把少女救了回來。」（註二一）

由此可知一切的圖騰柱，不僅做爲圖騰民族住所之標記，且用以記述其有關於部族的神話傳說。此等雕刻藝術之效用，有如封建時代之紀功碑。

（註一）Stokes: Discoveries in Australia Vol. 2. p. 170.

（註二）E. A. Parkyn: Prehistoric Art p. 18.

（註三）L. Avebury: The Origin of Civilization and Primitive Condition of Man. Chap. 2. Art and Ornamants.

（註四）以下二表，根據 L. Avebury: Prehistoric Times, H. G. Spearing: The Childhood of Art, E. A. Parkyn: Prehistoric Art. 三書造成，意在顯示冰鹿期工具雕刻的動物圖樣的多寡，非精確之統計也。

（註五）E. A. Parkyn: Prehistoric Art p. 28.

（註六）E. A. Parkyn: Prehistoric Art pp. 47-62.

（註七）J. G. Frazer: Totemism and Exogamy Vol. 1. p. 124.

（註八）E. A. Parkyn: Prehistoric Art p. 63, Fig. 74.

（註九）E. A. Parkyn: Prehistoric Art pp. 71-74.

（註一〇）H. F Osborn: Men of the old Stone Age p. 353, Fig. 174.

（註一一）鳥居龍藏：化石人類學張譯本六四三頁。

（註一二）H. G. Spearing: The Childhood of Art p. 215, Figs. 148, 149.

（註一三）E. B. Jevons: An Introduction to the History of Religion pp. 208, 252.

（註一四）井上芳郎：埃及宗教藝術史。

（註一五）宮武辰夫：阿拉斯加所見原始藝術一一八頁。

（註十六）南江二郎：原始民族假面考，參照各節。

（註一七）W. H. Dall: Alaska and its Resources p. 414.

（註一八）J. G. Swan: The Haida Indians of Queen Charlotte's Islands. p. 3.

（註一九）J. R. Swanton: Contributions to the Ethnology of the Haida pp. 122–124. With Plates I and II.

（註二〇）E. B. Tylor: On the Totem Post from the Haida (Journal of the Anth. Inst. Vol 28, pp. 133–135, With Plate 12.)

（註二一）宮武辰夫：阿拉斯加所見原始藝術二二一頁。

第六章　圖騰的圖畫

圖騰民族所產生的描寫藝術，與雕刻同義的，尙有圖畫。

正如我們所信：舊石器時代冰鹿期的巖洞描寫，全爲原始圖騰民族的儀式場所或住所的圖騰記號等魔術設置的遺蹟。我們進而考察阿塔拉，Font de Gaume, Marsoulas 等洞的壁畫，更可明確地指出圖騰的用意。

壁畫的描寫，仍與線雕顯示一致的趨向，也以野牛、冰鹿、馬、巨象等動物形爲描寫對象。阿塔米拉一洞，洞頂端及牆壁所描寫馬的輪廓，表現力之雄厚，用色之精巧，尤爲世所驚嘆。輪廓全部都塗黑色或紅色。其中一隻黑色的野牛圖形、最爲可觀。距洞口不遠的左旁壁上所作動物壁畫，以野牛至多，鹿、野豬較少。動物形態有走動者，有低臥者，爲史前藝術中最精彩之作。克庇丹及勃魯伊詳細研究其洞壁裝飾之位置，謂其洞頂很低，畫者必勉強地跪於地上或斜臥着工作。而動物圖象長度約在四英尺至七英尺之間，野牛之最大者，由鼻至尾部長約五英尺。（註一）畫家既屈就於勉強的不自然的環境之下，尚能從事於這種體大思精的描寫，實不可視爲出自無目的之遊技。同時，描寫動物羣的壁畫，往往帶複雜的技術之表現，決非單一圖騰部族的產物。故阿塔米拉洞可斷爲集合許多圖騰部族舉行如阿龍泰人的「陰特邱摩」祭的儀式之場所。

與阿塔米拉相距不遠的 Castillo 洞，所見巨象、野牛、牡鹿等圖象，均塡紅色或黃色之彩畫；馬、赤鹿、山羊、羚羊等，概作粗闊的黑色線條。巨象形則與現代的象類完全同樣。動物描寫之外，尙發見掌形鏤刻。掌形恆集中成一畫幅，周圍復作黃色野牛象，間有掌紋印在野牛的體部。按掌形鏤刻法國西南諸洞如（Gargas）等洞，發見尤多，數目多達一百以上。有不完全的，或只作一二指形，而左手形最爲慣見，可知其爲用右手使用顏色，鏤印左手的圖樣於巖石之上。（註二）就目下的圖騰民族間，仍可得見同樣的事實。澳洲土人的壁洞掌形描寫，馬太（R. H. Mathew）曾詳爲記述。（註三）又於 Arizona Nicaraqua 等洞所見印地安人的掌紋鏤刻，其樣式全與此洞者一致。原始人類鏤刻掌形的用意，諸家解說各殊。惟我們的見解，仍不外圖騰民族用之以爲記錄重大的歷史事件之手段。原始人類之使用圖畫記述過去陳跡之事，今日已非孤獨的發見，美古路卓·馬克來（Miklucho-Maclay）旅行新幾內亞，野蠻人爲小船行下水禮而招氏宴會。宴終，土人雕刻各種難解的圖象於木桿上，詳記宴會的情形。由於土人的解釋，始知桿子上被記者爲二隻行下水禮的小船，六個宴席上盛食物的小碟，以及爲宴會而屠殺之豬等。（註四）故圖騰民族於洞壁上所作掌形，當爲記錄部族成員參加儀式之人數；或於各成員進入洞穴時，自將掌紋印於石巖，類似今日出席會議之會員簽名式。或又爲表現成員與圖騰祖先互相關聯的咒術行爲，如Castillo洞之掌形，倘有捺於動物圖象之上者，尤可據以推知此種用意。

法國西南部的Marsoulas洞的壁畫，所作動物圖形至多。描寫於距洞口十一碼左右之處的圖畫，篇幅極大。野牛形之最大者，長約六英尺。中央坑道之動物形，線條多都精巧野牛圖則用黑色取輪廓，中塡紅彩，間有在體部作無數的紅斑，而頭部一律敷塡色彩，不作斑點。發見於一九〇六年的Niaux洞，野牛、馬、山羊等壁畫描寫，最爲傑出。據開掘者的報告：「圖畫單使用黑色，紅褐等色，全然缺乏。」（註五）動物的圖象，大小少有與實物相稱。最大的馬形，從鼻到尾部，長度僅五英尺而已。野牛形的體部作毀傷的三角形記號者也多，這個正如前述線雕同爲圖騰民族攻擊敵方的呪術行爲之痕跡。

Font de Gaume 洞的壁畫滿佈全洞，描寫的動物爲野牛、馬、冰鹿、巨象、熊、狼、犀牛等。其一畫幅規模之大者，上作十餘野牛形，另一作五隻巨象，九隻野牛，一隻貓類動物，及馬、冰鹿等。圖野牛描寫之豐富，冠於各洞。顏色慣用紅、褐、黑三色。其輪廓都先施線雕，然後敷塡色彩。此外，冰鹿描寫的姿態，極爲自然。犀牛形則用大紅線條取其輪廓，背上的線條之下方作向前走之平行線條，腹部也以同樣的線條表示犀牛的毛髮。

西班牙中部及東部也發見有巖洞圖畫，同係圖騰民族的產物無疑。附近加拉巴達(Calapata)各洞動物描寫有牡鹿、牡牛、山羊等，慣作紅黑二色。勒黎達省(Lerida)的 Cogul 洞的壁畫，有作一人追擊野牛的場面，或即攻擊敵方圖騰的呪術行爲的藝術表現。所繪牡牛、羚羊、牡鹿等動物羣者，又概施紅色。距亞巴拉先市(Albaracin)附近的洞穴壁畫也甚著名，牡牛形塗深紅色或黑色。此外，阿爾伯拉(Alpera)地方的巖洞中，描寫鹿、牛、赤鹿、山羊、鳥、狗等動物形者很多，且作簡省化的紋樣，顏色非常鮮明。

一切民族都經過圖騰制的社會階段，作爲史前圖騰藝術遺物之一種的動物壁畫，要從地域上找尋它的發源的故鄉，只是文化傳播一派學者徒然的勞作。蓋舊石器時代的巖洞遺址，爲今日所發見的，不特歐洲、法國西南部及西班牙等地，東方如中國之甘肅、蒙古；印度之納巴達河（Narbada R.）左岸；西伯利亞各地之繼續被發見者甚多。而亞伯利亞、貝加爾湖（L. Baikal）附近之馬爾太（Malta），即比拉雅河（Bielaya R.）左岸的洞穴，出土的骨器、角器，多雕刻爲有翼之鳥形、魚形、蛇形，與歐洲冰鹿期的用具雕刻，全然一致。印度中部更發見類似阿塔米拉等洞的動物壁畫，可知圖騰制之存在於原始的獵狩民族的社會組織中，並無地域的限制。而且印度中部拉格爾(Raigarh)地方之新甘波羅(Singanpur)的洞穴壁畫，一九一〇年爲愛特生(C. W. Anderson)所發見。氏於洞口，採得類似西班牙諸洞得見之瑪瑙石器，遂斷其爲舊石器時代後期的遺蹟。後復由勃龍（P. Brown）的調查，始於洞穴間被土人稱爲「社殿」或「神聖的場所」(Madirs)之崩口，窺見壁畫的一部分。畫都作紅色，以野牛、象、鹿、袋鼠、蜥蜴等動物形象爲描寫對象。其技術，約與西班牙 Cogul 等洞者同一階段，所敷顏色，均爲單彩。（註六）爲至可注意之事實。

原來歐洲冰鹿期各岩洞的圖騰圖畫，若云其模倣動物外形的天然色彩而施以複雜的多樣彩色，寧可謂其出自敷塡輪廓線條以鮮明的色彩的需求。上述各洞壁畫，無論何處，都注重輪廓線之描寫，如阿塔米拉洞所繪動物外形，輪廓線條，都塡黑紅二色，甚或加施雕刻。輪廓線既作殊異內形的特殊色彩，畫幅自成二色以上的複彩表現，此不能不視爲圖騰圖畫之一大特色。再求之於澳洲圖騰民族之一切巖洞的圖騰描寫，其表現色彩之用意，也得見其同一作風。且由於刻意輪廓線之造作，更形成鮮明可觀的紋樣描寫。斯本塞及基倫所採集澳洲中部慣見的巖洞壁畫的動物紋樣約十餘類，每類都以特殊的色彩塡其輪廓線條紋樣，大致類別如下：（註七）

（一）野犬紋樣：以木炭畫其輪廓。

（二）長尾鳥：輪廓作紅色，內形敷黑色。

（三）蜥蜴：用紅色塗其邊線，頭部作放射線。

（四）蛇出洞穴形：輪廓作白色，中塡黑色。

(五)某種動物圖樣輪廓塡黃色，體部敷黑色，又取黃色線條爲足部。

(六)人頭部用木炭畫輪廓線。

(七)鷯鴣鳥坐於蛋上：作黑黃二色。蛋作黑色，周邊圍以白色。雙足趾分作三叉形，也施白邊。

(八)植物紋樣：羊齒植物類，紅色。

(九)蜥蜴類動物之變形：輪廓以紅色線條爲之。周邊有黃紅線條，交替向外放射。

(十)石刀：用黑線爲輪廓，中敷紅色。

觀此，繪圖藝術之發展，由單彩而複彩，由實寫而紋樣，着重於輪廓描寫之圖騰圖畫，當有推進的作用於其間。

至南非布西曼的圖騰圖畫，則多作複彩。塗色比任何圖騰民族者都要複雜，貯藏壁畫的洞穴，分佈極廣。弗利玆(Fritsch)所見：希望市(Hope Town)不遠的山上的石板鏤刻動物形象約數十以上。同一石塊上，常有二十或三十以上的數目。從好望角(Cape of Good Hope)之連接地帶——其中之特魯伯·克魯夫(Tulbagh Kloof)，今尙存此等舊址——直貫通全殖民地而越奥蘭治河(Orange R.)一帶。（註八）而沿達拉昆斯堡山脈(Drakensberg)的山洞的圖畫，都作象犀、高跟鹿、大羚羊、獅子、蛇、魚、大鳥、馬、犬等動物形。畫幅且長至八英尺及十英尺之間。使用顏色多至六七種，如白、黃、紅、褐、紫、黑等。素地上稍掃淡色；黑巖石則稍施雕刻，白巖石則重敷色彩。觀其輪廓的正確，不能驚嘆獵狩民族的捕捉描寫原型的能力。他們由於日常的獵狩生活的練習，關於動物的性質習慣等往往具有極精細的理解。而其視力尤為良好。柯林斯(Collins)曾說：「澳洲土人的視力格外良好，他們的生存往往依賴其眼睁之銳利。」（註九）弗利茲更說：布西曼的感覺之銳利，足以制勝其他南非的土人。追尋動物的足跡，尤為布西曼最熟練之手技，故所作動物描寫寫實的程度，極為可觀。

壁洞圖畫之外，澳洲圖騰民族，作為裝飾儀式場所及儀式用具的圖畫描寫，尙有最足述的「止介茄」(Churinga或Tiurunga)，其上所作的動物圖象完全脫離寫實的形式，進而取省簡體的象徵紋樣。按「止介茄」為阿龍泰語。他們視此為圖騰儀式必需之用具，多用木片或磨石製成卵形或橢圓形，小者長約一英尺，大者五六尺不等，表面概作圖騰動物及代表其神話傳說的紋樣。

阿龍泰人信此物是圖騰祖先寄托之所，故常將其放祕密的地方，除長老外部族成員，絕對不知其所在。婦人及未入社的青年，也不許接觸。埋藏「止令茄」的場所，就成爲不可侵犯的聖地，稱之爲「阿特那頓加」（Ertnatulunga）。（註一〇）

斯本塞及基倫著書所載：「止令茄」的描寫紋樣，多作白色。阿龍泰人屬於蜥蜴，食火雞、蛙、水諸圖騰部族的「止令茄」，表面繪着的紋樣，初不解其屬意何在，實則都不外作圖騰與人類互相關係的記述。據其所述：一個蛙圖騰的人，代表死者靈魂存在的「止令茄」，兩面各繪三組圈子，表示三棵著名的橡皮樹，生長於胡夫河（Hugh R.）畔，中間繪者爲屬於蛙圖騰集團所有之住所。另一面作直線，代表橡皮樹的大根。一端的二組曲線，爲其小根。其所描寫橡皮樹與蛙圖騰部族爲鄰近關係者，因爲蛙羣常住於橡皮樹的洞穴中。同面，又作無限小圈子，象徵小橡皮樹，有代表其樹根之線條，連結之另作虛線，沿佈「止令茄」的邊線，爲蛙出現之痕跡，卽形容其跳躍於河床的沙漠中。「止令茄」之另一面，繪一列很大的同圓心的圈子，爲蛙跳出橡皮樹之形象。連結圈子上的直線，卽蛙子的四肢。這樣作同圓心的圈子而聯以直線的紋樣，爲澳洲蛙圖騰人的「止令茄」最常見者。

屬於蠐螬卽「猶尼利尼林吉達」(Udnirringita) 圖騰人的「止令茄」的紋樣，一面於中間繪着一列彎曲線條，象徵一大蠐螬。四周有梳狀線條，爲蠐螬住地掘開地面之孔洞。蠐螬之旁，繪一列半圓形線條，表示人的存在。背面描寫的彎曲線也爲一隻蠐螬，上下作同圓心之圈子，卽其卵形。上端描橫線若干，爲蠐螬身體上的記號。

又大蜥蜴圖騰卽「伊楚巴」(Echunpa) 人的「止令茄」；正面兩端繪四個半圓圈子，中作波狀線條表示動物的長尾，半圓線卽爲其肋骨，另一端之點線爲動物的痕跡。背面取虛線成半圓形，象徵動物之肩部，另作黑點穿過胸部，下面復以半圓形代表大肋骨。小肋骨後，沿着動物下面的表皮，作許多斑點。

其他，蟻圖騰人的作四個圈子，代表蟻及人的各部分；野貓圖騰人者，也各有用意。總之，紋樣慣作一列一列同圓心的圈子及螺旋形線條。而小點列成圓圈或直線，常用以代表人與動物的痕跡，人類，又多用半圓線象徵之。動植物，則簡省化而取圓圈或螺旋形的線條作紋樣的表現。(註一一)

『止介茄』非澳洲圖騰民族特有之物，南非北美的土人所謂神聖的石片全屬同類的東西。冰鹿期遺物中類似『止介茄』的石片也有發見。法國南部之 Mas d'Azil 洞出土的所謂彩礫 (Coloured pebbles)，表面所現的紋樣無疑就與阿龍泰人的『止介茄』一致。

據伯特 (M. Piette) 所云，此洞所得彩礫甚多，許多礫石，都塗紅色而帶過氯化鐵。礫石極平滑而恰似卵形。所塗紅色記號，闊約半英吋，偶有先掃玫瑰色於石的全部，然後塗上紅色的記號。顏料都以過氯化鐵為主。未施顏色之前，或又混合油質松脂，使色彩固着於石上，雖受雨水沖洗，也不容易分解。描寫紋樣極多，或為線條，或為圈點，或作動物形象，頗似圖騰記號，手法與阿龍泰人的『止介茄』顯示出一致的傾向。伯特尙斷定為舊石器時代終期人類的象形文字(註一二)則視彩礫為史前圖騰民族使用之『止介茄』，更無可異議之點。然按阿龍泰人的社會組織，已採取較馬特里尼期人類的圖騰主義為進步的形態，若據以測定所以產生『止介茄』的社會條件，那彩礫的產生時代，又當稍後而為新舊石器之過渡時代了。

澳洲圖騰民族，均當儀式舉行之機，常於桿子上描寫圖騰形象。或地面上繪畫圖騰動物，以代表其神話傳說的紋樣。華拉孟加人『伏龍魁』(Wollunqua)蛇節所造者更爲可觀。卽集成員於儀式場所中間取沙土堆成小崗一座，表示圖騰的存在。據斯本塞及基倫所記小崗的製造曾耗費一天的時間，先於地上掘開一約十五英尺長二英尺廣的泥壕，混水於沙泥塡滿之。再堆成高約兩尺之小崗，作半圓狀表面磨掃極爲平滑。兩側各繪一闊約四英吋的波狀線條，二線互相交於小崗之每端。北方一端爲蛇頭，南端爲蛇尾。餘各部分概作紅色與白色的斑點。代表蛇身之波狀線條，全敷紅色。(註一三)

一切原始人類的描寫，並非純粹地爲美的表現，而是規定他們的物質與思維的現實之反映。華拉孟加人所作的小崗，就被視爲現實的事物之存在，而發生圖騰禁忌的效能。成爲如涂爾幹所謂『作爲圖騰存在之圖畫比圖騰實物的存在，更爲神聖』(註一四)的神聖之所在了。

『伏龍魁』蛇節中，更有一種直接描寫圖騰於地面的畫地紋樣之描寫，較出現於小崗者爲複雜。華拉孟加各圖騰部族各據地面的一塊，描寫自己部族的圖騰。地面先用手抹擦平滑，再灑水掃之。乾後，以紅黃色泥土，或描同圓心的圈子，或作彎曲的線條。其餘全部，塡以白點作爲主要紋樣的圓圈或線條由一老人完成，通常爲「華加亞」（Worgaia）醫生。白色的原料，係登寧特溪（Tennant Creek）附近之磁土所作紋樣，至爲精巧。其一中間作黑色的三個同圓心的圈子，代表儀式場所『呼能登謨拉』(Ununtumurra)，圈子最外一邊作一半圓，末端廣闊而伸出一黑色波狀曲線，長約十八英尺。圈外復作曲線二枝。有一列用人足踝踏成的黑色腳印，沿着長曲線而走。尙有二足印，印於小半圓線的旁邊。此外空隙的地方，全敷白點，其長曲線與足印，卽記述名爲 Mumu-manungara 者與大蛇的傳說。其他者，多作圓圈於中間，四周伸以半圓線，或以少數之波狀線條連結於一方。(註一五)均描寫其大蛇所居之洞穴。

綜觀各地圖騰民族的圖畫，雖有寫實及象徵的表現形式不同，其代表圖騰動物之存在，或記錄圖騰傳說之用途則一，文字用義，如取廣義的解釋，此等圖畫，當爲圖騰民族的文字無疑。而用手形鏤刻以記錄參加儀式成員人數之多寡，文字之義尤爲明顯。由此更進而以其記述圖騰部族之戶籍人口等具體之使用，求之於北美印地安人圖騰部族中，也可多見。據阿維伯里(Avebury)云，印地安人所造戶籍表，都繪圖騰的圖象以爲代表。有蝲蛄、海豹、太陽、鷹、蛇、野牛、斧等形。每一圖騰記號之下，復加線條若干，表示圖騰部族所有成員的數目。(註一六)又有繪畫各動物圖象，而於眼睜及心臟之處各以線條連結之，向政府表達諸圖騰部族一致的意見，一致的感情者。(註一七)是則北美的圖騰民族，採用圖畫以當文字的使用，已極普遍。所以圖騰民族之圖畫使用，實開一切象形文字之端緒，埃及後期象形文字的出現，顯然受其影響至深。可知表達人類內心的意思，或爲保留陳事之記憶而作象形描寫，從圖畫發展到文字的過程中，圖騰民族曾盡了極大的任務，圖騰圖畫因之就萬不容許忽視。

(註一) E. A. Parkyn: Prehistoric Art pp. 99, 100.

(註二) E. A. Parkyn: Prehistoric Art pp. 90, 91.

(註三)見 Journal of the Anthropological Institute Vol. 25. p. 145. With Plates 14.

(註四)昇曙夢譯 V. M. Friche 藝術社會學二五頁。

(註五) E. A. Parkyn: Prehistoric Art p. 89.

(註六)駒井和愛等東洋考古學二九〇至二九二頁。

(註七) B. Spencer and F. J. Gillen: Across Australia Vol. 1. pp. 118-120. With Plate 2.

(註八) E. Grosse: The Beinnings of Art p. 181.

（註九）Collins: North West and Western Australia Vol. 1. p. 315.

（註一〇）B. Spencer and F. J. Gillen: Across Australia Vol. 1. p. 209.

（註一一）B. Spencer and F. J. Gillen: Across Australia Vol. 1. pp. 210-216. With Figs. A. B. D.

（註一二）H. F. Osborn: Men of the Old Stone Age pp. 463-465.

（註一三）B. Spencer and F. J. Gillen: Across Australia Vol. 2. p. 402. Fig. 281.

（註一四）古野清人譯 E. Durkheim 宗教生活之原初形態卷上二〇九頁。

（註一五）B. Spencer and F. J. Gillen: Across Australia Vol. 2. p. 406.

（註一六）L. Avebury: The Origin of Civilization Primitive Condition of Man p. 49. With Fig. 5

（註一七）L. Avebury: The Origin of Civilization Primitive Condition of Man p. 54 With Fig. 11.

第七章　圖騰的跳舞

跳舞爲激勵宗教情感最有效的動作。圖騰民族，從出生到死亡的儀式，無不以跳舞爲重要科目。入社式，『陰特邱摩』(Intichiuma)式，死葬式，宗教集會等所有的跳舞，或則模倣其圖騰的動作，或則整列隊伍作體操舞蹈。綜計各地圖騰民族共通具有的跳舞儀式，有以下四類：

第一類　入社式

圖騰集團的成員，達到一定的年齡，舉行入社式後，始被正式承認爲集團中的一員，接受集團的一切權利與義務。故引渡成員參加圖騰集團的生活規範，實即入社式的任務。儀式中如由長老向新成員申述圖騰部族之起源歷史，又令新成員學習圖騰的叫聲，模倣圖騰的動作，用意都極顯明。跳舞一項所表現者尤甚。

各地的入社式的跳舞表演形式，雖倣有不同，大致都以模倣圖騰爲目的。跳舞者必須裝扮爲圖騰的樣子動作的表演完全模倣動物動作的形狀。歐洲舊石器時代遺蹟如 Font de Gaume, Combarelles, Marsoulas, Castillo, 阿塔米拉諸洞發見的線雕中有所謂猿人形者。斯伯令斷定爲不外原始人類模倣動物跳舞的描寫。(註一) 曼特周斯 (K. Mantzius) 曾述澳洲土人精於模倣鴕鳥、袋鼠田蛙等動作，特別愛用腕部象徵動物的頸部。(註二) 都指明入社式的跳舞情形。新南威爾斯的土人的入社式也作模倣動作的跳舞，且又刻意於祈求圖騰祖先賜予新成員以神祕的獵狩技能。其跳舞的表演，非僅爲動物動作之模倣，而是獵人行獵的場面，據哥林斯所述：入社式之際，預先給與新成員一個草製的袋鼠偶像，意卽給他們以一隻死的袋鼠象徵接受到有殺死一隻袋鼠的能力。衆人又繫袋鼠的尾巴於背後，模倣袋鼠的跳躍，另二人持矛而追之佯作傷害他們。(註三) 其他澳洲各部族也多舉行獵狩跳舞，或排演啞劇，與出獵前所表演的獵狩跳舞同樣。非洲土人的鱷魚跳舞，尤爲普遍。北美印地安人入社式的跳舞，所模倣熊、犬、野牛等的動作，稍似默劇的表演，也相信新成員參加跳舞以後，便得到特殊的魔力。如西珂人 (Sioux) 稱爲『伐甘』(Wakan)，易洛魁人所謂「阿龍達」(Orenda) 的保護，卽爲跳舞者具有的魔術效能，由此使新成員獲得圖

騰威力的一部分。(註四)

我們要了解入社式的獵狩跳舞的意義，同時有注意圖騰民族舉行於出獵前的獵狩跳舞之必要。西非赤道線下的土人出獵大猩猩時，令一人裝扮大猩猩，表演為獵者所殺死的情形。北美達科太人出獵熊前也行獵熊之舞，即一人披熊皮，戴熊頭，化裝為熊的形狀，結果被獵人加以馴服。西珂人的獵狩跳舞則分全族人為二部分，一部分飾水牛，佩帶水牛的皮角為標記，一部分飾為獵人佯作將全羣水牛包圍殺掉。據查都勃蘭(Chateaubriand)所云：印地安人每一出獵，均作動物跳舞，表現動物的動作習慣以及被獵打時的叫聲，或作熊的攀援，水獺的走步，水牛的跳，鹿的躍，狐的叫等等。(註五)此種跳舞完全象徵其獵狩之對象物被獵人所支配，所征服，實出自原始人以魔術的倣模，是為現實事物的產生之意識形態的表現。即以獵狩跳舞的魔術，有影響於現實的動物獵狩之效能。入社式的獵狩跳舞，不外教導新成員學習此種間接影響於現實的動物獵取的魔術的表演形式。

第二類 『陰特邱摩』式第一部

「陰特邱摩」式，佛來則謂其爲圖騰儀式中之最要者。澳洲阿龍泰人每部族都有舉行，日期依季候而定，概在雨季開始，動植物剛在繁殖之際。確實的日期由長老「阿拉典家」(Alatunja)決定。

據史德萊(Strehlow)的見解，「陰特邱摩」式不過入社式之一種變形。事實上完全已無入社式的手續存在，轉以祈求圖騰動植物的繁殖爲目的。故儀式中，表演動植物繁殖的擬態頗多。如描寫圖騰於巖洞，成員進入其間，歌頌動物生卵，植物出芽；或擊碎巖石，磨擦各成員的胸部，象徵圖騰生命的萌芽；或將碎石散佈四方，作圖騰向四方繁殖之模擬；或用人血灑灑巖石，貫輸圖騰以生命的活力；或取聲音作蝙蝠、鷲、鴕鳥的叫聲，表示圖騰動物的降生。正如涂爾幹所云：「爲求動物的繁殖而模倣動物的形態，取動作與泣喊以達其目的。」(註六)而於動作上模倣動植物長成的表現，是爲模擬圖騰的跳舞。

斯本塞與基倫的遊記所述：阿龍泰人 Witchetty 蠐螬圖騰部族，「陰特邱摩」式的跳舞情形是：跳舞者的身體都作模倣蠐螬的裝飾，集合於一定的場所。老人「阿拉典家」預先隱藏於以樹枝圍成的所謂「溫巴那」(Umbana)的屋子中，象徵此種甲蟲初生的蛹。全部成員出現於「溫巴那」的附近，時行時止地向「溫巴那」進發。最後進入屋子之中，放聲歌唱。歌詞都中述甲蟲的發生情形或蠐螬圖騰隱身於巖洞的故事。歌止，老人「阿拉典家」躍出屋外，蹲於地面開始作模擬甲蟲之從蛹發生時到甲蟲期諸階段的變化之跳舞，成員復唱歌解釋老人的動作。（註七）

Unchalka 蠐螬部族人，「陰特邱摩」式的跳舞中，對於動物的模倣，尤爲週到。跳舞者慣以蠐螬之發生形態的圖案爲身體裝飾。復用楯象徵甲蟲寄生的地方，主祭的老人或彎曲身體，或跪或走，互相交換其動作；同時或迴動其伸出之雙腕，表示甲蟲的羽翼。有時匍匐楯上，作甲蟲飛向附着卵子的樹上的模擬。舞畢，另一場所又先置楯二件於地面，其一取曲線描寫蠐螬的痕跡於上面；他一則繪一大圈子，代表甲蟲的卵，或養育甲蟲的種子。老人乃出現其中，作甲蟲脫蛹而出的舞蹈。有時四方迴動，即模擬甲蟲忽飛忽止的動作。（註八）

北美非洲各地的圖騰民族，也同樣有「陰特邱摩」式的舉行，「陰特邱摩」式的跳舞，就爲各地圖騰民族共同具有的現象。新幾內亞南端之馬華特（Mawata or Mowat）土人的西米

(Sago)祭式，也以模擬的魔術增加西米的繁殖為用意。（註九）非洲之烏干達人的繁殖祭，如蟋蟀等圖騰部族，也表演其圖騰的動作，祈求蟋蟀的增長。象圖騰部族所表演的儀式，佛來則認為與阿龍泰人的「陰特邱摩」式同一用意。（註一〇）北美阿馬哈人鳥部族人的魔術儀式，意也同屬祈求圖騰的繁殖，即表演人餵穀於小鳥的場面。風雲諸部族的人也同取動作為霜露下降的形狀，形成模擬自然現象的舞蹈。

第三類　「陰特邱摩」式第二部

「陰特邱摩」式第一部儀式完成之翌日，接着舉行第二部儀式。是為殺食圖騰，暫時解放禁忌。阿龍泰人此類儀式之主要的舉行者有二部族，一為蠐螬，一為袋鼠。

正當蠐螬出現之際，部族的成員各自外出捕捉蠐螬，獻給長老。長老將其搗為粉末而吃之，以其剩餘部分分給成員。同樣，袋鼠部族的成員，也於第一部「陰特邱摩」式終結之後，外出獵狩袋鼠，贈獻老人。老人們吃盡袋鼠的肉，用脂肪塗於參加儀式者的身體上。夜間，成員則作袋鼠的裝扮，歌舞以求助於圖騰。如此反覆十餘日，儀式終了，就恢復圖騰禁忌的常制。（註一一）

「陰特邱摩」式第二部的最大的特色爲破除圖騰的禁忌，殺食圖騰。在此一定期間，食物禁忌的解消，實爲集團間暫時彌補食物恐慌之特殊處置。殺食圖騰動物既出於經濟上不得已之要求，其儀式就全以向圖騰贖罪爲目的。如宰殺袋鼠時，取歌舞表演袋鼠的功績藉慰袋鼠的靈魂。全體成員又作體操跳蹈，贖罪於圖騰。

蝦夷人的熊祭卽屬此類儀式之遺制。每年有所謂「周揚曼達」(Jyamande) 的祭式，係爲送熊而舉行，集衆宰殺最崇敬的熊，共食其肉。殺熊之際，男女繞熊而舞，求贖於熊，與「陰特邱摩」式第二部全然同樣。灰野庄平曾斷定熊祭舞蹈確爲圖騰文化期的舞蹈之遺習。「蓋熊祭已顯示其動物崇拜之痕跡，而其眞相，尤着重於殺害其所崇拜之動物而向其謝罪之一義。故熊祭的舞蹈，行於殺害神聖動物之際，向其作謝罪慰籍，祈求賜宥的動作。」據氏的報告，熊祭舞蹈的情形爲：

「未引熊出檻之前，男女盛裝，繞檻舞蹈。先舞「夫伊雅」(Fuiya) 式數回。主人引熊繫於木樁。婦人繞熊而舞，跳舞方式，漸由簡單而趨複雜。其間，青年們取弓引花矢向四方射熊，熊被射而呻吟。此時酋長或勇者以利矢射熊，……復用二桿夾熊首，將熊殺掉。……二人引死熊到祭壇前，令熊俯坐而供酒。酋長舉盃行「加母伊娜美」(Kamuinomi)儀式。禮畢，取熊首插木桿上，剝去熊皮，以熊肉製餚設宴欣飲。』(註一二)

儀式中所謂『夫伊雅』式跳舞，即屬『林西』(Rimsey)式羣舞之一種。大都男女合舞。舞者圍爲圈子，雙手置於腰部，且歌且舞。最先屈上半身向前，作四十五度角。屈曲時微呼一聲『華』(Wa)，左足向前伸出，呼第二聲『海克』(Haike)時，仰起上半身，再呼『華』聲時，轉伸右足向前。由於俯仰姿勢的轉換，左右兩足互相伸展，呼聲的前後反覆，形成一種單純的韻律運動。

佛來則於金枝(The Golden Bough)中述及斯林克(L. Von Schlenk)所見西伯利亞黑龍江(Amur)畔土人的熊祭，儀式也同一系統。熊宴之日，婦女舉行奇異的跳舞。另有婦女獨舞，轉動其上半身作巧妙的姿態，兩手握取木片以爲拍子。斯林克亦確斷與熊舞有一致的意義。

目下圖騰民族『陰特邱摩』式第二部，關於跳舞的記述材料，至爲貧乏，上舉兩地的熊祭跳舞，既爲其遺制，自可由此還原此類跳舞的情形了。

第四類　「伏龍魁」蛇節

澳洲華拉孟加人紀念圖騰祖先的儀式之要者爲「伏龍魁」（Wollunqua）蛇節。神話中的「伏龍魁」蛇住於馬止孫山脈（Murchison）一帶，水洞中它的住所被稱爲「特伯爾流」（Thapauerlu）。蛇尾住在洞裏頭部伸延於百五十哩外。尾部豎立時，頭可沒入雲際。華拉孟加人相傳各部族爲「伏龍魁」所生。涂爾幹認爲「伏龍魁」乃一個集合的圖騰名詞，各圖騰部族共同承認與此動物有密切的血緣關係，「伏龍魁」實可視爲更進步的圖騰名詞。故華拉孟加人雖分爲幼流魯（Uluuru）及金基里（Kingilli）二支族，而於「伏龍魁」的信仰，則共同一致。

據斯本塞及基倫所述：「伏龍魁」儀式的執行二支族的成員，常分任其職務，幼流魯族的人們爲主祭儀式之執行者；金基里族人爲事前之佈置，或參觀者。儀式中具有社會教育的意義甚多。跳舞常表演大蛇的神話傳說，及集團共同遵守的禮節。儀式之夜由十時起，二族的成員出現於場所而歌唱，達二時尤繼續不絕。幼流魯人排成行列，跪於蛇形的小崗之前，復起立，迴繞於周圍，稍稍前進，又返覆跪於地下。各人雙手常置腿上，身體左右傾倒，口中喊出 Yrrsh, Yrrsh, Yrrsh 的聲音，幫助其動作；金基里人在旁奏樂相助。最後幼流魯人再次環繞小崗歌舞，用武器將小崗擊毀。

另一儀式中，跳舞的動作，多帶戲劇的形式，且繼續表演十餘日。地域也隨時變更，表演傳說中大蛇所經過的地方。又取紅色線條繪於表演者背上，令表演者模擬大蛇的動作，或盤屈地面，頭部左右搖動，表演大蛇雲遊洞外，尾部仍藏洞中的故事。

其他一個紀念黑蛇儀式的跳舞，完全採取戲劇表演的場面，將故事節斷爲若干節目，作齣幕的表演。演員以羽毛，彩色等作象徵黑蛇的裝飾，模倣蛇的蠕動，或歌唱黑蛇的歷史，或圍繞小崗而慢步，或屈低頭部向地上的蛇形畫地，表演黑蛇的足跡。(註一三)

澳洲圖騰民族之外，北美印地安人也有同樣的儀式。印地安人的傳說中的雷鳥，正與華拉孟加人的大蛇相當。井美辛之雷鳥跳舞，卽以紀念雷鳥爲目的，其舞蹈最富戲劇的形式。跳舞者飾以鷹的羽毛，頭戴雷鳥假面，或作電光閃灼，或作雷鳴的叫聲，觀衆復取水從屋頂上淋下，淋溼舞者的週身，婦女則歌唱雷鳥的神話傳說，合之於跳舞者的動作，形成戲劇的表演。(註一四)

第五類　「哥羅波里」

「哥羅波里」(Corrobborees)爲澳洲土人的體操跳舞，流行地域頗廣，又都構成圖騰儀式中之重要部分。正如格蘭特(Gerland)所說：「一切的跳舞都是宗教的。」格羅斯雖云其無據而主張大部分以熱烈的情緒運動的美的表現及美的刺激為目的（註一五）可是我們詳細考察阿龍泰華拉孟加各部族的圖騰儀式，幾無一不有「哥羅波里」的表演。如華拉孟加人的火祭（Fire Ceremony）「伏龍魁」蛇節其他紀念圖騰祖先的儀式；阿麗斯·斯伯令斯的阿龍泰人的「柴柴尼格拉」式(Tjitjingalla)的「哥羅波里」，此等跳舞都非純粹為美的刺激。

阿龍泰人的「哥羅波里」，極為莊嚴，繼續舉行一二週間。跳舞動作較為簡單。在「柴柴尼格拉」儀式中，「哥羅波里」的表演者多為成年的男子，婦女極少。各部族的表演者未開始跳舞之前，各以石膏，木炭，紅黃泥土等作身體塗色。跳舞既作，音樂與唱歌一齊合奏，歌詞為表演者自備。據斯本塞及基倫所記，舞者約十二三人，然亦無一定的規定。表演的形式，僅於觀衆前面排整行列，或前或後的轉動，多取跳躍與高舉膝部的動作。另一跳舞形式，舞者分為二部分，相向而立，後又逐漸集合為一列。每部分中的人又隔開相當的距離。當兩列展開時，每人穿自他列的人的中間走過。他們這樣互相變更地點的時候，恰好成為四方形的舞陣。舞者手中，還各持有長約四英尺的拍板，上

端捆以人髮，上下搖動，以助拍子。(註一六)

再據湯姆斯（Thomas）所述，維多利亞地方土人的『哥羅波里』情形，也頗一致。即『哥羅波里』多於月夜舉行。場所慣在有樹林的空地中間燃燒薪火。舞者預先隱身樹林之間，施行身體裝飾。火堆之一旁，集合着婦女合奏隊。忽然軋軋的聲音作響，跳舞者遂出現於場面。跑入火光中的三十個男人，都以白泥塗身，兩眼週邊塗以輪環，腰部與四肢各作長縞，且以樹葉縛於足踝，腰部圍以皮革。婦女相向地列為馬蹄形，她們完全裸體，膝上繫着巧疊而緊張的袋鼠皮。指揮者立於婦女羣與薪火之間，彼着袋鼠皮裙，兩手都持一棒。觀衆或立或坐，圍成圓形。指揮者似檢閱舞者般的覽過一目，又跑近婦女羣，將手中之棒一拍，舞者電擊般列為一排，前進數步又止。指揮者復檢查一過，最後發以信號，即用二棒打合拍子，舞者從此一致地運動，婦女羣且歌且叩擊袋鼠皮『哥羅波里』遂開始了。

跳舞中，舞者常保持精確的拍子，歌聲與動作極相吻合。或躍向兩側，或前進，或後退，盡量躍動。間又泳動雙腕，雙足跳動不已，體部時伸時屈。指揮者跳動不息，用棒子打拍子時，雙足前後躍動，又用高低不一的鼻音唱歌。彼且隨時移動其位置：時向舞者前方，時而轉趨盡力高歌着的婦女之前。及舞者達興奮之際，拍子愈疾，動作亦愈急速，且搖動體部向空中跳躍。最後一齊發出尖銳的叫聲，合一地恰如出自一人的口中。刹那間舞者再隱藏向樹林中了。場所暫時沈寂，指揮者再作一新的信號，時舞者忽又重現。這一次，他們卻排例爲曲線形。另一場合，或繼續第一次同樣的動作。婦女羣時而高聲唱歌，時而降低聲音。結果，舞者同樣的隱沒於林中。其後第三，第四，第五次也取同一方式表演。但有一定的時間，舞者列爲四排橫隊，第一隊跳出側邊時，各隊乃隨之前進，合爲一團，進到婦女羣的前面。秩序極爲良好，動作也依照一定的規則，達到最高的興奮之點。舞者手舞足蹈的咆哮，婦女狂歌而擊叩拍子。最終，指揮者高舉雙手向頭上高度的敲音打破了一切喧擾，舞者隨之消逝了。（註一七）

密考比（Myncopy）人的體操跳舞，完全類似阿龍泰人『哥羅波里』的形式。卽於茂林中之空地，集合身體塗色的男女約百人以上。婦女歌唱舞曲的疊句，坐於一旁。另一旁爲觀衆席，他們一齊拍掌伴奏。同爲舞曲及旋律的作者之指揮者，站於全體演員能看見的位置，足蹈響板的狹窄的一端，用槍弓支持身體。他一足蹠按叩響板，爲歌舞之拍子。當指揮者作宣敍調那樣的獨唱時，一切人們都沈靜着，但一發歌唱疊句的信號，跳舞隊又興奮地跳入場中，盡力運動，婦女羣的歌聲也更加強烈了。舞者的動作：時而彎曲背部，以曲着膝的一足支持全身的重量。時而手與胸部平行，向前伸出，一手的拇指夾於他手之拇指與食指之間，其他的手指向上張出。且用一足飛躍，一足叩着地面的姿勢一次一次的前進。前後進退，都按照響板及歌聲的拍子。舞者一有疲勞，指揮者在改換拍子之間，卽曲膝隨拍子有規則地交互舉動脚踵，作暫時的休息。（註一八）

北美印地安人的宗教集會，取類似『哥羅波里』的舞蹈形式者至多。集會慣以動物爲專門名稱，舞者也用該種動物身體的一部分爲裝飾品。摩爾根曾云：

『美洲土人的跳舞爲宗教儀式之一形式，一切宗教祭祀的場合，跳舞常構成儀式之一部分。世界各地未開野蠻人間的跳舞，沒有比印地安人更發達者。各部族常具有十組至三十組之多的跳舞。跳舞中的歌調、樂器、舞蹈方式、服飾，均有一定……跳舞乃貫通印地安人諸部族的一制度，又有關於他們的信仰及宗教儀式。』（註一九）

所謂跳舞與宗教信仰有關，亦就指明圖騰主義。據波亞斯（Boas）所記：愛斯基摩人的跳舞，多在戶外舉行，冬期則在專爲跳舞而建的場所。卽一間高約十五英呎，直徑約二十英呎，屋頂以雪堆成，中央一雪柱高約五英呎，上置燈火，部族人們爲歌舞而集中於此建築物時，已婚的婦女常沿牆壁湊爲一列，未婚者湊成第二列的圈子。男子坐於圈內最中心的一層，兒童於入口之旁，列爲兩羣。跳舞開始之際，一男子打鼓進入場中，衆人且歌且舞。歌由歌者自造。男人默然無聲，婦女都以『Amna Aya』的聲音加以唱和。舞者隨大鼓的拍子而舞，左右搖動上身。（註二〇）波亞斯所述，不甚完全，按之北美土人類似『哥羅波里』的舉行，除聯合各圖騰部族作宗教集會儀式外，每一部族，也各有其特殊的圖騰跳舞集會。據倭文女士（M. A. Owen）的報告，一個印地安老婦人告訴她；當老婦人自己還是一個孩子時候，曾參加過種種的圖騰跳舞會。其裝飾均取動物的皮毛，鱗甲及假面爲材料，大家一齊舞蹈。（註二一）又佛來則稱阿馬哈，波厄布羅（Pueblo）等土人也有同樣有關圖騰儀式的跳舞會，達科太人的野牛舞，卽其例子。

綜上各類儀式中所有的圖騰跳舞，不外二種形式：一爲動物模倣，一爲『哥羅波里。』前者以少數演員作單獨的表演，後者爲多數人羣作一致的躍動。前者的動作由於固定的目的所誘導，後者由狂熱的情緒的所之。這兩種的跳舞形式，不用說，都是被圖騰集團的經濟生活所決定。

動物的模倣跳舞爲圖騰民族之獵狩經濟生活之再現。其義至明。「哥羅波里」對於圖騰集團間的經濟生產上的協力，也曾盡了重大的任務。澳洲土人的勞動生產，有兩種不同的形式，互相交換舉行。一爲人口稀少的小集團，各自獨立地從事獵狩漁撈。一爲集中各部族的全體成員，作生活資料採集的協力，歷經數日以至數月之久。以「哥羅波里」爲主要儀式的圖騰集會，卽在此期間舉行。

「哥羅波里」正爲激勵集團間實行大量的生活資料採取的呪術行爲。我們可指出「哥羅波里」所表現這意義的兩點。第一：各圖騰部族共同協力的表現：格羅斯也曾理解這個意義，他說：

「獵狩民族的跳舞，概爲集團跳舞。通常一部族的成員或許多部族的全體成員，都參加演習。全集團依從同一的法則，同一的拍子而動作。一切記述原始跳舞的人，無不異口同聲的驚嘆這種動作的有整一的秩序。參加舞蹈的人，常被跳舞的熱力所溶解，爲情感所激勵而合成個體

般的動作。跳舞者完全沈醉於統一的社會狀態之中，好像一個有機體的感覺與活動。』(註二二)

換言之各圖騰部族的成員於『哥羅波里』的羣力的融合之中克服不規則的，不固定的游離生活狀態；捨棄不同的需求，不同的慾望，採取同一的目的，同一的感情作集團的總活動之表現。第二：『哥羅波里』爲生產機能向上的表現。原始人類的情緒，一受特殊的刺激至易陷入興奮的狀態之中，當各集團各自獨立地從事生產勞動而引起生產力低降之際，忽而集合巨大人羣作經濟上共同的協力，由此解消了原來經濟生活之矛盾。『哥羅波里』中如跳躍於血紅的薪火中，放聲咆哮，卽爲其由於孤立的，沈滯的生產狀態轉至異常騰沸的向上的狀態的表現。反而又從『哥羅波里』之熱烈的激勵，促進生產機能的向上。

同時，圖騰跳舞的形式，於戲劇發生史上的影響，尤爲我們不能忽略。一切模倣動物動作的跳舞，可視爲原始戲劇之萌芽。『伏龍魁』蛇節所有跳舞，完全排演大蛇的神話傳說，令成員溫習圖騰部族的歷史，產生了歷史默劇的雛形。『陰特邱摩』式第一部尙插入述明動物發生經過的唱歌，是神話傳說隨着音樂的韻律而滲透於跳舞的動作，演爲歷史歌劇。再，表現圖騰集團之一致活動「哥羅波里」所有共同韻律之動作(Rhythmical Monement),實開劇戲要素分化之前路。故圖騰的跳舞即原始戲劇表演之一形式,而爲戲劇產生之淵源。

(註一) H. G. Spearing: The Childhood of Art p. 77, Figs. 47, 48.

(註二) K. Mantzius: A History of Theatrical Art Chap. I.

(註三) Collins: Account of the English Colony of New South Wales pp. 569, 571.

(註四) 胡愈之譯 M. Besson 圖騰主義三三頁。

(註五) J. G. Frazer: Totemism and Exogamy Vol. 1. p. 39.

(註六) 古野清人譯 E. Durkheim 宗教生活之原初形態卷下五八三頁。

(註七) B. Spencer and F. J. Gillen: The Nature Tribes of Central Australia p. 176.

(註八) B. Spencer and F. J. Gillen: The Northern Tribes of Central Australia p. 179.

(註九) J. G. Frazer: Totemism and Exogamy Vol. 2. p. 31.

(註一〇) J. G. Frazer: Totemism and Exogamy Vol. 2. p. 503.

(註一一) B. Spencer and J. F. Gillen: The Nature Tribes of Central Australia p. 204.

(註一二) 灰野庄平大日本演劇史一六二頁。

(註一三) B. Spencer and J. F. Gillen: Across Australia Vol. 2. pp. 396-414.

(註一四) F. Boas: Tenth Report of the Committee on the North Western Tribes of Canada p. 50.

(註一五) E. Grosse: The Beginnings of Art p. 227.

(註一六) B. Spencer and J. F. Gillen: Across Australia Vol. 1, pp. 238, 240.

(註一七) E. Grosse: The Beginnings of Art pp. 208-211.

(註一八)見 Journal of the Anthropological Institute Vol. 12. pp. 390-391.

(註一九) L. H. Morgan: Ancient Society, p. 118.

(註二〇) F. Boas: The Central Eskimo(Annual Report of the United States Bureau of Ethnology p. 600)

(註二一) Miss M. A. Owen: Folk-lore of the Musquskie Indians of North America p. 51.

(註二二) E. Grosse: The Beginnings of Art pp. 228, 229.

第八章　圖騰的音樂

一般地，把音樂分爲聲樂(Vocal music)，器樂(Strumental music)兩種。圖騰民族舉行圖騰跳舞的場合，正如其模倣圖騰動作同樣模倣圖騰的喊聲，聲音隨着有韻律的跳舞動作，自形成模倣動物聲音的圖騰聲樂。『哥羅波里』之舉行，也有採用圖騰動物的皮，骨等製造的樂器，加以伴奏，由樂器發出之聲音，採取舞蹈的拍子。是圖騰民族間，又具有圖騰的器樂了。

音樂、跳舞、詩歌之原始形態，向來有兩種極其殊異的見解，即層位說(Stratification theory)與等時說(Synchronization theory)。前者以三者之發生，各自分離而有時間的前後及空間的層位。達爾文，斯賓塞(H. Spencer)主其說。後者相反地承認音樂、詩歌、跳舞三者之原始實結合爲不可分離的狀態，是爲格羅斯著名的三一致說。

藝術發生的問題，無疑成爲藝術發展史程中任何一點的重要問題。我們要解決藝術史上一切的問題，都須以此爲發軔點。因之，我們於圖騰音樂的研究之前，音樂、詩歌、跳舞三者之產生問題，就有尋求正確的解答之必要。

原來層位說，爲心理學者採取心理學或生物學的方法所考察的結論，其說不足據以說明原始人音樂、跳舞、詩歌的結合的形態，正如格羅斯所非難。他曾舉出極顯著的例證來：

「音樂在最低文化階段，是與跳舞詩歌極密切地連結而出現的。沒有音樂伴奏的跳舞，原始民族或文明民族間，所得見的甚少。波特克多人的歌舞，沒有不歌之舞，也沒有無舞之歌。他們所稱唱歌與跳舞，乃同一的言語。愛斯基摩人的跳舞，多以大鼓與歌唱伴演，爲跳舞而建之屋宇，又不稱跳舞場而稱唱歌屋（Quaggi），其重視音樂可見。密考比人的跳舞儀式，同時又被視爲音樂的儀式，其所準備工作之主要者，爲跳舞時所歌的獨唱與合唱之練習。澳洲土人婦女常參加男人表演的『哥羅波里』，成爲 Orchestra。布西曼的跳舞，合着大鼓與參觀者的歌聲之拍子而動作。」（註一）

兒山信一於詩歌起源之著作中，更進而舉出 Ballad Dance 的事實，切底地否定層位說而申明他所以採取等時說的理由云：

『一切 Ballad Dance 中，正包含有原始的音樂、詩歌、跳舞結合的意義。詩歌之源泉也依存其間。故民族心理學者如達爾文，斯賓塞等之以抒情詩爲音樂藝術之最初形態，哈德(Herder)之以跳舞爲最初產生之說，一概加以否定，而取音樂詩歌跳舞三者結合成一綜合藝術之觀點。卽以 Ballad Dance 爲最原始的形態爲考察根據。(註二)

白刺德 (W. S. Pratt) 所著音樂史書也毫無疑義的承認音樂與歌舞人者非獨立發展的藝術。他考察原始民族宗教儀式中所舉行的跳舞會，沒有不與音樂聯合表演的。據云：

『野蠻民族的音樂，極少發見成爲獨立的藝術，它常與跳舞連結而極密切地作一致的活動。凡有韻律的動作，應隨着反覆不斷的歌聲而來，又拍掌或拍板所加入的歌聲，也須求諧合於樂器。反之，唱歌的韻律，卻又誘導自身體的動作。這樣，韻律就不得不與跳舞，歌唱合爲一起。』(註三)

由上可知原始音樂並非產生自人類純美的享樂，而結合歌舞爲集團同一目的的表現。或出自宗教儀式之要求，或出於直接有關於經濟生產的魔術行爲。綜言之，音樂實爲原始人類一切宗教儀式之一部分，層位說學者之視音樂爲孤立發展的現象，適與事實相反。

圖騰的音樂，全爲圖騰民族之集團間的經濟協助的魔術行爲，故圖騰儀式中所有之音樂，無不與歌舞作合一的同時的表現。如澳洲阿龍泰人的入社式『陰特邱摩』祭，Alkira-kiuma, Irun-tarinia 等式；華拉孟加人的『伏龍魁』蛇節；恩貝阿（Umbaia）人各部族的入社式；北美達科太人的野牛舞；德林克特人的跳舞會，阿瑪哈，波厄布羅（Pueblo）人之收穫祭，都是歌舞音樂同時並行。非洲各圖騰部族的入社式，班都條人的『仁因』跳舞會（Zinyan Dancing），殆也以跳舞音樂混爲一致。圖騰音樂之研究，如取層位說的方法，它與其他姊妹藝術的內在關係，遂致不可了解。

圖騰音樂既非孤立發展的藝術，其一切要素之組成，都由跳舞動作，歌聲的韻律加以誘導，加以整調，而賴存於有韻律的動作之中。

音樂要素之構成形式，卽二音以上之強弱高低的配調。由於強弱音之次序的配調而生韻律（Rhythm），由於高低音之次序的配調而生旋律（Melody），由於高低音之同時的配調而生和聲（Harmony）。我們可據此以考察圖騰的音樂諸要素之結合的形式。

伴奏於『哥羅波里』的唱歌的聲樂，從其跳舞動作之誘導，常含有很正確的韻律組織。聲音強弱的配調，全以足步移動之前後上下，輕重爲標準。斯本塞及基倫所述澳洲華拉孟加人火祭中的『哥羅波里』的喊聲是：

『oh! oh! oh!
prr! prr!
prr! prr!』（註四）

這只是簡單的強弱音的反覆，正如維特（Wied）所云波特克多人的粗野的歌聲同樣。即男人的歌聲，不斷地用三個或四個音，或高或低的交互地發出不明晰的怒號，氣息概由胸的深處呼出。女子的聲音雖不太高，然也不過二三個音之不絕的反覆。（註五）因爲『哥羅波里』原也不過一兩種簡單的動作來往反覆。斯本塞及基倫曾說：當第一次看到土人的『哥羅波里』時，覺得極有興趣，可是看到兩次以上，他們的表演完全同樣，便感到單調了。故隨着這樣簡單的動作而發的聲音，當然只有反覆轉換其一二簡單的音了。

澳洲的婦女之和唱於「哥羅波里」的歌聲，卻又不盡屬粗野。格蘭加(P. Grainger)速錄其二調如下：(註六)

旋律的配合上，也同樣的簡單，據路波森(J. F. Rowbotham)所稱，澳洲人的「哥羅波里」兩行跳舞者持

矛前後進退時所發的歌聲，旋律極爲簡短，大概爲：（註七）

北美印地安人類似『哥羅波里』的跳舞之歌聲，幾也同一程度。常用極短的旋律，也沒有一定的音程。波亞斯所發表的，就多爲短短的旋律。非洲土人的宗教儀式時，其和合跳舞的歌聲，尤多使用短調，慣以短二度音程開始，韻律較爲奇異（註八）。

臺灣土蕃的祭祖歌，多少地尙存『哥羅波里』的喊聲的形態，如：

『Hai oh oh hai ali yi las
Tsin mong ki kim lian
Chiao ho liu di mi mi
Chiao liu mi mi lian』（註九）

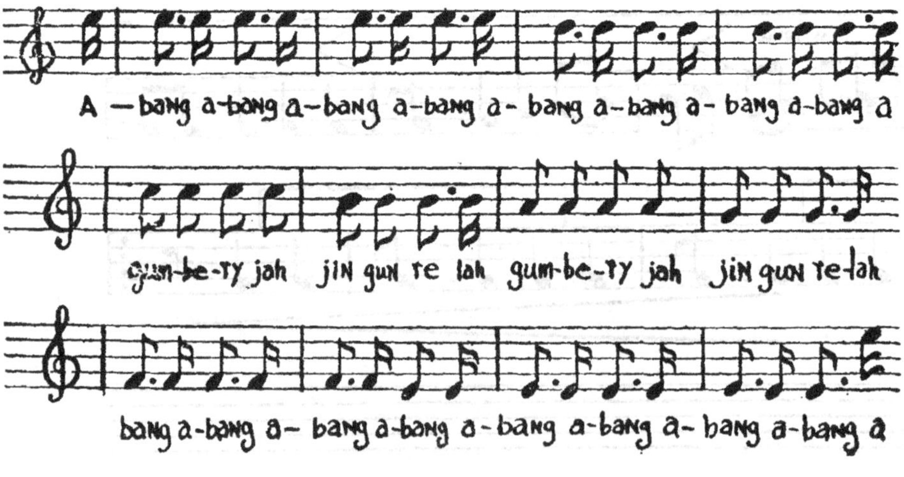

故其羣舞也與『哥羅波里』有類似之點。而歌聲，復有近於和聲的組織，據林惠祥述云：

『……諸番女卽排成圓陣，各人之手都向兩旁張開相接，但非與兩邊之第一鄰伴相接而係越過第一鄰伴與第二鄰伴相接，相牽接之兩手，卽在中間人之腹前。有一人頭開口先唱，大衆隨之賡和，……奏時歌舞並作。其舞法：上身倏俯倏仰，兩足進退開合，有時衆足同時一頓，如此更迭動作，與歌聲應和。全隊繼續向右旋動，循環而行，奏至酣暢時，歌聲激揚，足步也變爲急速。有時歌聲中忽參插以極曼妙之一種聲調，想係選歌喉最佳者，於要緊處參加一二聲，以增歌聲之美妙。』（註一〇）

圖騰民族的『哥羅波里』的歌聲之外，尙產生一種模倣動物叫聲的聲樂。圖騰集團的入社式，既有教育新成員的用意故使新成員學習圖騰的叫聲，演成模倣動物的聲樂，則爲很普遍的現象。北美塔克薩斯印地安人狼圖騰部族的青年，曾跪地下，由長老給與武器，教其學習狼的樣子及狼的叫聲，西珂（Sioux）人入社的青年也學習狐的叫聲，達科太人野牛舞時，也模倣野牛的聲音，德林克特人跳舞者也同樣的倣效動物的喊聲。（註一一）甚至阿龍泰人的『陰特邱摩』祭也有模倣圖騰的叫聲，歌述圖騰祖先的故事，他們的聲音爲：

『Yai yai kukai
Ul lal arai
Yai yai kukai
Yai yai olcheri
Mal arai』(註一二)

『伏龍魁』蛇節中，華拉孟加人的歌聲是：

『Da dun burri wurri a
Da dun burri wurri a
Da iwun ma
Da dun burri wurri a
Da iwun ma』(註一三)

此等聲音，雖微有變形，而源自模倣圖騰喊聲，仍不難尋找其痕跡。音樂之發生倣效動物聲音的形式，大概爲叔本華（Schopenhauer）所否認的吧。據氏所論：

「音樂乃完全脫離現象界而能成立於所謂現象界全然不存在之上，它不能與其他的藝術並論。」（註一四）

如然，則音樂當爲純粹孤立的現象，無關模倣任何自然的聲音的了。

然而我們決不能承認音樂爲孤立的至上藝術。實則一切音樂的原始形態，無不經過模倣動物聲音的一階段，蓋圖騰制既爲原始人類社會必然發生的組織，由於圖騰的魔術要求模倣圖騰之聲，樂尤爲應有之現象。

約略考察中國上古音樂起源的傳說，無論聲樂器樂，均足以找尋出模倣動物聲音的遺意。管子云：

「凡聽徵，如負豬豕覺而駭。凡聽羽，如鳥在樹。凡聽宮，如牛鳴窌中。凡聽商，如離羣羊。凡聽角，如雉登木以鳴……」

是則音調的配合，又以模倣自然聲音為根據了。晉志尚述黃帝模倣動物喊聲而行使魔術的傳說，云：

「蚩尤氏師魑魅與黃帝戰於涿鹿。帝乃命吹角為龍鳴以禦之。」

就今日未開民族間，倣效動物的聲音以禦魑魅，也為常見之現象。海南島黎人卻用此作求佑祖先的呼喊。海槎餘錄：

「黎人善射好鬬，積世之仇必報。每會親朋，各席地而坐。酣顧梁上弓矢，遂奮報仇之志……飲醉，鼓衆復飲，相與叫號，作狗吠之聲。輒二三夜。自云：自云本係狗種，欲使祖先知而庇之也。」

既自云狗種，圖騰的遺意尤為顯明。而戰前必作圖騰的喊聲，祈求庇佑，與澳洲土人於戰爭前夜的歌舞，即勃勒利(Buckley)所謂「戰鬬開始之前，一男子於隊員之前，且歌且舞。」應是同一情形了。

其次，論及圖騰民族的器樂。

根據華拉士克(R. Wallashck)的意見，笛為原始民族最先存有的樂器，次而鐘、鼓、喇叭、鈴、弦樂器等此爲忽略音樂與跳舞的一致關係之錯。格羅斯承認原始民族的樂器之使用，全出自採取跳舞的拍子的要求，故一切獵狩民族中幾無不有鼓的存在，大鼓實可稱爲「樂器中之最原始，又最古的形式。」(註一五)路波森更將原始樂器分爲三形式，即鼓、笛、弦，又劃分器樂發展的階段爲三，也以鼓爲最先，笛次之，弦最後。(First Drum Stage, Second Pipe Stage, Third Lyre Stage)。劃分的程序完全按照樂器構造之簡繁，且最足爲鼓係最古之樂器的證明者是：「各野蠻人間有時可以單獨的使用鼓，而笛絃則永不見單獨的使用；如果他們有笛必帶有鼓，有弦又必有用鼓與笛。」(註一六)圖騰民族的樂器，因各地發展的程度不同，已進而入複雜的階段，然僅有單獨使用大鼓，沒有單獨使用笛弦，乃爲鐵般的事實。同時圖騰民族的經濟生產，概以獵狩爲主，採取動物的皮製造大鼓，也屬必然。笛弦等器，因具有複雜之構造形式，出現當較後期。澳洲各部族，除大鼓外，其他樂器均不存在。故對於圖騰的器樂史的考察，路波森的三階段的劃分，卻是十分適用的。

澳洲人舉行「哥羅波里」的時候，婦女爲給與跳舞者的拍子而打的鼓，就是各人膝上伸張着的一塊袋鼠皮，其中也有巧妙地張皮於木柱中，製爲罐形大鼓，恐又非爲澳洲人自身發明之物。

另又據路波森的研究，澳洲人採取拍子的辦法，還有更原始的簡單的形式，即用二枝樹枝合拍，或搖動一束樹枝，或由旁觀者蹈足於地，拍手以湊合其舞蹈。甚至以手掌打動口脣，或將皮衣捲成球狀，以手敲打而取拍子。這都是鼓一階段裏最原始的形態。阿龍泰人「柴柴尼格拉」式的「哥羅波里」中，跳舞者手中又持兩片木板，上端捆紮頭髮，上下轉動，別的場合，雙手另持叉形的枝狀物以其敲音爲拍子。(註一七)龍荷止(Lumholtz)尚稱其拍板也有加人工的製造，稍具人工樂器之形者。即「用堅質的木材作厚的楔形之棒，叩之得極強的聲音。」(註一八)綜上所記，澳洲土人的圖騰樂器僅有從敲擊發聲之一類，即路波森所指鼓階段而已。而能伸張動物的皮於木柱，製爲人工的樂器，我們不能不認其爲鼓階段中極進步之形式。

北美愛斯基摩的圖騰跳舞，也多用鼓聲以配合其韻律的動作。鼓的製造，又較澳洲人者進步。鼓形都作圓筒狀，外附手柄，周邊及手柄，用木或鯨骨製造，上面張以海豹，冰鹿等皮。直徑約三英尺，用長十英吋厚三英吋之槌棒叩擊之。(註一九)同時印地安人對鼓的崇拜，所表現的圖騰意義，較任何圖騰民族更爲顯明。阿拉斯加一帶土人的鼓上，描寫圖騰的圖象。其中之一，在邊線作大線條，中間畫上鯨魚圖案其口張大背後魚翔直立下部作小魚的頭部與圖騰柱的描寫全然一致。（註二〇）顯係圖騰記號無疑其他尙有鼓的神話傳說以鼓具有特殊的魔力全與圖騰信仰有關。如拉伯蘭人（Laplanders）相信部族中的巫人用鼓爲產生魔力的淵源若有鼓的助力，他可隨意所之，可使其靈魂跑到遙遠的異地，或馳遊於天上，或潛行於地下。且能豫言用何種方法使獵狩獲得好果，用何方法可取回一隻逃亡了的冰鹿。總之，鼓的能力可以助巫人達到獲得部族成員生活所需的一切。（註二一）路波森尙稱北美洲土人所信仰的鼓神，尙可與他們的守護神相提並論，鼓神也與守護神同樣地監視人類的生活行爲。這不外由於鼓的製造材料之取自圖騰動物的骨與皮而引起敬畏的信仰。

印地安人崇拜樂器爲圖騰存在物之另一事實，尙得見於伯拉德的著書中。阿拉斯加一帶土人的石笛，往往雕刻着圖騰的紋樣。兩端刻爲柱狀，中雕人體及雷鳥之形。（註二二）而用角材製成弓形之笛，也傳說其與武器同樣可以克服敵人的靈魂，復能治療疾病，行使巫術等等。那麽角笛的崇拜，還是材料取自圖騰動物的關係。

印地安人的弓弦，同爲圖騰儀中，配合於舞蹈所必備的樂器。阿拉斯加土人跳舞會使用的弦器，多用製爲弓形，附着粗大的弦索，弓上也刻鳥的紋樣。（註二三）則北美圖騰民族的器樂，已發展達到弦器的階段了。

非洲布西曼也有弦器的存在，卽以弓變形而成，在弓之一端上，附弦的末端與木材之間，插入一有刻痕之葉形的平滑的鳥羽之莖，羽莖被演奏者的脣含着，由出入的呼吸而振動之。據來伯蘭特（Levaillant）所言：『巧妙的演奏者，常爲着正確地奏出種種的音調而注力作多次的練習。同時練熟的演奏者，以更大力的吹奏，可發出如『哥拉』音之極快感的樂器般的第八度高音。』（註二四）

綜上以觀，圖騰民族的器樂之發展，各地每具不同的形式。澳洲人僅有敲器之鼓類，北美及非洲土人，兼有笛弦。澳洲人的樂器，固可看爲原始的形式，然所謂笛弦兩類的樂器，出現於美非兩洲土人間者，原爲稀有的現象。事實上，圖騰的器樂，不過用以取得跳舞的拍子，鼓類敲擊之樂器之音調，已可滿足其要求。由於樂器的簡單，發聲也僅作簡單的旋律，不能與聲樂具同樣的組織形式。同時，一切圖騰民族之使用音樂，既爲供給跳舞拍子之採取，如說圖騰的跳舞爲造成圖騰儀式的一部分，則圖騰音樂，更爲構成圖騰跳舞之一要素；而於圖騰集團間所擔負的社會任務，正如其他圖騰藝術同樣輕重。這也足暴露達爾文一派之以原始音樂爲吸引異性之工具的見解之缺陷了。

（註一）E. Grosse: The Beginnings of Art p. 278.

（註二）兒山信一：日本詩歌之體系二三頁。

（註三）W. S. Pratt: The History of Music p. 26.

（註四）B. Spencer and F. J. Gillen: Across Australia Vol. 2. p. 421.

（註五）Wied: Reisen in Brasilien Vol. 2. p. 41.

（註六）B. Spencer and F. J. Gillen: Across Australia Vol. 2. p. 502.

（註七）J. F. Rowbotham: A History of Music p. 50.

（註八）掘內敬三：世界民族音樂六頁。

（註九）林惠祥：臺灣蕃族之原始文化音樂項。

（註一〇）林惠祥：臺灣蕃族之原始文化下篇大武窟之夜條。

（註一一）J. G. Frazer: Totomism and Exogamy Vol. 3, pp. 138, 276.

（註一二）B. Spencer and F. J. Gillen: Across Australia Vol. 2. p. 271.

(註一三) B. Spencer and F. J. Gillen: Across Australia Vol. 2. p. 403.

(註一四) E. Grosse: The Beginnings of Art p. 279.

(註一五) E. Grosse: The Beginnings of Art p. 288.

(註一六) J. F. Rowbotham: A History of Music p. 2.

(註一七) B. Spencer and F. J. Across Australia Vol. 1. p. 240.

(註一八) Lumholtz: Unter Menschenfressern p. 200.

(註一九) F. Boas: The Central Eskimo. (Annual Report of the Bureau of Ethnology p 601.)

(註二〇) 宮武辰夫阿拉斯加所見原始藝術八二頁插圖參照。

(註二一) J. F. Rowbotham: A History of Music p. 12.

(註二二) W. S. Pratt: The History of Music p. 28. With Fig. 1.

(註二三) 宮武辰夫阿拉斯加所見原始藝術圖版四六並參照說明。

(註二四) E. Grosse: The Beginnings of Art pp. 290, 291.

第九章　結論

圖騰藝術爲原始藝術中之一部分，以上我們已從原始藝術中把圖騰藝術指點清楚。由此我們可以說明圖騰藝術之本質了。

一切藝術都是人類社會經濟生活的反映，其內容及形式，必然地爲生產條件所決定，而藝術之變化發展諸形態，也同樣受經濟組織之變化發展諸形態所限制。同時，藝術又決不是空虛的無用的遊技，它對其下層的經濟機構，還負有反作用的任務。圖騰藝術，無疑是發生於原始獵狩民族的經濟生產的基礎上的產物，反作用於社會機構上者如同體化，魔術效能等，得賴之以嚴密其圖騰集團的組織。然而歷來的人類學者，民俗學者，藝術學者，生物學者而至社會學者，爲着研究方法的各異，完全曲解圖騰藝術的意義。不消說，在理解人類全部藝術史之產生發展消滅等過程中，成爲極重大的問題了。

達爾文爲藝術之生物學的解釋之建立者，彼由人類及高等動物的比較考察之結果，承認人類的藝術活動，完全爲着性的誇示，據彼所云：

『鳥類之雄者張開優美的羽翼，又誇示其美麗的色彩於雌者之前，缺乏色彩而不能同樣誇示於雌者的他種鳥類見之，當然有想到雌者在歡賞雄者的美飾之事實。無論何地的婦女，愛以羽翼爲裝飾品的，也無非因其色的優美。蜂鳥的巢穴，無雙鳥的場所，常取優美的色彩爲裝飾者，也不外表示其從景物之歡賞而得到美的快感。且美的好尙，就爲着引起異性之注意，繁殖期中的雄鳥發出美妙的叫聲，確以給與雌鳥歡賞爲目的，雌鳥如不能鑑賞雄鳥的美麗的色彩及聲音，則雄鳥之誇示的苦心，結果變爲徒勞之舉了。(註一)

達爾文這樣把原始人類與高等動物的審美觀念相提並論，決定人類的藝術活動，同爲男性獻媚女性之結果，故一切原始人類的身體裝飾，完全出自性的動機。其說之缺陷，歷經比較心理學者的指摘。就據上述圖騰民族之不固定的身體裝飾，係表現集團共同圖騰信仰的媒介，由此直覺而增強圖騰信仰的記憶之程度。又爲着模倣圖騰動物外形而施行毁齒、穿鼻、鑲脣、切創等身體毁傷，也爲圖騰集團的同樣化之結果。韋士特馬克（Westermarck）則認爲出於春情發動期之性的衝動。（註二）希倫（Y. Hirn）更說：原始民族之於耳脣口鼻之身體裝飾，意在改變容貌以奇異的豐采給與異性，以有效的印象冀求異性之寵愛。（註三）與達爾文之性的衝動說源同一轍，將圖騰的意義抹煞無餘。

跳舞音樂之起源，達爾文一派也多云其由於原始人類性慾的衝動之要求。達爾文考察下等動物而至高等動物的叫聲，證明具有音樂要素的聲音，確係雄者向雌者獻媚之工具。一切哺乳類動物的雄者之發聲，都以繁殖期內居多。某種動物，尙用其叫聲作戀愛的呼喊，給與雌者以美的快感。同樣，人類的音樂跳舞，也不外以維持雌雄淘汰爲目的。格羅斯尙多少地承認其說，云其有增進性的快感之效能。他說：

『獵狩民族的跳舞，普通單由男性表演，婦女只吹奏音樂以伴奏。男女共同參加的跳舞之存在，則又顯明地有激勵性的慾望之目的。然就單獨男性表演的跳舞，亦可斷定其有增進性慾的作用。』（註四）

達爾頓(Dalton)於其著書孟加拉之人種(Ethnology of Bengal)及利文(Lewin)之野蠻種族(Wild Races)書中更稱印度土著之種族如門達利斯(Mundaris)、來沙士(Rasas)哥爾斯(Kolhs)、松達爾(Sonthals)巴雅斯(Bhuiyas)、周克馬(Chukmas)及哥楊塔(Khyoungthas)等族，每於求婚之際，必以歌舞等藝術活動為媒介。若據此以觀各地圖騰民族之儀式跳舞，全然不可理解其圖騰用意。如北美印地安人每部族中，各有其圖騰的跳舞集會，舞者都化裝為圖騰的外形及模倣圖騰的動作，所負有的圖騰任務，早經倭文女士所證實。(註五)澳洲圖騰民族之「陰特邱摩」式的跳舞，也屬行使類似魔術的行為，與雌雄淘汰更無關係。又由於模倣圖騰之喊聲所形成的圖騰聲樂，乃刻意於求祐圖騰，絕無給與女性以快感之意。

其次，斯賓塞所倡導的遊戲衝動說，其曲解圖騰藝術之社會意義，尤不能為我們所忽視。按之遊戲衝動說一名詞，先由康德(Kant)提出，經席勒(Schiller)而至斯賓塞，遂據以作生物進化論之解釋。依照斯賓塞所述：一切生物都盡耗其所有之精力作個體及種族的維持，高等動物——尤其人類——則尚能保存『多餘的、無用的精力』(Superfluous and Useless energy)。多餘的精力之求消耗，是爲遊戲衝動。遊戲衝動的主要特徵完全與生活維持上必要過程的直接勞動絕緣，遊戲者也無追求一定的功利目的。例如貓之捕鼠時爲追求獵獲食物之目的，貓在戲球時，卻全又爲無關實際生活維持之遊戲了。作爲最高等動物的人類的藝術活動之要求，就不外遊戲衝動之結果。（註六）故一切的藝術，應存在於實際生活以外，成爲消耗多餘的精力之遊戲的形式。

與斯賓塞一致地以『過剩的精力』爲解釋藝術之基礎理論的，尚有華勒斯（Wallace）哈得生（Hudson）等。華勒斯雖將『過剩的精力』一語更爲『精力之不應用者』（Inapplicability of energy）或『不能使用之精力』（Unemployed energy），而解釋藝術之源出遊戲衝動，仍無稍異。格魯斯（Karl Groos），進而具體地從動物生活中研究人類精神生活之起源。所著 Des Spiele der Menschen 一書，極力闡發藝術的活動完全依存於動物及人類共通的遊戲本能基礎之上，由此建立藝術爲模倣遊戲之假說。在斯賓塞，不過消極地指出遊戲的藝術活動，由於生活上無必要的過剩精力所產生，格魯斯更指出比生理現象更根本的生物本能衝動的結果。即：一切生物的遊戲，非特不是消耗過剩的精力，反而被促自不得不遊戲的本能，人類的藝術活動也即不

外遊戲本能的衝動之表現。(註七)

遊戲衝動說之諸學者中，無論斯賓塞、華勒斯、哈得生、格魯斯，所論遊戲衝動之基礎，雖各殊異，然由於遊戲衝動而產生之藝術活動，則一致地看爲無實際的社會意義之遊技。這麼一來，圖騰民族的壁洞浮雕，住所及用具等裝飾，都只是過剩精力的消耗，毫無關係於實際的目的了。又，入社式之模擬獵狩的跳舞，也同可視爲原始人類的娛樂集會，或作假象捕捉的遊戲。其所象徵圖騰祖先賜與新成員以獵狩技術的魔術意義，亦應加以否定。我們假設歐洲舊石器時代遺洞所見的圖騰雕刻藝術，僅係原始人類一時遊戲本能衝動的結果，何以貫通一冰鹿期的圖畫雕刻，都以動物爲描寫對象？地域無論東西，如印度，西伯利亞等處同時代之原始人類藝術，何以也表示一致的傾向？顯明地，遊戲衝動說之於圖騰藝術的社會意義，概無理解的了。

達爾文、斯賓塞諸派於生物進化論中尋求藝術的本質的結果，我們僅僅由於圖騰藝術之史的發展的特殊意義的研究，已可指出其重大的錯誤，研究方法是達到正確結論的手段，我們對於一切表現生產勞動狀態的藝術之發生過程，就非從人類社會的經濟生活中尋求解釋不可了。

（註一）C. Darwin: Origin of Species.

（註二）Westermack: History of Human Marriage Vol. 1. p. 516.

（註三）Y. Hirn: The Origins of Art p. 208.

（註四）E. Grosse; The Beginnings of Art p. 228.

（註五）Miss M. A. Owen: Folk-lore of the Musquskie Indians of North America p. 51.

（註六）H. Spencer: The Principles of Psychology Vol. 2. p. 627.

（註七）大西昇美學及藝術學史三三一頁。

附錄　中國圖騰跳舞之遺制

中國史前社會之同樣，經過圖騰制的階段，史籍中所見的痕跡極多。儺，百戲等富有圖騰意義的跳舞，至爲顯明，特先附錄於此。

春秋前後，儺舞習俗的用意，已轉爲驅邪逐疫；百戲角觝等舞也演變爲民間節會的娛樂之一形式。然跳舞中的動作，儀仗，身體裝飾，仍然有模倣動物的用意，所表現的圖騰跳舞的痕跡，至易找尋。

傳說中的「百獸率舞，」無疑卽爲原始人類模倣動物的舞蹈。竹書紀年帝舜元年條：

「卽帝位……擊石拊石，以歌九韶，百獸率舞。」

呂氏春秋仲夏紀：

「帝堯立，乃命質爲樂。質乃效山林谿谷之音以歌，乃以麋輅置缶而鼓之；乃拊石擊石，以象上帝玉磬之音，以致舞百獸。」

拾遺記神農氏條：

「……奏九天之和樂，百獸率舞，八音克諧。」

諸家所註，常以眞實的鳥獸化德而舞。如尚書所記：

「笙鏞以間，鳥獸蹌蹌，鳳凰來儀。」

其註卽云：

「鳥獸化德，相率而舞。」

實則不過跳舞者模倣動物之化裝，模倣動物之動作而已。模倣鳥類的跳舞，也多得見。竹書紀年帝嚳條：

「……代高陽氏，王天下，使鼓人拊鞞鼓，擊鐘磬，鳳凰鼓翼而舞。」

史記：

「師曠援琴鼓一奏，有玄鶴集於門廓，再奏之，延頸而鳴，舒翼而舞。」

穆天子傳卷五：

「天子射鹿於林中，乃飲於孟氏，爰舞白鶴二八。」

又有模倣象舞。竹書紀年：

「成王八年春正月，初莅祚親政，命魯侯禽父，齊侯伋遷庶殷於魯，作象舞。」

又、禮記：

「獶雜子女。」

其註曰：

「舞者如猴戲。」

也同屬動物跳舞之一形式了。

百獸之舞、象舞、鶴舞、猴舞等都模倣動物的動作，或作類似動物的裝扮，當與目下圖騰民族的跳舞同樣情形，可釋爲氏族社會中所舉行的圖騰跳舞遺制，亦極適當。然入漢代，此等跳舞，完全消失宗教儀式的意義，轉爲宮庭的娛樂之技藝。張衡西京賦：

「總會僊倡，戲豹舞羆，白虎鼓瑟，蒼龍吹箎。」

註曰：

「羆、豹、熊、虎皆爲假頭。」

古今合璧事類備要所引有：

「五代崔稅遷太常。高祖詔太常復文武二舞。冬至、高祖會朝崇元殿，庭設宮縣之舞，……文舞郎八佾六十有四人，冠進賢冠，黃紗白袍，中罩白練，褴襠白布，大口袴，革帶履。左執籥，右秉翟，執縣引者二人。武舞郎八佾六十有四人，服平巾幘，絲在大袖，繡襠甲金，飾白練褴錦，騰蛇起梁帶，豹文大口袴，馬靴，左執干，右執戚。執旌引者二人，加鼓吹十二，按負以熊豹，以象百獸率舞……」

是則又有動物模倣之舞蹈了。而作爲宮庭娛樂或祭祀的跳舞，圖騰原意已失，但取假面作動物模倣的形式，尚與今日印地安人的假面跳舞會同樣。

隋代角觝之戲，不特使用動物假面，作類似圖騰民族的跳舞，其場面且燃薪火，不失澳洲人「哥羅波里」的本色。隋書柳或傳：

「或見都邑百姓，每至正月十五日，作角觝之戲，遞相誇競，至於糜費財力。上奏請禁絕之曰：

「臣聞竊見京邑爰及外州。每以正月望夜，充街塞陌，聚戲朋遊，鳴鼓喧天，燎炬照地，人戴假面，男爲女服，優倡雜技，詭狀異形……」

獅子舞亦爲動物模倣舞蹈的變形，通俗編師子舞：

「周武帝時造，亦謂之五方師子舞。綴毛爲師子，人居其中，像其俛仰馴狎之容，二人持繩秉拂爲習弄之狀，五師子各依其方色。」

樂府雜樂龜茲樂條：

「樂有觱篥笛拍板四色……戲有五常獅子，高丈餘，各衣五色，每一獅子有一十二人，戴紅抹額，衣畫衣，執紅拂子，謂之獅子郎舞。

白居易新樂府西涼伎篇：

「假面胡人弄獅子，刻木爲頭絲作尾，金鍍眼睛銀帖齒，奮迅毛衣擺雙耳。」

大概與目下廣東各屬元宵的「舞獅」的情形相髣髴。

其次，關於儺舞儺的起源傳說皆云用模倣動物的跳舞以驅逐四方疫鬼。古今事類全書卷十二、十二月條：

「昔顓頊氏有三子亡而爲疫鬼。一居江水中爲瘧鬼。一居若水中爲罔兩蜮鬼。一居人宮室區陽中善驚小兒爲小鬼。於是以歲十二月，命祀官時儺，以索室中而驅疫鬼焉。」

後漢書律曆志：

「季冬之月，星迴歲終，陰陽以交，勞農大臘，先臘一日大儺，謂之逐疫。」

然呂氏春秋所云，則彙作祈禳之意，且行於春、秋、冬三季。季春紀云：

「是月也乃合疊牛騰馬遊牝於牡，犧牲駒犢，舉書其數，國人儺九門磔以禳春氣。」

孟秋紀：

「是月也……五音備度，天子乃儺，禦佑疾以通秋氣。」

季冬紀：

「命有司大儺。」

「前歲一日，擊鼓驅疫癘之鬼，謂之害除，亦曰儺。」

月令章句則云：

「日行北方之宿，北方太陰，恐爲所抑，故命有司大儺，所以扶陽抑陰也。」

儺舞雖已與圖騰用意無涉，然其舞蹈情形完全類似圖騰的跳舞。周禮云：

「方相氏掌蒙熊皮，黃金四目，玄衣朱裳，執戈揚眉，師百隸而事儺。」

所謂掌蒙熊皮，卽與北美達科太人的披野牛皮而舞同樣。其註又曰：

「冒熊皮者，以驚疫癘之鬼，如今魌頭也。魌頭，猶言假頭。字亦作䫏倛，說文：「䫏字，註云：醜也。」逐疫有䫏頭。荀子非相篇：「仲尼面似蒙倛。」註曰：「蒙倛，方相也。」然蒙熊皮似非納相而已。愼子曰：「毛嬙西施，天下之美姣也，衣之以皮倛，則見者皆走。」可以互參。蓋爲周身蒙冒之具，若亦師子舞之綴毛爲衣，人居其中也。」

倛頭既爲獸類假面，儺舞之刻意於動物模倣可知了。後漢書禮儀志又云：

「先臘一日大儺，謂之逐疫。其儀：選中黃門子弟年十歲以上，十二以下百二十人爲侲子。皆赤幘，皂製，執大鼗。方相氏黃金四目，蒙熊皮，玄衣朱裳，執戈揚盾。十二獸有衣毛角，中黃門行之。冗從，僕射將之，以逐惡鬼於禁中。夜漏上水，朝臣會，侍中、尚書、御史、謁者、虎賁、羽林郎將執事，皆赤幘，衛陛，乘輿御前殿。黃門令奏曰：「侲子備，請逐疫。」於是中黃門倡，侲子和，曰：「甲作食殃，胇胃食虎，雄伯食魅，騰簡食不祥，攬諸食咎，伯奇食夢，強梁、祖明共食磔死寄生，委隨食觀，錯斷食巨，窮奇騰根共食蠱。凡使十二神追惡凶，赫女軀，拉女幹，節解女肉，抽女肝腸，女不急去，後者爲糧。」因作方相十二獸舞，嚾呼周徧前後，省三過，持炬火，送疫出端門，門外騶騎傳炬出官，司馬闕門，門外五營騎士傳火棄雒水中。百官官府各以木面獸能爲儺人師，訖，設桃梗、鬱儡、葦茭，畢，執事陛者罷。葦戟、桃杖以賜公卿、將軍、特侯、諸侯云。」

隋代儺舞，尚無變更，隋書云：

「齊制季冬晦，選樂人子弟十歲以上，十二歲以下爲侲子，合二百四十八人；一百二十八人赤幘，皂褠衣，執鼗。一百二十人赤布袴褶，執鞞角。方相氏黃金四目，熊皮蒙首，玄衣朱裳，執戈揚楯。又作窮奇、祖明之類，凡十二獸，皆有毛角。鼓吹令率之，中黃門行之，冗從僕射將之，以逐惡鬼於禁中。其日戊夜三唱，開諸里門，儺者各集被服儀仗以待事。戊夜四唱，開諸城門，二衞皆嚴。上水一刻，皇帝常服卽御坐。王公執事官第一品以下，從六品以上，倍列預觀。儺者鼓譟入殿西門，偏於禁中，分出二上閤，作方相與十二獸舞。喧呼周偏前後，鼓譟出殿南門，分爲六道，出於郊外。」

唐代儺舞，唐書禮樂志也云：

「大儺之禮，選人年十二以上，十六以下，爲侲子。假面赤布袴褶。二十四人爲一隊，六人爲列。執事十二人，赤幘赤衣麻鞭。工人二十二人。其一人方相氏，假面黃金四目，蒙熊皮，黑衣朱裳，右執楯。其一人爲唱帥，假面，皮衣執棒，鼓角各十，合爲一隊。隊別鼓吹令一人，大小令一人，各監所部。巫師二人，以逐惡鬼於禁中。」

樂府雜樂又云：

「（驅儺）用方相四人，戴冠及面具，黃金爲四目，衣熊裘，執戈揚盾，口作儺儺之聲，以除逐也。右十二人皆朱髮，衣白畫衣，各執麻鞭，辮麻爲之，長數尺，振之聲甚厲。乃呼神名，其有甲作食凶者，沸謂食夢者，騰蘭食不祥者，覽其諸食名者，祖覽強食其磔死寄生者，桃根食篪者等。侲子五百，小兒爲之。衣朱褶青襦，戴面具以晦日於紫宸殿前儺。張宮懸樂。太常卿及少卿押樂正到西閤門，丞並太樂署令鼓吹署令協律郎竝押樂在殿前。事前十日，太常卿並諸官於本守先閱儺，並遍閱諸樂。其日大宴三五署官，其朝寮家皆上棚親觀之，百姓亦入看，頗謂壯觀也……」

宋代儺舞，不失上代的煇煌，扮演跳舞尤盛。東京夢華錄云：

「至除夕，禁中皇大儺儀，並用皇城親事官諸班，直戴假面，繡畫色衣，執金鎗龍旗。教坊使孟景初，身品魁偉，貫全副金鍍銅甲，裝將軍。用鎮殿將軍二人，亦介貫裝門神。教坊南河炭醜惡魁肥，裝判官。又裝鍾馗，小妹，土地，竈神之類共千餘人，自禁中驅祟出南薰門外，轉龍彎，謂之埋祟而罷。」

觀此，尚有裝扮鍾馗之類作戲劇的表演。目下民間所見道士的建醮中有「迸穢逐疫」一科，或卽承儺舞而來者。

以上粗率地列舉百獸率舞，鶴舞，象舞，百戲，角觝，獅子舞，儺舞等的動物模倣跳舞，略可窺見中國圖騰跳舞的遺制。此外各地民間習俗中有牛舞，新年舞；貴州苗族之跳月，海南島黎族的夾足舞，槃瓠舞，都與圖騰跳舞有關。日後若有調查機會，當詳爲述之也。

敬啟

『民國專題史』叢書，乃民國時期出版的著名學者、專家在某一專題領域的學術成果。所收圖書絕大部分著作權已進入公有領域，但仍有極少圖書著作權還在保護期內，需按相關要求支付著作權人或繼承人報酬。因未能全部聯系到相關著作權人，請見到此説明者及時與河南人民出版社聯系。

聯系人　楊光
聯系電話　0371-65788063